本书由人文在线出版基金资助出版

西藏文化产业发展研究

常凌翀 著

当代学者人文论丛

XIZANG WENHUA CHANYE FAZHAN YANJIU

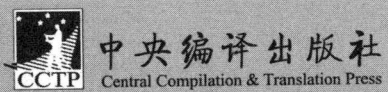
中央编译出版社
Central Compilation & Translation Press

图书在版编目（CIP）数据

西藏文化产业发展研究 / 常凌翀著. —北京：中央编译出版社，2016.5
ISBN 978-7-5117-2962-0

Ⅰ. ①西… Ⅱ. ①常… Ⅲ. ①文化产业—产业发展—研究—西藏 Ⅳ. ①G127.75

中国版本图书馆 CIP 数据核字（2016）第 033230 号

西藏文化产业发展研究

出 版 人：葛海彦
出版统筹：董 巍
责任编辑：曲建文
责任印制：尹 珺
出版发行：中央编译出版社
地　　址：北京市西城区车公庄大街乙5号鸿儒大厦B座(100044)
电　　话：(010) 52612345（总编室）　(010) 52612341（编辑室）
　　　　　(010) 52612316（发行部）　(010) 52612317（网络销售）
　　　　　(010) 52612346（馆配部）　(010) 55626985（读者服务部）
传　　真：(010) 66515838
经　　销：全国新华书店
印　　刷：北京天正元印务有限公司
开　　本：710毫米×1000毫米 1/16
字　　数：204千字
印　　张：13.25
版　　次：2016年5月第1版第1次印刷
定　　价：38.00元

网　　址：www.cctphome.com　邮　箱：cctp@cctphome.com
新浪微博：@中央编译出版社　微　信：中央编译出版社（ID:cctphome）
淘宝店铺：中央编译出版社直销店（http://shop108367160.taobao.com）(010) 52612349

本社常年法律顾问：北京嘉润律师事务所律师　李敬伟　问小牛
凡有印装质量问题，本社负责调换。电话：010—55626985

引 言

作为21世纪最有发展潜力的"朝阳产业",文化产业已成为决定一个地区经济发展水平的重要力量,成为衡量一个国家文化软实力的重要标志。在当今网络信息时代,由文化、信息、传媒等关键要素融合而成的文化产业,正蕴积着巨大的利润增量,成为现代经济中增长最快的产业。世界文化产业蓬勃发展,国内文化市场日益活跃,西藏文化产业发展具有典型性和代表性。

千百年来,以藏族为主体的高原各族人民在开发高原和发展西藏的漫长历史进程中创造了世界上独一无二的藏族文化形态,这种文化形态涵盖了关于藏民族生活起居和发展演进的一切物质文化和精神文明。西藏文化资源独特丰富,文化产品形态各异,文化内涵不可代替,西藏文化产业具有无与伦比的资源优势和区位优势,这既是藏民族数千年来执守高原的生存之本,也是当今西藏发展文化产业的重要依据和内在要求。近年来,随着西藏文化体制改革的进一步推进,中央和西藏各级政府高度重视西藏文化事业与文化产业发展,西藏积极探索一条具有中国特色、西藏特点的文化发展路径,取得了一些可喜的进步,西藏文化产业也有了长足的发展。西藏自治区的文化市场从无到有、从小到大,逐步繁荣壮大,呈现出多渠道并存、多元化投资、多种所有制齐头并进、相互促进、蓬勃发展的良好态势,初步形成了多门类、多体系、多层次的发展格局。

然而,由于西藏经济发展水平和产业化程度不高,文化产业的市场化程度偏低,当前西藏文化产业发展还只处于初级阶段,整体发展虽初具规模,但还没有形成整体规模优势,呈现出高新技术滞后、资本供给短缺、文化创意能力低、产业人才缺乏的总体特征，除特殊的历史、地理等条件限制，还有其他多方面的制约因素。由此可见，西藏文化产业发展迟缓是西藏经济、科技和文化等普遍落后的综合体现。文化产业是一个复合系统，特色文化资源是发展文化产业的重要基础，西藏具备得天独厚的资源优势，这为本书关注和研究西藏文化产业提供了独特的视角。

新形势下，发展西藏文化产业具有重要的战略意义。根据党的十八大报告提出的"五位一体"的战略要求，加快文化产业发展对少数民族地区而言，特别是对经济欠发达而文化资源丰富的西藏而言尤为迫切和重要。加快西藏文化产业发展对转变经济发展方式、传承和创新传统文化、满足西藏各族人民精神文化需求、提升西藏文化软实力、维护西藏社会稳定大局、扩大中华文化的国际影响力都具有深远的意义。

文化产业直接面向国民的精神文化需求，关系到意识形态领域的文化安全。近年来西方一些发达国家不断加强对我国的文化渗透，加之西藏特殊的战略地位，因此，加快西藏文化产业发展意义非凡。壮大和提升西藏文化软实力，有助于培育西藏人民对本民族文化的认同感，构筑文化产业安全的"防火墙"，同时也会影响到国家主流文化和核心价值观，直接关系到国家的文化安全。通过维护西藏文化产业安全，不断提升西藏文化的传播力与影响力，进而提升中华文化的凝聚力与感召力。

本书通过对西藏的经济社会发展和西藏文化保护进行全面总结，对西藏的历史人文资源和自然资源禀赋进行了综合分析，尤其是在国家提出"文化强国"战略背景下，对西藏文化产业发展的优势、劣势、存在的问题、面临的机遇和挑战等进行综合研判，提出切实可行的发展策略，探索出一条具有中国特色、西藏特点的发展道路，一方面有助于加快推动西藏经济、社会和文化全面发展，另一方面也为欠发达地区加快经济转型、实现跨越式发展提供了新的思路。

与一般产业对资金和市场依赖性较强的特征不同，文化产业需要强大的智力和创意支持。西藏拥有源远流长的历史人文资源、神奇独特的高原自然资源、独具特色的民俗文化资源和繁富迤逦的非物质文化遗产资源。面对文化资源大区与文化产业发展滞后极不相称的尴尬现实，西藏文化产业发展一方面要应对来自各方面的严峻挑战，同时也面临着重要的战略机遇。对发展西藏文化产业，中央政府和西藏地方政府历来高度重视，特别是在实施新一轮西部大开发战略、中央召开第五次、第六次西藏工作座谈会以及国家连续颁布一系列文化产业发展重大决策的宏大背景下，西藏应牢牢把握历史机遇，积极破解发展难题，充分发挥资源优势，借鉴国内外文化产业发展的成功经验，探索适合本地区文化产业的发展模式，加快推进西藏跨越式发展和长治久安，确保到2020年同全国一道实现全面建成小康社会的宏伟目标。

近几年来，西藏文化产业在中央和西藏一系列文化产业政策的引导和推动下，虽然取得了一些成绩，但依然存在着骨干文化企业较少、文化创新能力不足、知名文化品牌缺失、高端创意人才匮乏等突出问题。如何实现西藏文化资源的有效积累，提高文化资源转化效率，促使文化产业成为西藏国民经济的支柱产业，实现文化产业发展对西藏经济、社会的全面带动作用，是当前亟需研究和解决的重大命题。

本书试图对西藏文化产业的基础构成要素进行多维度阐述，对西藏文化产业发展现状进行细致描述，着重对当前西藏文化产业发展过程中所面临的障碍以及形成这些障碍的原因进行综合分析和简单归纳，在此基础上，有针对性地提出突破障碍、寻求发展的一系列战略对策，力图对西藏文化建设和西藏文化产业发展做出理论上的思考并提出合理化建议。

引 言

目 录

引言 1

第一章 绪论 1
第一节 研究缘起 2
第二节 研究方法、重点难点和创新之处 6
第三节 研究意义 8

第二章 文化产业的概念与特征 12
第一节 文化产业概念区分 12
一、文化产业与文化事业 13
二、文化产业与创意产业 15
三、西藏文化产业的界定 17
第二节 文化产业的分类 18
第三节 文化产业的特征 24
一、文化产业的双重属性 24
二、文化产业的创新性 25
三、文化产业的包容性 26
四、文化产业的全球性 27
五、文化产业的知识密集性 28
六、文化产业的数字化 28

1

第三章 文化产业理论研究述评 ………………………………… 30
第一节 西方文化产业理论的演进 …………………………… 30
一、基础理论研究 ………………………………………… 31
二、应用理论研究 ………………………………………… 34
第二节 中国文化产业理论研究的嬗变 ……………………… 36
第三节 西藏文化产业发展研究述评 ………………………… 40
一、宏观上深刻分析西藏文化产业的重大战略问题 …… 42
二、中观层面探索西藏文化产业的现实问题与应对策略 … 44
三、微观视角分析西藏文化产业的个案研究 …………… 45

第四章 西藏文化产业发展概况 ………………………………… 49
第一节 西藏文化产业资源优势 ……………………………… 49
一、源远流长的历史人文资源 …………………………… 50
二、神奇独特的高原自然资源 …………………………… 51
三、独具特色的民俗文化资源 …………………………… 52
四、繁富迤逦的非物质文化遗产资源 …………………… 53
第二节 西藏文化的独特内涵 ………………………………… 55
一、西藏文化的传承与发展 ……………………………… 56
二、西藏文化的独特内涵 ………………………………… 57
第三节 西藏文化产业发展的实践历程 ……………………… 59
一、初创期——观念转变阶段 …………………………… 61
二、形成期——政策调整阶段 …………………………… 63
三、发展期——产业升级阶段 …………………………… 65
第四节 十七大以来西藏文化产业发展成就综述 …………… 67
一、产业环境不断优化 …………………………………… 69
二、骨干文化企业发展壮大 ……………………………… 71
三、动漫产业蓄势待发 …………………………………… 74
四、对外文化交流日渐加强 ……………………………… 76
五、文化产业发展成果显著 ……………………………… 80

第五章　西藏文化产业发展的现状分析 …… 84
第一节　西藏文化产业发展存在的主要问题分析 …… 85
一、发展模式不够清晰 …… 89
二、产业结构布局不合理 …… 91
三、市场化程度偏低 …… 94
四、产业主导地位缺失 …… 98
五、文化创意人才匮乏 …… 100
第二节　制约西藏文化产业发展的障碍因素分析 …… 102
一、观念障碍 …… 103
二、体制障碍 …… 105
三、环境障碍 …… 107
第三节　西藏文化产业发展面临战略机遇期 …… 110

第六章　互联网与西藏文化产业 …… 113
第一节　互联网对文化产业发展的影响 …… 113
一、中国互联网发展概况 …… 115
二、互联网促进了文化产业全面升级 …… 117
第二节　互联网时代的西藏文化产业发展 …… 123
一、西藏互联网发展概况 …… 123
二、互联网信息环境下发展西藏文化产业的重要意义 …… 125
第三节　互联网思维与拉萨文化产业 …… 134
一、互联网思维提升文化内涵 …… 135
二、互联网思维成为新的经济增长点 …… 139
第四节　互联网语境下西藏非物质文化遗产的数字化传播路径 …… 139
一、非物质文化遗产与文化产业 …… 141
二、西藏非物质文化遗产保护现状 …… 142
三、数字技术与西藏非物质文化遗产的保护与传承 …… 143

第七章　西藏文化产业发展的战略选择与对策研究 …… 150
第一节　实施深化西藏文化体制改革战略 …… 151

一、推动国有经营性文化单位转企改制……………………151
二、拓宽文化产业投融资渠道……………………………153
第二节 实施西藏文化产业重大项目带动战略……………155
一、培育壮大骨干文化企业………………………………156
二、培育文化市场主体……………………………………157
第三节 实施西藏文化产业"走出去"发展战略……………159
一、挖掘西藏文化元素……………………………………162
二、打造文化精品工程……………………………………165
三、由《云南映象》看《文成公主》的品牌塑造…………167
第四节 实施西藏文化产业三大融合发展战略……………169
一、文化与科技融合战略…………………………………170
二、文化与旅游融合战略…………………………………172
三、文化与创意融合战略…………………………………176
第五节 实施西藏文化创意人才培养战略…………………180

第八章 结语……………………………………………184

参考文献………………………………………………188

后记……………………………………………………198

第一章 绪 论

文化是一个民族、一个国家文化传统、民族心理、社会印痕、群体记忆等方面长期积淀的智慧结晶，是个性融入共性之中并得到社会成员一致认同的精神资源，主要表现为共同的信仰、价值观和向心力。文化是民族凝聚力和创造力的重要源泉，是新经济发展的源动力，以社会价值观为核心的民族精神、人文精神和科学精神长期融合，形成了现代民族和国家的发展基础和精神内核。20世纪80年代，当代西方学者提出了"文化经济学"，充分肯定了文化生产力所产生的巨大经济力量。① 经济文化化、文化经济化已经成为全球一体化发展的重要趋势，文化产业已经成为一股不可阻挡的历史发展潮流。20世纪末，美国颇有声望的经济学家和未来学家约翰·奈斯比特曾预言：文化的强辐射力和渗透性所引发的经济意义将远超出人的预料。② 后现代社会，各个国家综合国力的竞争已不仅是政治和经济的比拼，更重要的是文化的较量，文化的生产力水平被看作是一个国家软实力水平的重要标志。

自从约瑟夫·奈（Joseph Nye）1990年提出"软实力"（soft power）概念以来，文化已成为一种不折不扣的国家软实力，在综合国力竞争中越来越具有全局性和战略性，不但深刻影响着综合国力的战略态势，且已成为各国捍卫和实现国家利益的重大战略。强大的文化产业不仅可以维护国家文化安全，还可以有效实施对外文化传播、塑造良好的国家形象、传递

---
① 张廷兴：《中国文化产业概论》，中国广播电视出版社2008年版，第131页。
② [美]约翰·奈斯比特：《2000年大趋势——90年代十大新趋向》，夏冠颜译，中国人民大学出版社1991年版，第55页。

积极的正能量。无论是硬实力还是软实力,文化都被赋予了一种与"物"紧密相连的实力内涵了。① 亨廷顿(Samuel Huntington)在其"文明的冲突"的著名论断中指出,冷战后世界冲突的基本根源不再是政治或意识形态,更多的是文化差异,主宰全球的将不再是政治或意识形态的冲突,而是"文明的冲突"。② 这种以"文明冲突论"取代原有的"政治、经济、军事冲突论"的观点,正在孕育着一种文化软实力的新视野:国际间的政治、经济及军事实力的硬实力较量,会逐步让位于文化与文明的软实力较量。③ 文化具有极强的渗透力,文化所产生的无形的弹性力量无孔不入无所不在。硬实力能使人屈服,软实力却能使人信服。当代经济的发展不再仅仅依靠经济和军事的强盛,而重在充分挖掘文化的力量。

第一节 研究缘起

党的十八大报告明确提出,要扎实推进社会主义文化强国建设,将文化产业发展成为国民经济支柱产业,发展新型文化业态,提高文化产业规模化、集约化、专业化水平,切实增强文化整体实力和核心竞争力。特别是在经济全球化的国际背景下,随着文化产业的飞速发展,许多国家都将其列为新的经济增长点和重要的产业部门,文化产业在为社会创造巨大经济财富的同时,也带来了巨大的社会效益。伴随信息技术和知识经济的飞速发展,文化产业在内容生产、商业模式、管理手段以及消费模式等方面都发生了深刻的变化,文化产业的生态环境、机制创新和产业形态也在不

---

① 软实力概念由哈佛大学肯尼迪政府学院(Kennedy School of Government)前院长约瑟夫·奈(Joseph Nye)教授于1990年提出。奈认为,美国在此前的几十年中利用文化和价值观方面的软实力,成功地获得了很大的国际影响力,但后来越来越多地使用"硬实力"(尤其是军事力量和经济手段),影响力反倒日趋式微。软实力的特征主要在于:一是软实力是可以感知的潜在的隐性的力量;二是软实力是一种终极竞争力,而且是居于竞争力的核心部分,是核心竞争力;三是软实力资源难于控制。

② [美]亨廷顿:《文明的冲突与世界秩序的重建》,周琪等译,新华出版社2002年版,第86页。

③ 王一川:《艺术与文化的物化年代》,《中国图书评论》2010年第8期。

断调整更新,进而推动文化产业的不断转型、升级与创新。随着我国人均收入水平的提高和人民群众娱乐休闲时间的增加,人们的精神文明消费需求随之也有较大幅度的提升,文化消费市场潜力巨大,因此,加快文化产业发展,生产出更多优质文化产品,不断满足人们精神文化需要,成为实现我国文化强国战略目标的重要内容和必然要求。

2002年党的十六大报告首次提出了积极发展文化事业和文化产业的战略决策,指出要完善文化产业政策、优化产业发展环境,深化文化体制改革,大力支持文化产业发展,进而增强我国文化产业的整体实力,并首次把积极发展文化产业定义为市场经济条件下推进文化大发展大繁荣、满足人们精神文明需求的重要途径。短短十年间,我国文化产业增加值占GDP比重不断提升,文化产业实现的产业增加值增速显著高于同期经济增速。据国家统计局提供的最新数据显示,21世纪前十年,我国文化产业增加值年均增速达到22%。2011年我国文化及相关产业法人单位增加值13479亿元,比2010年增长21.96%。文化产业法人单位增加值占当年国内生产总值(GDP)的比重达2.85%,比上年提高0.1个百分点,文化产业法人单位增加值在国内生产总值中的比重稳步提高,而且文化产业结构不断优化,文化服务业发展较快。2011年,文化服务提供单位的增加值占文化产业法人单位增加值的55.9%,比上年提高2.2个百分点;占第三产业增加值比重为3.68%,比上年提高0.25个百分点。[①] 据国家统计局2015年1月23日发布的数据显示,2013年,我国文化及相关产业(文化产业)增加值为21351亿元,与GDP的比值为3.63%,其中文化产业法人单位增加值为20081亿元,比上年增加2010亿元,增长11.1%,比同期GDP现价增速高1个百分点。文化产业在国民经济中所占比例逐步增加,初步显现出成为国民经济支柱性产业的潜力。同时也应看到,与发达国家相比,我国文化产业还比较弱小。目前,发达国家文化产业增加值占GDP比重大约在10%~12%,而美国则高达25%。

在文化消费方面,我国也只达到发达国家文化消费水平的三分之一。

---

① 王伟:《2011年我国文化产业法人单位增加值为13479亿元》,《京华时报》2012年12月4日。

按照国际标准估算,目前我国文化消费缺口还很大。以电影市场为例,从2002年9.2亿元票房到2012年全国电影170.73亿元的总票房,十年间中国电影票房增长18.5倍,年均增长39%,同比增长30.18%。2015年1月1日新闻出版广电总局电影局通报,2014年我国故事影片产量618部,同比减少20部;全国电影总票房296.39亿元,同比增长36.15%,其中国产片票房161.55亿元,占总票房的54.51%。电影市场的持续井喷从侧面反映出我国文化消费存在着巨大市场。同时也应看到,中西部地区与东部地区之间在文化消费的总量、人均值和增速等方面都存在明显差距,文化消费最高的上海人均文化消费2461元,是最低的西藏自治区的8.6倍。从层次结构和区域发展来看,我国文化产业总体发展不平衡,高品质的文化消费还有很大的提升空间。①

经济规律表明,世界经济和产业重点将逐渐由有形的物质生产转向无形的服务性生产。在人类社会正遭遇人文资源和生态环境发展危机的情势下,由知识经济引起的物质经济向非物质经济的全球性发展战略转变使得世界各国都把大力发展以内容创意为核心的文化产业作为今后长期发展的战略目标,成为国际社会广泛的战略选择的新形态。作为文化资源大国,中国也深刻意识到在未来的国际较量中,文化软实力的提升和国际话语权的抢占成为今后中国实现文化强国的国家战略选择。自2002年中共十六大首次提出发展文化产业战略决策,到2007年党的十七大提出"要提高文化产业在国民经济中的比重,提高国家文化软实力和提高国际竞争力"的战略要求;到2009年国务院颁布《文化产业振兴规划》,表明文化产业已经成为国家发展战略的重要部分;再到2012年党的十八大正式提出文化强国战略。一系列的高层决策都深刻表明,党和政府一直高度重视文化产业发展,文化产业的存量开放与增量开发在国家宏观政策的推动下,日益成为国民经济新的战略性支柱产业,国家全面进入文化大发展大繁荣的新时期。加快发展文化产业,是党和国家科学把握国内外形势和文化发展规律之后及时作出的重大战略部署,是坚持中国特色社会主义文化发展道路、推动我国由文化大国迈向文化强国的战略举措,也是推进经济结构调

---

① 祁述裕:《打开广阔的文化消费市场》,《经济日报》2013年2月7日。

整、加快转变经济发展方式的重要途径。[①]

"十一五"发展期间，文化产业整体上保持增长态势。全国各省区文化产业的增长速度均高于GDP的增长速度，基本实现了文化产业的跨越式发展，已经或趋于成为区域经济发展中的支柱产业。自山西省于2002年在全国率先提出建设"文化强省"以来，全国已有河北、辽宁、江苏、四川、云南、陕西、天津、重庆等省市区相继提出"文化强省（市、区）"的战略目标，同时有多数省市区设立了文化产业发展专项资金。西藏自治区于2012年党委八届三次会议上正式提出，要坚定不移打造"文化强区"，着力建设文明西藏，努力满足各族群众日益增长的精神文化需求，切实推动西藏文化大发展大繁荣，在雪域高原上创造新的辉煌。从党的十六大正式提出"文化产业"到党的十八大提出文化强国战略，短短十年间中国文化产业取得了长足发展，西藏文化产业也经历了从弱小到兴盛、从单一到多元、从平面到立体的多层级并存发展格局，但与全国其他省区发展相比仍相形见绌。坐拥独步世界的文化资源，却没能做出世界级的文化产业和文化品牌，除了自然和人文景观的开发形成了一定的规模效益，其他如影视、动漫、出版、歌舞、体育等行业则大多停留在初始阶段，远没有形成规模经营，资源优势没能转化为产业和经济优势，相对落后的经济发展和文化产业与西藏天然禀赋的文化资源极不相称。还有就是当前对西藏文化产业的基础理论和发展实践研究几乎一片空白，关注度明显不足，这与当前国内外如火如荼的文化产业发展态势显得格格不入。

新一轮西部大开发战略的实施和第五次、第六次中央西藏工作座谈会都高度重视西藏文化产业发展，党和国家提出通过跨越式发展使西藏成为重要的中华民族特色文化保护地和重要的世界旅游目的地。2010年12月，西藏自治区人民政府正式颁布《关于推动文化大发展大繁荣的决定》，提出了"十二五"期间要使西藏文化产业增加值要占到生产总值的3%以上，并逐步成为西藏新的特色支柱产业，带动西藏经济社会全面发展，努力实现文化强区的战略目标。目前，由自治区文化厅、国家开发银行西藏

[①] 孙志军：《更加自觉、更加主动地推动文化产业又好又快发展》，《红旗文稿》2012年第17期。

分行联合主持，中央文化管理干部学院承担的《西藏自治区文化产业发展规划研究》通过最终评审，此研究报告对制订出台"十三五"时期"西藏文化产业发展规划"具有重要的参考价值，对西藏文化产业发展必将起到重要的推动作用。因此，站在历史发展的新起点上，全面把握西藏文化产业发展的总体概况，深入调研西藏文化产业发展的现实障碍，深刻剖析制约西藏文化产业发展的障碍因素，实现由文化资源大区向文化发展强区转变，实现西藏经济社会的跨越式发展和长治久安是当前互联网语境下推动西藏文化产业发展的重大命题和应有之义。

第二节　研究方法、重点难点和创新之处

本书主要采用唯物辩证法和历史唯物主义的基本方法，采取理论研究与应用研究相结合，以应用研究为主的方法，从国内外文化产业最新发展状况入手，结合西藏特殊区情和文化产业发展实际，深刻分析制约西藏文化产业发展的障碍因素，找到问题症结，提出对策建议。通过对比东西部发展模式，提出适合西藏的文化产业发展模式，充分发挥西藏资源优势，借助互联网新媒体技术，探索一条具有中国特色、西藏特点的差异化发展路径。

本书试图采用定性分析为主、定量分析为辅的文献研究法，在收集整理大量原始素材文本的基础上通过现代信息技术进行梳理和检索，找出西藏文化产业相关内容项，对获取的数据和文本资料进行关联比对和深入分析，准确把握西藏文化产业的发展全貌。同时适时采用交叉和相互借鉴的研究方法，融合新闻传播学、经济学、文化学、管理学等学科知识和方法，以西藏文化产业发展进程中的重大现实问题为契入点，推进文化产业的跨学科、综合性研究，增强研究成果的创新性和实践应用价值，以期为政府和相关部门提供一定的学术支撑和决策咨询。

本书研究重点在于把握国内外文化产业发展的总体发展情况，梳理当前国内文化产业发展的突出问题，掌握文化产业核心概念和前沿知识成

第一章 绪 论

果,对西藏文化产业发展过程中存在的主要问题进行系统全面分析,试图把研究视野拓展到国际文化产业的研究领域,以期获得更为科学的认知,更深入探索西藏文化产业的可行性发展路径。本书的西藏文化特指西藏自治区的藏族文化,其他民族文化不在本研究之列。在对西藏文化产业发展进行宏观考察和分析的研究视野下,特别是对西藏文化产业发展的优势和劣势、面临的主要问题、遇到的突出障碍以及应对策略等方面进行深入探究,并在此基础上提出西藏文化产业发展的可行性对策与建议。

本书难点在于当前国内关于西藏文化产业的研究成果较为分散,对现有理论和应用研究成果的梳理和归纳有一定难度,研究成果对西藏文化产业实践参考价值不足。另外,国内文化产业统计标准不统一,相关研究参数和数据严重滞后且更新速度较慢,检索不到相关数据,西藏文化产业发展过程中存在的问题尤为突出,特别是限于多方面条件而无法获得最新权威数据,影响了对西藏文化产业的现状分析和纵深思考,使论文研究未能达到一定深度。

本书选题较为新颖。国内外对西藏文化产业的研究相对偏少,西藏文化产业的发展具有一定的典型性和代表性。采用宏观分析与微观分析、理论分析与实证分析相结合的方法,全面梳理分析了西藏文化产业发展的障碍和对策,对于促进西藏传统产业转型升级,制定西藏文化产业发展规划具有一定的指导意义,同时也为西部民族地区文化产业的发展提供了新思路,为把文化产业发展理论应用到具体文化传播实践中提供了有价值的线索。

本书创新之处还在于对研究内容的选择上。西藏属于边疆少数民族地区,经济、文化和社会等普遍发展较慢。在当前世界各国都在发展文化产业的背景下,中国文化产业也取得了长足的发展,作为相对落后地区,西藏充分发挥丰富独特的资源优势,紧紧抓住难得的历史机遇,借助国家和政府优惠政策,加快发展文化产业对于推动西藏跨越式发展、实现文化强区、文化富民、文化兴藏具有重要的现实意义。发展西藏文化产业同时也是一项重要惠民工程,可以提高西藏各族群众的物质文化水平,不断满足人们的精神文化需求。文化产业最大的特征是以内容为核心的产业,丰富的文化资源成为发展文化产业的重要基础,而西藏恰恰具备这一重要基础条件。

在新的互联网语境下，西藏要借助数字新媒体技术，对内通过文化传承和产品创新，实现民族文化认同；对外通过打造西藏文化品牌，实施文化"走出去"战略，实现文化输出和国际贸易，构建"文化西藏"和美丽中国形象，进而提升西藏的文化软实力和中华文化的国际影响力，能够有效抵御西方文化入侵，确立文化大国地位，确保意识形态安全和国家文化安全。对新媒体技术的综合运用，充分体现了传媒产业成为文化产业的"载体"才能使文化产品更有内涵，文化与经济对接才能使文化产业更有发展潜力。

本书存在的不足主要表现在定量分析不够，经济学和管理学视野下西藏文化产业相关内容分析欠缺，西藏文化产业发展模式、区域文化产业发展实践的统计学分析、典型案例对比分析研究和互联网语境下西藏文化产业发展路径等方面未能充分展开进行系统研究。由于文化产业涉及面广，学科相对年轻，本书试图在多个方面有所突破，但限于篇幅和学识，未能达到文化产业发展指数和模型分析的要求，在今后的持续研究中有待拓展和深入。

第三节　研究意义

党的十七大报告指出，当今时代，文化正在成为提升综合国力的关键要素，正在成为民族创新和智慧凝聚的重要源泉，正日益丰富着人们的精神文化生活；党的十七届五中全会提出推动文化产业成为国民经济支柱性产业的战略目标；党的十七届六中全会首次提出我国要建设"社会主义文化强国"的战略目标，进一步强调了作为新的经济增长点，文化产业的跨越式发展对经济发展方式的转变和经济结构的战略性调整有着重要的推动作用；党的十八大报告在全面建成小康社会的"新要求"中，明确提出"文化软实力显著增强"，进一步彰显了文化的战略地位。我国是文明古国，是文化资源大国，但还算不上文化强国，迫切需要加快建设与我国深厚文化底蕴和丰富文化资源相匹配、与中国特色社会主义总体布局相适应、与建设富强民主文明和谐的社会主义现代化国家目标相承接的社会主义文化强国，而建设文化强国则需要强大的文化软实力作为重要支撑，强大文化软实力则离不开文化产业的快速发展，文化产业逐渐成为文化软实力的重要标志。

作为21世纪的"黄金产业"，越来越多的国家将文化产业作为国民经济发展的重要内容。自从丧失了机器制造业的国际领先地位后，文化产业已成为美国政府着力推动的重要经济增长点；1995年，日本政府为振兴本国经济，寻求新的经济发展，确立了文化立国方略；1997年，英国政府在布莱尔首相首倡下专门成立了"创意产业领导小组"（Creative Industries Task Force），作为扶植和推动文化产业发展的经济驱动器；世纪之交，韩国提出"文化立国"方略，将文化产业作为21世纪国家经济发展的战略性产业。

改革开放30多年来，我国国民经济持续发展，人民生活水平稳步提高，消费结构不断提升，文化产业获得了长足的发展，但要实现党的十八大提出的2020年全面建成经济、政治、文化、社会、生态文明全面发展的小康社会的宏伟目标，还需要迫切解决许多重大理论难题和现实问题。目前来看，首先，我国精神文化产业的生产和供给能力已经远远落后于人民群众日益增长的精神文化产品的需求，文化消费已经成长为新的经济需要。其次，我国文化产业远远落后于传统道德的发展速度，文化软实力与经济发展的总体实力极不相称，在国际竞争态势中不占优势。再次，在国际文化产业分工体系不断形成和建构过程中，我国核心文化产品对外出口和国际文化贸易基本上被限定在低端加工环节，缺乏高端原创内容的文化产业，在全球文化产业分工体系中处于劣势地位。由此看来，中国文化产业是在理论、政策、市场和人才等各方面都准备不足的情况下承担起了国家文化产业战略发展的历史重任，加之十七大以来对我国文化产业提出的一系列战略部署和要求，都使得中国文化产业发展面临着前所未有的压力，这既是一种发展挑战，也是一种战略机遇。① 而对于发展初期的西藏

---

① 胡惠林：《我国文化产业发展战略理论文献研究综述》，上海人民出版社2010年版，第14页。

文化产业来说,同样存在这些普遍问题,甚至更为突出。如何科学地解答新形势下西藏文化产业一系列重大战略理论和实践难题,成为当前和今后西藏文化产业发展的关键。

纵观国内外学术界对文化建设、文化产业和文化创意产业等方面的研究卷帙浩繁,研究视角涉及人文社会科学各个领域,从理论建构到范式确立,从案例分析到实践应用,都有许多成熟的发展研究,然而关涉西藏文化产业发展的研究却很少。在日新月异的新时代背景下,研究西藏文化产业发展现状,分析西藏文化产业的问题,探索西藏文化产业的发展战略等一系列重大课题,都直接关系到西藏能否在当前错综复杂的国际形势下和文化产业发展新态势下,更好地面对西藏经济社会发展过程中出现的各种新情况和遇到的各种新问题,以及面临的各种新挑战和国家提出的多项新要求。站在时代的高点上,对西藏文化产业的发展现状进行全面的梳理和归纳,对发展过程中遇到的障碍进行较为深刻剖析,并在此基础上提出适合西藏文化产业发展的新思想、新战略、新路径,探索一条具有中国特色、西藏特点的发展路子,能够客观反映当前国内外关于文化产业发展的最新理论成果,更好地适应和满足西藏文化产业的时代要求,就成为本研究一项艰巨而重大的学术使命。

借鉴国内外文化产业发展的成功经验,结合西藏经济、社会发展过程中遭遇到的重大理论和现实难题,对制约西藏文化产业发展的一系列障碍问题进行纵深分析,将对总结区域文化产业发展经验,为西藏中长期文化产业发展战略规划提供一定的政策咨询和理论支撑,对进一步促进西藏经济社会的可持续发展和加快西藏跨越式发展具有一定的理论价值和现实意义。在2011年7月庆祝西藏和平解放60周年大会上,习近平提出要高度重视西藏传统文化保护和现代文化产业的发展,使西藏成为国家重要的中华民族特色文化保护地和重要的世界旅游目的地。作为国家重要的安全屏障,加快西藏文化产业的发展,维护西藏全面协调可持续发展的稳定大局,既是中央的战略部署和明确要求,也是西藏各族人民的共同心声。习近平总书记多次作出重要指示,特别是提出了"治国必治边、治边先稳藏"的重要战略思想,明确了依法治藏、长期建藏、争取人心、夯实基础的重要原则,为西藏实现经济社会持续健康发展和长治久安指明了方向。

第一章 绪 论

鉴于西藏特殊的地理位置和重要的战略地位,实现西藏经济社会的跨越式发展和长治久安,确保西藏意识形态安全和国家文化安全,都离不开文化的强大支撑,离不开西藏文化软实力的极大提升。

本书旨在研究西藏文化产业发展的现状、问题和对策。从西藏实情出发,努力破解西藏文化产业发展的瓶颈,积极寻求符合西藏区情的文化产业发展模式,不断提高人们的物质文化生活水平,不断满足西藏各族群众的精神文化需求,对坚持用文化凝聚人心,构筑文化安全屏障,抵制达赖集团的反动思想文化渗透,确保西藏的发展与稳定,促进文化事业全面繁荣和文化产业快速发展,努力把西藏建设成为重要的中华民族特色文化保护地具有重要的战略意义。

第二章 文化产业的概念与特征

"文化产业"概念源起法兰克福学派的阿多诺（Theodor Adono）和霍克海默（Max Horkheimer）1947年对"大众文化"的争议和批判。自从他们把"文化产业"纳入研究范畴以来，文化产业的理论和实践研究便得到了学术界和各国政府的高度关注，文化产业的变迁和发展促进了各国经济的快速发展。作为一种新型的文化发展形态和文化现象，文化产业在世界上引起人们普遍关注并对其展开研究已有半个多世纪的历史，在世界文化发展浪潮中，文化产业的概念不断嬗变，内涵日渐丰富，专家学者对文化产业的概念进行了系统研究，但至今尚未形成一个权威、标准的定义，没有形成统一的称谓。目前，在我国学术界文化产业同样是一个充满争议、富有生成力的概念。准确把握文化产业的概念，主要从文化产业的分类进行对比研究。

第一节 文化产业概念区分

很难为"文化产业"这一术语下一个准确的定义。如果从最为广泛的人类学意义上来说，"文化"是一个"独特人群或社会团体的'生活全貌'"（Williams，1981：11），由此可以引申出所有的产业都是文化产业，因为所有的产业都与文化的生产和消费有关。然而事实上，倘若我们将文化定义为"社会秩序得以传播、再造、体验及探索的一个必要（虽然并非唯一）的表意系统（signifing system）"（Williams，1981：13）的话，"文化产业"这一术语的表述和使用就会更加精准和严谨，简言之，文化产业通常指的是与社会意义的生产（production of social meaning）最直接相关的机构（主要指营利性的文化企业机构，但有时也包含公益文化事业单位和国家组织及非营利组织）。① 因此，几乎所有关于文化产业的定义都应该包括电视、无线广播、电影、书报刊出版、音像制品、出版产业、广告以及表演艺术等。而所有这些文化活动的首要目标是与受众沟通并创作文本，最终多以文化产品的实体形式呈现在受众面前。从广义上讲，所有的文化制品都是文本，由于它们可以任人解读，必然造成认识上的偏差，有些概念还时常混杂在一起。因此，准确把握文化产业的内涵和本质，厘清文化产业与文化事业，文化产业与创意产业的概念区别，有助于清晰定位文化产业的涵盖内容，有助于制定明确的发展战略，从而进一步推动文化产业快速发展。

一、文化产业与文化事业

文化产业和文化事业是相对应的概念，长期以来，文化事业和文化产业在很多场合和领域混合使用，人们没能准确认识到二者在很多方面存在显著差异。随着社会生产力的进一步解放和市场经济体制的逐步完善，伴随着快速发展的高新科技和不断进步的现代生产方式，日益融入大众日常生活视野的文化产业风生水起，并逐渐成为一种新兴产业，文化产业和文化事业是我国文化产业发展的一体两翼。

一般来说，文化事业是由政府主导，具有公益性质，通过提供无差别的公共文化产品和服务而满足人们的文化需求；文化产业则由市场主导，是经营性的，主要利用市场来配置资源，推动文化企业发展壮大，调动更多非公益性资源和民营资本激活文化市场，以丰富的文化产品和服务满足人们多元化的精神需求。② 从资本来源上看，文化事业的生产资本由国家

---

① ［美］赫斯蒙德夫：《文化产业》，张菲娜译，中国人民大学出版 2009 年版，第 13 页。
② 孙小婷：《中国文化产业研究》，硕士学位论文，吉林大学，2012 年，第 21 页。

或社会提供；企业商品生产的资本来源呈现多元化，广泛吸收民营经济进入文化产业经营领域。从管理体制看，文化事业通常实行公益性管理体制，文化产业实行经营性企业管理体制。从运营机制来看，文化事业机构是由国家财政提供经费维持其生产与服务活动，以寻求最高社会效益为准则；企业的本质是以少投入、多产出、追求最高经济效益为原则。当社会效益与经济效益出现矛盾时，必须也必然把社会效益放在第一位。从调控方式上看，国家可以采取行政命令的方式直接调控事业单位，按照国家要求生产相应文化产品，提供大众文化服务；而对企业单位，一般则是以间接调控为主，主要通过法律、税收政策和价格杠杆进行合理引导。

文化事业的特征主要体现在三个方面。一是社会公益性。绝大部分公益性文化事业如图书馆、博物馆、文化馆和美术馆等都是国家投资兴建和拨付日常经费进行管理的，理所应当归社会全体公民所有。二是社会共享性。由于公益性文化事业为社会公有，所以它必然为社会所共享。第三是社会公用性。公益性文化事业单位要面向公众、面向社会全心全意做好各项文化服务工作，坚持普及和提高相结合，发展群众文化事业，为社会主义物质文明和精神文明建设服务。

文化事业主要为国家政治、经济和文化政策的制定与实施起服务引导作用，文化事业导向和滋养着文化产业的发展。文化产业是文化产品的市场化，可以增强文化发展的生机和活力，激发社会开办公益事业的积极性，加快文化消费步伐，满足人们对文化消费的需求。文化产业的发展对文化事业的建设具有基础性的补充作用，两者相互区别，又紧密联系，都是社会主义特色文化建设的重要内容和实现形式。①

党的十八大报告提出，推行十多年来的文化体制改革很重要的一项任务就是明确了新的文化建设理念，明确区分了文化事业由政府主导，文化产业由市场主导。文化产业既有商品消费的经济属性，又有精神享受的意识形态属性。文化产业既可以成为一个国家实实在在的强大经济实体，又能体现国家软实力，是一个具有无限生机的经济增长点。区分公益性文化事业和经营性文化产业，是我们党在文化体制上的理论创新，不仅科学界

---

① 张彩凤：《全球化与当代中国文化产业发展》，山东大学出版社2009年版，第26页。

定了政府和市场的边界,理顺了文化建设中的若干重大关系,而且为文化体制改革提供了理论依据,撬动了文化单位的分类改革,推动经营性文化单位转制为企业,使其成为合格的市场主体,为文化大发展大繁荣奠定了坚实的体制基础。① 全面推动文化事业繁荣和文化产业快速发展,"两手抓、两加强",要尊重两大规律——社会主义精神文明建设规律和社会主义市场经济规律;处理好两对关系——文化发展之"魂"与文化传播之"体"的关系,社会效益和经济效益的关系。加快文化产业发展,并不意味着只注重市场规律而不遵循文化发展规律,不能随意夸大或简单理解发展文化产业就是文化产业化或文化市场化,在加快文化产业发展进程中始终要引导文化企业要注重社会效益,自觉担当社会责任,绝不能以牺牲社会效益、一味获取经济利益而影响社会和谐稳定甚至危及国家安全。②

二、文化产业与创意产业

在国家层面,我国对文化产业和创意产业这两个概念的使用有着明确的区分,并没有不加区别地对待。在《国家"十二五"时期文化改革发展规划纲要》《"十二五"时期文化产业倍增计划》以及党的十七大、十八大报告中有关涉及文化产业内容时,普遍使用文化产业这一概念。两者主要区别在于"创意"二字,创意是文化产业发展的重要手段,文化产业离不开创意活动,但文化产业并不是创意产业。

英国最早提出"创意产业"这个概念。20世纪末,英国政府提出把文化创意产业作为英国振兴经济的聚焦点,专门成立了"创意产业特别工作小组",将文化创意产业提升到国家战略高度。在1998年出台的《英国创意工业路径文件》中进一步明确地提出了"创意工业"(creative industries)的概念,主要指那些充分运用个人的天分、技艺、智慧,在保护知识产权的前提下通过循环开发进而创造就业机会和潜在财富的艺术思维活

---

① 高书生:《文化体制改革的10年 谱写文化发展新篇章》,《人民日报》2012年10月17日。

② 孙志军:《更加自觉、更加主动地推动文化产业又好又快发展》,《红旗文稿》2012年第17期。

动。"创意经济之父"约翰·霍金斯根据"有想法的人,特别是有自己想法的人,在很多情况下比操纵机器的人更有力量"的基本判断,对创意产业做出较为宽泛的定义,他认为构成创意产业和创意经济的主要内容具体包括艺术设计、专利申请、商标营销和版权保护。① 任何一种文化创意活动,都是在一定的知识背景下,依靠人的灵感和创新,借助现代科技提升传统文化要素的内涵和品质的,不是对传统文化的简单复制、加工和移植,创意活动融注了最大的个性特质。

创意产业区别于文化产业的最大特征主要在于它高度集纳了创意元素、文化因子和科技力量,三者相互作用并深度融合,形成了高智慧、高文化的新型产业集群。② 在联合国教科文组织的定义中,知识产权、文化产品及服务被认为是创意产业的核心内容。在国内,北京最早认定了文化创意产业的分类标准,侧重从文化产业价值链的角度重新定义创意产业:"以创作、创新、创意、创造为根本手段,以文化内容和创意成果为核心价值,以知识产权实现或消费为交易特征,为社会公众提供文化体验的具有内在联系的行业集群。"③ 相较文化产业,具有信息密集性和高知识性特征的创意产业是高智慧和创意的结晶,始终处于价值链的高端。任何一种创意活动都必须在一定的知识背景下,利用人文积淀通过重塑传统产业结构来完成创意点燃和价值实现。如当今的 3D 电影、3D 打印和高清数字电视等高科技文化产品都是通过数字新技术完成的。没有创新也就没有创意,创意是一种新科技理念。由于创意产业处于文化产业价值链条的高端环节,因此它的创新思维凝结在文化产品及服务当中,通过价值传导进而实现它的附加值增加,完成跨行业、跨领域的重组与合作,推动文化产业逐步向更高层次发展。

文化产业与创意产业的关联极为密切。文化中有创意,创意中有文化。无论是在学术研究领域还是在政府制定实施决策方面,对"创意产

---

① 约翰·霍金斯先生是国际创意产业界著名专家,英国经济学家,世界创意产业之父,版权媒体及娱乐业研究方面的领军人物,创意及知识产权咨询的创意集团的主席及创始人之一。
② 温朝霞:《文化创意产业是"文化+智力+科技"》,《天津日报》2008 年 10 月 24 日。
③ 李嘉珊、赵晋晋:《中英文化创意产业发展现状及其对外贸易实证对比》,《生产力研究》2007 年第 17 期。

业"一直存有较大分歧,特别是一谈到文化必然提及文化产业,这一对平行的概念具有高度的相似性,但也有显著差异。有时创意产业与文化产业之间有明确的区分,有时二者之间又可以互换使用。① 在我国提出建设创新型国家的形势下,虽然强调创意产业具有一定的积极意义,在知识创新、产业升级和效益倍增等方面有巨大增量空间,但由于当前我国的文化产业发展的条件所限,且与我国文化产业发展的目标、侧重点等方面有所不同,与我国倡导的自主创新也不完全一致。因此,目前看来,盲目照搬英国等国的创意产业发展模式既不符合我国国情,也不利于政府的统一管理。在理论和实践上加强两者研究,有助于明晰各自归属的产业边界,廓清文化产业与创意之间认识上的误区。

三、西藏文化产业的界定

随着文化产业的发展和网络信息技术的推动,文化业态不断融合,文化新业态不断涌现。纵观国内外关于文化产业的概念界定,大都倾向为以文化资源的开发为基础,对文化资源进行直接使用,或在文化资源基础上进行再创作的经济生产过程。文化产业除了具有一般产业的共同属性之外,很大程度上主要满足人们精神消费方面的多元文化需求。其实,文化产业也是众多文化行业的代名词,是各种文化形态的集合体,同时具有辐射面广、涉及领域宽、涵盖内容多、实用性强等多重显著特征。

西藏文化是指在西藏地域内各民族所创造的物质文化财富和精神文化财富的总和。目前,西藏民族特色文化主要指以藏族为主的各民族在青藏高原这个特殊的境域下产生的民族文化,具有浓郁的藏民族和青藏高原极地文化特色,原生性、民族性、宗教性、地域性和包容性特征突出。针对西藏文化的独特性,狭义的文化产业是指传统的民族工艺,即将藏族文化融入产品的制造而生产出的有形物质文化产品,如藏毯、唐卡、藏香、藏纸、邦典等独具民族特色的手工艺产品。

---

① [英]多斯桑托斯:《2008 创意产业经济报告》,张晓明译,三辰影库音像出版社 2008 版,第 10 页。

一般来说，西藏文化产业应是个比较宽泛的概念，包括三大产业中具有藏民族文化内涵的产业主体，如藏医药业、产品加工业、旅游业、服务业、歌舞产业、制造业、建筑业、现代传媒业等都应属于藏族文化产业。① 西藏文化产品指广义文化产品，即依托藏族文化生产、制作或创造的物质文化产品和精神文化产品的总和。因此，西藏文化产业就是依托藏族丰富的物质文化资源和精神文化资源而创造的含有民族文化因子的文化产品的总和，主要包括以传统手工艺制造的传统文化产业和以新媒体技术为依托的现代文化产业。西藏文化产业虽不能等同于藏族文化产业，但由于西藏的主体民族是藏族，占西藏总人口的 90% 以上，其文化产业独具特色，所以本书所界定的西藏文化产业主要指藏民族文化产业。

由于地缘阻隔和千百年来的坚守，藏民族至今依然完整地保留着本民族的特有文化。这些传统民族文化不仅使藏族文化在国际、国内享有独特的地位并有深远影响，而且是也是当今发展西藏传统文化产业的重要基础和不竭源泉。这些藏族传统文化也正逐渐成为新西藏现代经济发展的重要增长点，是使西藏成为中华民族特色文化保护地的重要突破口和途径。②

在 2011 年颁布的《西藏自治区"十二五"时期国民经济和社会发展规划纲要》中明确提出，"十二五"期间，西藏还将加快文化产业的发展，推进文化体制的改革和艺术人才及群众文化人才的培养，挖掘传统和民间文化资源，发展文化旅游、文化创意、影视动漫制作、演艺娱乐、出版发行、高原极限运动等现代特色文化产业，打造西藏文化品牌，并加快培育拥有自主知识产权、文化创新能力和较强核心竞争力的文化产业集团，组建现代传媒集团等，充分显示出西藏现代文化产业的发展空间和力量。

第二节　文化产业的分类

文化产业包含的内容和门类非常丰富，是一个多系统多组织构成的有

---

① 罗莉：《藏族文化产业的定位与发展》，《西南民族大学学报》2005 年第 6 期。
② 罗莉：《西藏文化产业探析》，社会科学文献出版社 2015 年版，第 23 页。

第二章 文化产业的概念与特征

机整体,长期以来没有一个规范科学的分类标准,现在的分类标准是在各种产业分类标准的基础上演化而来的。因为对文化产业进行分类有一定的难度和复杂性,加之文化产业概念的模糊性、不确定性和多义性,世界各国由于地域、经济、文化背景、产业政策等各不相同,与文化产业的内涵和外延相对应的文化产业分类标准和体系也不尽相同。由此,在文化产业行业划分和类别确定上呈现不少差异,显示出了文化产业辐射的关联领域的广泛性和复杂性。随着文化产业的快速发展,各国政府纷纷采取措施,根据各自的国情和发展目标制定本国的文化产业分类体系,以应对文化产业发展带来的各种挑战和机遇。

目前在国际上各种产业分类标准中,以英国著名经济学家费希尔在1935年出版的《安全与进步的冲突》一书中提出的三大产业分类法最广为人知。根据社会生产活动的历史发展顺序将全部经济活动划分为第一产业、第二产业和第三产业:第一产业为农业,第二产业为工业和建筑业,第三产业主要指"服务业",即为生产和消费服务的部门,包括除第一、二产业之外的其他相关产业。除此之外,一些国际组织根据组织内部的产业划分原则也制定了自己的产业分类标准。从世界范围看,文化产业从组织结构上基本可以划分为三类:一是生产与销售以相对独立的物态形式呈现的文化产品的行业(如生产与销售图书、报刊、影视、音像制品等行业);二是以劳务形式出现的文化服务行业(如戏剧舞蹈演出、体育、娱乐、策划、经纪业等);三是向其他商品和行业提供文化附加值的行业(如装潢、装饰、形象设计、信息咨询、文化旅游等)。

不同国家和地区对文化产业的阐述不尽相同。由表2.1可见,世界各国根据本国文化产业发展的实际状况,分别对本国文化产业进行了具体而宏观的行业划分。最早建立文化产业分类标准的是联合国教科文组织,其定义如下:文化产业就是按照工业化的生产标准,经过生产、复制、流通和传播等四个主要环节的一系列活动,强调其知识产权的属性。文化产业越来越成为国家软实力提高的重要支撑,在发展态势和产业布局上体现了不同国家对文化产业的认识程度和对国家发展的战略思考。

联合国教科文组织从文化产品的工业标准化生产、流通、分配和消费的角度进行科学界定,为建立我国文化产业分类框架提供了重要参考。我国学术界对文化产业的分类也有系统研究,但划分类别上存在差异性。21世纪初,有学者认为,我国文化产业已经初具规模,初步形成了包括新闻出版业、广播影视业、演出业、娱乐业、文化旅游业、图书馆业、广告业、网络业等综合性的文化体系①,但划分范围太宽泛,过于笼统。另有学者将文化产业区分为文化艺术、文化出版、广播影视和文化旅游等四个领域。② 这种粗略划分虽有些过于狭隘,缺乏具体操作性,但划分较为清晰。为更好适应我国文化产业的快速发展,制定科学规范的分类标准和体系已势在必行。

表 2.1 不同国家和组织的文化产业的内容与分类

国家或组织	名称	内容与分类
联合国教科文组织	文化产业	文化遗产、出版印刷、音乐、表演艺术、视觉艺术、音频媒体、视听媒体、社会文化活动、体育和游戏、环境和自然等10类
美国政府	版权产业	文化艺术业(表演艺术、艺术博物馆);影视业;图书报刊;出版业;休闲体育;音乐唱片
加拿大政府	文化创意产业	信息和文化产业(出版、影视、因特网、电信、信息业);艺术、娱乐和消遣(演艺、体育、古迹遗产机构、游乐、娱乐业)
澳大利亚政府	创意产业	自然遗产(博物馆、收藏品);艺术(文学和印刷、表演艺术、音乐创作和出版、建筑设计、广告设计、广播和电影);体育和健身娱乐、风景观光旅游、其他文化娱乐等
法国政府	文化产业	文化基础设施建设;文化设施的管理;图书出版;电影;旅游业
德国政府	文化创意产业	音乐;图书;艺术、电影;广播;表演艺术;设计;新闻出版;广告;软件、游戏
英国政府	创意产业	影视、音乐、出版、广告、建筑、古董、时尚设计、互动休闲软件、表演艺术、手工艺、软件等13类
日本政府	娱乐观光业	电影、音乐、游戏软件、博彩、赛马、赛车、观光旅游、体育竞技、装潢、形象设计、娱乐、出版、艺术设计

---

① 戚鸣:《文化产业:全球新兴产业》,《光明日报》2002年9月12日。
② 王慧炯:《对发展中国文化产业的思考》,《北京工业大学学报》2002年第2期。

续表

国家或组织	名称	内容与分类
韩国政府	文化内容产业	影视、广播、动漫、游戏、卡通形象、演出、文物、美术、广告、出版印刷、创意设计、传统工艺品、传统服装、传统食品、多媒体影像、网络软件等
印度政府	娱乐和媒介产业	电视业、电影业、广播业、唱片业和出版业（一些相关产业如旅游、信息服务等不被政府视为产业）

我国统计部门最早于1985年首次把"文化艺术"纳入第三产业统计项目中，开始借鉴其他发达国家发展相对成熟的产业分类标准，结合中国实际逐步建立起自己的文化产业分类标准。2002年党的十六大明确提出加强文化建设，推进文化体制改革，在国家文化产业发展形势下和国家政府部门的高度重视下，制定科学的文化产业分类标准被正式提上议事日程。2004年国家统计局会同多个部门共同调研、广泛研究，在《国民经济行业分类》（GB/T4754—2002）的基础上制定颁布了作为首个国民经济分类指导标准的《文化及相关产业分类》，首次对文化产业的内容进行科学划分和全面统计，有力地推进了我国文化体制改革和文化产业宏观发展决策的制定实施。此次分类标准对文化产业概念的界定提供了有价值的思考，认为文化产业是为全社会提供各类文化产品及服务的相关活动，以及与这些活动相关联的围绕文化消费的活动集合。这些活动内容丰富广泛，主要包括：文化产品制作、文化产品销售活动、文化用品生产和销售活动、文艺作品的创作活动、文化传播服务、文化休闲娱乐服务、文化设备生产和销售活动和相关文化产品制作和销售活动等六大类。再具体进行划分，主要分为核心层、外围层和相关服务层（见表2.2）。

表2.2 《文化及相关产业分类》（2004）划分层次

核心层	新闻服务；出版发行和版权服务；广播、电视、电影服务；文化艺术服务
外围层	网络文化服务；文化休闲娱乐服务；其他文化服务
相关服务层	文化用品、设备及相关文化产品的生产；文化用品、设备及相关文化产品的销售

从表中不难看出，我国在文化产业的分类上比较宽泛，涉及的领域和门类较多，涵盖的内容十分庞杂，既有物质文化生产、制造和销售活动，又有精神文化生产、代理和经纪活动；既有公益性文化，又有经营性文化；既包括了学术性人文社会科学研究，又包括了商业活动，文化事业和文化产业交错混杂在一起。当然这种分类也是当前我国文化产业发展现状的真实体现，与我国的文化资源分布状况密切相关，但总体上往往滞后于我国文化产业发展的实际形势。随着文化产业的迅猛发展和文化新业态的不断涌现，2004年制定的《文化及相关产业分类》越来越不适应文化产业的发展新形势对文化产业统计工作提出的要求，不断出现的新情况、新变化，亟需对现行分类体系进行必要调整，使其更加切合现实发展的需要。

我国的文化产业主要指以文化为核心内容，为直接满足人们的精神需求而进行的创造、传播、展示等文化产品（包括货物和服务）的生产活动（包括制造和销售）。2012年7月，国家统计局参照联合国教科文组织发布的《文化统计框架2009》，延续原有的分类原则和方法，对产业类别和结构分别进行了相应调整，新增了以文化创意为核心特征的新兴业态，逐步细分了部分行业小类，去除了少量不相关的产业类别，在《文化及相关产业分类》（2004）的基础上进行修订，颁布实施了《文化及相关产业分类》（2012），对文化产业的定义进行了更为精准的界定：为社会公众提供文化产品和文化相关产品的生产活动的集合，并进一步说明了文化产品的生产活动（从内涵）和与其相关生产活动（从外延）的范围指向。

根据2012的分类标准可以概括出，文化产品的生产活动、文化用品的辅助活动和专用文化设备的生产活动成为文化及相关产业的主要内容，其中文化产品的生产活动构成了文化及相关产业的主体，其他方面则是补充。文化产业的统计范围基本与联合国教科文组织的《文化统计框架2009》规定的范围保持一致。统计上指称的"文化及相关产业"覆盖全部文化及相关单位，"文化事业"着重指公益文化单位，而"文化产业"主要指经营性文化单位（见表2.3）。

当文化产业的内涵较为明确时，其外延描述就会更清晰。新修订的《文化及相关产业分类》（2012）标准基本上全面反映了近年来我国文化改

第二章 文化产业的概念与特征

革发展的客观进程和可喜成就,特别是新的四层次划分较为合理,对文化产业链条进行了新的提炼和梳理,更符合文化生产规律①,更好地适应了我国文化产业快速发展趋势。既回应了社会各界对文化产业的热切关注,同时也澄清了以往在文化产业认识上的不确定认识,为全国各地进行文化产业统计提供了重要的参考标准和行业导向,在我国文化产业发展史上具有里程碑意义。

随着我国文化产业在实践中不断发展壮大、人们对文化的认识逐步深入、文化与其他领域的加速融合,文化产业的涵盖范围也在不断发展变化,逐步完善文化产业的科学划分体系将是一个长期的过程。在建设中国特色社会主义文化的市场经济条件下,对文化产业内涵进行科学界定和系统划分,能够正确把握文化产业发展的态势,恰如其分地定位其在国民经济中的坐标,以便采取不同的营销策略,制定相应法规政策进行有效的区别管理,推进我国文化产业持续健康发展。《国家"十二五"时期文化改革发展规划纲要》明确提出,要发展壮大出版发行、影视制作、印刷、广告、演艺、娱乐、会展等传统文化产业,同时加快发展文化创意、数字出版、移动多媒体、动漫游戏等新兴文化产业门类。

表 2.3 《文化及相关产业分类》(2012)主要内容

文化产品的生产	新闻出版发行服务	新闻;出版;发行
	广播电视电影服务	广播电视;电影和影视录音
	文化艺术服务	文艺创作与表演;图书馆与档案馆;文化遗产保护;群众文化;文化研究和社团;文化艺术培训;其他文化艺术
	文化信息传输服务	互联网信息;增值电信(文化部分);广播电视传输;
	文化创意和设计服务	广告;文化软件;建筑设计;专业设计
	文化休闲娱乐服务	景区游览;服务娱乐休闲;摄影扩印
	工艺美术品的生产	工艺美术品的制造;园林、陈设艺术及其他陶瓷制品的制造;工艺美术品的销售

---

① 张玉玲:《文化产业:专家解读文化及相关产业分类》,《光明日报》2012 年 8 月 2 日。

续表

	文化产品生产的辅助生产	版权；印刷复制；文化经纪代理；文化贸易代理与拍卖；文化出租；会展；其他文化辅助生产
文化相关产品的生产	文化用品的生产	办公用品的制造；乐器的制造；玩具的制造；游艺器材及娱乐用品的制造；视听设备的制造；焰火、鞭炮产品的制造；文化用纸的制造；文化用油墨颜料的制造；文化用化学品的制造；文具乐器照相器材的销售；文化用家电的销售；其他文化用品的销售
	文化专用设备的生产	印刷专用设备的制造；广播电视电影专用设备的制造；其他文化专用设备的制造；广播电视电影设备的批发；舞台照明设备的批发

注：本表根据《文化及相关产业分类》（2012）整理，其中23项延伸层文化生产活动内容暂未列入表中。

第三节 文化产业的特征

当今世界，经济文化化、文化经济化、经济文化一体化的融合特征日益显著。依靠高投入、高能耗来维持和推动经济发展已非明智之举，低碳环保的文化产业成为经济发展的新引擎和重要支撑，在加快转变经济发展方式、调整产业结构等方面发挥着举足轻重的作用。文化产业是知识密集、信息密集和技术密集的高知识文化领域，各种先进的高科技与文化整合为新型文化业态，数字化、网络化已经成为其必然发展趋势。作为一个具有多重含义且极具生成力的概念，文化产业在本质上区别于其他产业的最大特性在于其兼具文化和经济的双重属性。对于文化产业不确定的称谓充分反映了概念内涵的丰富性和不确定性。

一、文化产业的双重属性

文化产品是一种以提高人们精神生活品质的特殊产品，它包括精神和物质两种形态。一是形成既有物质形态又有文化符号并用于交换的文化物品，如纸质出版物、音像制品和绘画作品等；二是以交换和消费为直接目的向社会提供劳务形态的文化服务和相关活动，包括各种文化艺术表演、娱乐休闲等广泛的服务形式。作为精神产品，文化产品同其他物质商品一样，在生产过程中消耗了一定量的社会必要劳动，是一种劳动商品，具有商品的一般属性。但文化产品又不同于其他纯粹用于交换和消费目的的商品，它具有公共用品的特殊性，也有精神属性，具有意识形态属性，因此，文化产业兼具文化和经济的双重属性，既有商品消费功能，也有文化教育功能。从国内外文化传播的角度看，要正确把握两种属性之间的关系，一方面不能以追求其商品属性和经济功能为唯一目的，而忽视或否认其意识形态属性和精神价值；另一方面也不能以其意识形态属性而抹杀其商品属性，两者共同统一于文化产品的统一体中。① 按照马斯洛的需要层次理论，当人们在生理和物质需求得到满足以后，必然会产生精神生活的主动需求，这样，文化产品自然就成了人类精神生活的消费品。

二、文化产业的创新性

现代管理学之父彼得·德鲁克认为"创新是赋予资源创造财富的新能力，通过创造新的财富，使人类生活不断发生戏剧性变化"②。文化生产是创造性的文化创新活动。文化的本质在于无限地创新和创意，探求未知的新境界。作为一种新兴产业，文化产业与经济、文化、技术密切相关，多方面进行高度融合、渗透和辐射，催生了许多新兴产业及其关联产业，在相关产业的发展和区域经济发展等领域起到了很好的辐射和推动作用，进而带动社会全面发展，在根本上提升了人们的文化素养，真正成为满足人民精神文化需求的重要途径。文化产业提供的文化产品及其相关服务必须不断汲取新鲜血液，保持旺盛的创造力，才能实现推陈出新，保持产业持续发展的生机和活力。一种新的文化产品和服务一旦被创造和形成会在一定时期内产生巨大的影响力，但随着时间的流逝，其文化影响力和精神

---

① 曹守亮：《正确把握文化产业的双重属性》，《中国社会科学报》2011年3月8日。
② [美]德鲁克：《卓有成效的管理者》，许是祥译，机械工业出版社2009年版，第29页。

价值会逐渐减弱。① 譬如一向被认为是文化资源贫瘠的美国，从本国实际出发，合理避开发展传统文化产业的短板，以好莱坞为代表，注重把开发满足人们好奇心作为新需求、新能源、新消费和新市场，把创新、创意作为激活文化市场的动力和源泉，连年创造出惊人的经济价值，占据着国际大部分电影市场。

三、文化产业的包容性

文化包容性发展是指一个国家、民族或地区的文化生活中多种文化形式能够共同存在、共同发展，是文化多样性的重要特征。包容和尊重文化多样性是发展和传承本民族文化的内在要求，是实现世界多元文化和谐相处共同发展的必然要求。文化包容性的精髓在于不同类型、不同地域、不同条件、不同地位的文化享有同等发展的机会，既保持各民族文化差异和平等竞争的权利，又维护文化互动交流、自由创造的权利，这也是衡量文化产业包容性发展目标的基本准则。② 随着高新技术的飞速发展和全球化进程的不断推进，文化的强大冲击力与网络信息社会的跨界联姻，加速了经济与文化的互动融合，使文化产业的生产领域和拓展空间呈现出前所未有的放射性状态。文化的广义性决定了文化产品内涵的多义性和边界的不确定性，由此拓展了"以知识和信息为资本"的生产空间，而就产业运作方式和发展模式而言，文化产业最大限度地实现了经济与文化的互动性和互补性，而且它"包容了'以物质资本、经济资本为运营方式'的传统产业，还拓展了'以智力资本、文化资本、数字资本为运营方式'的新的信息文化产业"③。就人类生存空间而言，它不仅拓展了文化空间，也影响了现代生活基本存在样式，提升了人们的生活品质，面对文化产业的巨大包容性，有学者戏称之为新的"产业巨无霸"。

---

① 张彩凤：《全球化与当代中国文化产业发展》，山东大学出版社 2009 年版，第 22 页。
② 赵巧艳：《文化产业政策与文化包容性发展的协同》，《探索》2012 年第 2 期。
③ 孙连才：《文化产业教程》，中国传媒大学出版社 2012 年版，第 29 页。

四、文化产业的全球性

经济全球化深刻地影响着文化的发展,经济文化一体化的发展使文化产业的消费方式日益呈现出全球性的特征。全球化作为当代世界发展的一种重要特征,涉及经济、政治、文化和社会生活的所有领域,是当今世界覆盖面最广、影响最大、渗透最深的社会现象。全球化作为当代经验的一部分已成为人们的共识,尽管在事实认定和价值评判上存在诸多分歧。在持续增长的商品贸易、文化交流和人才流动的发展趋势下,人类生活的各个领域正在变得更为紧密、距离更为缩短、差异性日渐消弥,全球化的世界正在成为一个"地球村"。经济全球化对文化的辐射效应表现在多个方面:不同的文化体和多层次的文化内容以现代传媒为传播平台进行全方位的交流和互动,不同文化体之间相似性不断增加,色彩鲜明的民族文化差异性不断减少,文化认同与价值认同在文化融合与文化冲突共存的发展过程中越来越有超越本土化的趋势。① 特别是随着信息技术和互联网的发展普及,这种跨民族、跨地区、跨国度的文化交流与融合所带来的文化趋同性会表现得越来越突出。拉什和卢瑞撰文指出,全球化已经赋予文化产业一种全新的动作形式,一度作为表征的文化开始统治经济和日常生活,文化被物化(thingfied)。以经营审美为特征的符号、图像、文字、设计、声音等文化产品具有全球的流动性,这种态势已经在报纸、广播、电视等新兴媒体的"大众传媒"领域初见端倪②,如电影《猜火车》、动画片《玩具总动员》《超级无敌掌门狗》和世界杯等。再如为防止盗版,畅销小说《哈利·波特》英文版在世界各地同步推出,由于时差的关系,在北京王府井的中国人可能购买到最新出版的小说,而并不是英国人最先拿到该书。

---

① 单世联:《论全球化时代的文化多样性》,《天津社会科学》2005 年第 2 期。
② [英]斯科特·拉什:《全球文化工业》,要新乐译,社会科学文献出版社 2010 年版,第 11 页。

五、文化产业的知识密集性

人的智慧、创意是文化产业的精神内核,是经济增长的源动力。知识是文化产业增长的主要贡献因素,文化产业并不过多借助于物质的力量,物质力量仅仅是实现文化价值向经济价值转变的重要载体和滑润剂。文化产品的生产、复制、交换、消费和再创造的循环实现都是围绕着文化创意展开的。文化产业作为知识经济的重要组成部分已经充分显示出它在知识经济一体化发展过程中的巨大推动力,创造着比传统农业社会、工业社会更加辉煌的经济效益和社会效益,成为知识经济发展的新的增长点。

从社会资源的占有结构看,文化产业改变了工业经济那种把物质财富的拥有看成是实现个体价值的资本与依据,建立起了以知识的占有为基础的分配制度,根据拥有知识远比资本的拥有更重要这一智力劳动的贡献法则,以个体脑力与智商能量的付出来体现其生存价值的个体就比传统工业时代的自由发展提供了更为广阔的空间,同时也获得了更高的个人回报,无论是经济收益还是精神满足。文化产业是高固定成本、低边际成本的产业。经济学理论的边际效用递增原理也告诉我们,在普通的物质产品消费中,以文化和知识作为资本和资源的文化产业,由于分工与专业化的发展,以及创新机会的不断增加,文化产业成为一个边际效用递增的知识密集、技术含量大、附加值高的行业。

六、文化产业的数字化

数字化是多媒体信息技术的基础。随着信息通信技术(ICT)的广泛应用,将不可量化的文字、视频、音频和图片等多媒体信息通过数字化转换,生成可以度量的数据模型,可以进行长期保存、扩展、复制,实现重复利用而几乎没有任何损耗。现在是信息化时代,信息的数字化趋势是当今社会发展的潮流,数字化也必将成为文化产业发展的必然趋势。文化产品的数字化就是将繁琐庞杂、不可度量的各类文化信息通过引入计算机建立起来的数字化模型经过加工,可以转变为能够度量的数据,从而实现循环展现和无限创造并承载其文化意涵的过程。① 数字化作品可以覆盖全部文化产品和媒体产品,可以实现无载体再现、识读、复制、转载等功能,并通过各种媒介渠道广泛传播。随着网络技术的动态更新,互联网、广电、电信网络的融合,数字技术成为三网融合共同的技术基础。在这种情况下,网络就成为内容产业的"整合器",从而催生出新的产业——数字内容产业。② 内容产业是以信息资源为劳动对象,提供文化形态的产品和服务。由于文化产业的核心在于内容,所谓"内容"是对各种文化产品、制品或文化服务的简称,因此,内容产业属于文化产业范畴。广义上,书报刊出版、电影制作发行、电视、广播、互联网、手机等大众媒体都是文化产品的传播介质。

当今网络信息时代,以内容为核心特征的文化信息借助数字化技术而展现其强大的文化生产力,正越来越为世界各国所重视。数字化内容的重要特征在于它融合了多媒体的所有典型特征并不断呈现出数字技术的新特质:云存储、低成本、可移动、超大量、高速复制和传播等诸多创新特性。因此,文化产品一旦被制造出来,便会以文化商品或同一性的产品形式流通(比如选秀、选美、相亲节目),人们购买文化产品加速了文化产品的流动,促进了创意人才的汇聚,激发更多人的创意能量。与此同时,文化理念成为内涵物被广延开来,虚拟高速的数字化发展并成为文化消费的重要部分(如偷菜游戏、饲养电子宠物),所有这些都被媒介化,而串联它们与我们的就是各种数字化媒体。

---

① 贾丽学:《文化产业的数字化趋势探索》,《北京邮电大学学报》2009年版第2期。
② 高富平:《文化产业:内容产业面对数字化浪潮》,《知识产权报》2007年8月6日。

第三章 文化产业理论研究述评

第一节 西方文化产业理论的演进

根据西方主流的文化产业（Culture Industry）理论体系，无论是基础理论还是应用理论研究，其概念和理论基础都源自德国法兰克福学派[①]霍克海默和阿多诺在其合著的《启蒙辩证法》[②]一书中对"文化工业"（作为文化崩溃或作为整个体系）的否定性批判。他们认为文化工业就是在机器化大生产条件下通过流水作业进行大批量生产和复制文化及相关产品的一种产业体系。赫德蒙斯夫强调了"文化工业"这一术语演化为"文化产业"的重要性。到 20 世纪 80 年代初，相关概念的转变就已经为人们理解文化生产背后的复杂结构和多变的动力提供了更加坚实的经验基础。它使人们更多地了解了生产技术与分配的联系、变化中的经济模式、象征性产品与文化和通讯系统之间日益密切的联系。同时它也使得文化生产流

[①] 当代西方的一种社会哲学流派，以批判的社会理论著称。是以德国法兰克福大学的"社会研究中心"为中心的一群社会科学学者、哲学家、文化批评家所组成的学术社群。由法兰克福社会研究所的领导成员在 20 世纪 30～40 年代初发展起来，其社会政治观点集中反映在 M. 霍克海默、T. W. 阿多诺、H. 马尔库塞、J. 哈贝马斯等人的著作中。

[②] 作为德国著名的哲学家、法兰克福学派的倡导者，霍克海默所提出的"批判理论"在德国思想界具有举足轻重的地位。本书即是他的代表作之一。正如作者所说，本书探讨的是这样一个主题，即文化进步走向其对立面的各种趋势。本书正是通过对 20 世纪 30 和 40 年代美国社会现象的描述，试图揭示这一主题。

第三章 文化产业理论研究述评

通与国家的意识形态之间的联系和矛盾变得更加清晰。阿多诺把"文化工业"的整个体系推向了一种新的文化政治的高度。① 此后,众多学者开始从不同的角度对文化产业的概念展开深入探究,解析文化产业的概念和特性。文化产业是一个不断嬗变和生成的概念,与多种相关概念的重叠交叉源于不同国家的发展战略、地域特征、文化政策和主导趋向。纵观国内外的研究成果,主要区分为"学院派"(也称基础理论学派)和"应用派"(也称应用理论学派)两个流派。"学院派"侧重从意识形态角度来界定文化产业,"应用派"则偏重从文化工业生产与传播角度分析研究文化产业的基本内涵。

一、基础理论研究

霍克海默和阿多诺在"文化工业"理论中指出,文化产业的最终产品就是迎合大众消费需要的各类产品,也就是大众文化(非同今天所指"大众文化")。按照机械化流程生产出来的文化产品,同其他普通商品一样进行流通和消费,同一性代替了异质性,产业化的文化成为不可感知的同质文化。在被同质化过程中,作为文化商品的文化多样性和内涵丰富性荡然无存,同一性降低了思想深度,泯灭了艺术个性,限制了文化的自由和批判精神,由此沦为国家进行思想控制的工具。② 霍克海默和阿多诺哀叹这同一逻辑,坚持对"文化工业"进行猛烈的价值批判,试图唤回传统时代文化艺术的精英文化,而非当代遍存各个领域的大众文化。在美国著名社会学家斯科特·拉什看来,20 世纪中期,在上层建筑的统治领域,文化以强调符号表征和意识形态(representation)的形式较少出现在公众视野中,文化产品较少见于日常生活,更多的是经济商品。这种情形从 1945 年一直持续到 1975 年。然而到了 2005 年,以信息、旅游、体育和建筑等为代表形式的文化产品随处可见。拉什认为"文化产品不再是稀有

---

① [英]贾斯汀·奥康纳:《从文化产业到创意产业》,载张晓明:《2011 年中国文化产业报告》,社会科学文献出版社 2011 年版,第 206 页。
② [德]霍克海默、阿多诺:《启蒙辩证法》,渠敬东、曹卫东译,上海人民出版社 2006 年版,第 132 页。

31

物品，而是横行天下。文化无处不在，它仿佛从上层建筑中渗透出来，又渗入并掌控了经济基础，开始对经济运行和日常生活体验两者进行统治"①。

同为法兰克福学派的本雅明在《机械复制时代的艺术作品》中认为，复制技术使"艺术品从少数人垄断和欣赏中解放出来，为多数人所共享，给文化带来了新的发展空间"②，不同于霍克海默和阿多诺的批判态度，而是给出了理性判断。法兰克福学派作为开创文化产业理论研究的先锋，其开辟作用是"难以绕过的理论高峰"。

法兰克福学派认为，原始的资本积累是文化工业发展的基础和前提，大多数文化产品生产者都以实现利润最大化作为自己的终极目标，这样才能最大限度地满足广大消费者的多样化需求。因而，一味迎合消费者需要就成了文化工业不加改造无需创意的流水线生产。这样，缺乏自由创造的文化产品就在现代机器化批量生产的流水线上被格式化为同一性商品。1963年，晚年的阿多诺在《文化产业的再思考》一文中总结道："我们用'文化产业'代替了'大众文化'……文化产业是把人们熟悉的传统文化融入了新特质，为大众消费而量身定做的文化产品在很大程度上决定了消费的性质并且很大程度上是按照原定计划而制造的。"③ 随着文化产业的兴起，个体主义也侵入了文化领域，并创造了马尔库塞（1991）后来所谓的"单向度的人"。虽然这些批判带有明显的时代特征，但霍克海默和阿多诺的"文化工业"理论为此后产生的文化研究奠定了基础，对后来的文化产业理论发展起了重要的推动作用。

与阿多诺对文化工业理论的批判立场不同，本雅明则对文化产业和文化工业持乐观态度，承认大众文化的积极价值和历史意义，认为艺术品的

---

① ［英］斯科特·拉什：《全球文化工业》，要新乐译，社会科学文献出版社2010年版，第86页。
② ［德］本雅明：《机械复制时代的艺术作品》，王才勇译，南京：江苏人民出版社2006年版，第123页。
③ ［德］阿多诺：《文化产业的再思考》，载陶东风《文化研究》，社会科学出版社2000年版，198页。

复制可以把艺术从宗教仪式的古老传统中解放出来。① 由此引起了后来法兰克福学派内部及"二战"后其他学派围绕大众文化相当长的一个时期的论争,经过长期的嬗变和演进,文化产业的内容日益丰富,理论研究也日渐成熟。文化产业概念和文化产业理论的发展演变过程恰恰反映了不同历史时期人们对文化产业认知的不同见解。

继法兰克福学派之后,西方文化产业理论出现了基础理论和应用理论两条研究路线。肇始于英国伯明翰学派②的文化产业的基础理论认为,文化产品中所包含的具体内容即影视、音像、动漫、出版等作为其主要研究对象,侧重意识形态领域的文化理论思考。该学派以辩证眼光看待文化产业,对发展文化产业持肯定态度。代表性学者有雷蒙德·威廉姆斯、斯图亚特·霍尔和约翰·费斯克。他们给予文化产业更多的理性思考,对文化产业内涵进行了重新定位,对文化的本质作出了新的诠释,肯定了文化产业在推动工业化进程、满足人民群众精神文化需求等方面的积极作用,对文化产业进行了开拓性的研究。美国学者约翰·费斯克以传媒批评著称,将经济学视域内的生产、消费及价值等思想融入文化产业的实现研究,使文化产业的理论体系更加完整,自此引发了后来研究者开始将目光转向文化和产业的双重属性。通过对文化产业的符号生产机制和原则的系统研究,雷蒙德·威廉姆斯在《文化与社会》中鲜明指出,不能只关注和理解部分文化,要积极拓展文化定义,将完整的文化生产纳入研究的视野。③斯图亚特·霍尔认为大众对文化产品的消费过程并非一个既定意义上的简

---

① [德]本雅明:《机械复制时代的艺术作品》,王才勇译,江苏人民出版社2006年版,第152页。

② 1964年,理查德·霍加特(Richard Hoggart)在英国伯明翰大学(Birminghan University)创立了当代文化研究中心(The Centre for Contemporary Cultural Studies,简称CCCS)。代表人物有雷蒙·威廉姆斯、斯图尔特·霍尔(Stuart Hall)、约翰·费斯克、理查德·约翰逊(Richard Johnson)、乔治·洛伦(Jorge Lorrain)。中心成立宗旨是研究文化形式、文化实践和文化机构及其与社会和社会变迁的关系。其研究内容主要涉及大众文化及与大众文化密切相关的大众日常生活,分析和批评的对象广泛涉及电视、电影、广播、报刊、广告、畅销书、儿童漫画、流行歌曲,乃至室内装修、休闲方式等。在这些众多而分散的研究内容中,大众媒介始终是其研究焦点,尤其是对电视的研究极为关注。其研究方法最初受美国传播学研究影响,但在霍尔领导时期,吸收了阿尔都塞和葛兰西的观点,转向媒介的意识形态功能分析。

③ [英]雷蒙·威廉斯:《文化与社会(1780—1950)》,高晓玲译,吉林出版集团2011年版,第33页。

单接受过程,同时还应当包括对于文化产品消费所具有的意义选择和复杂重构的过程。这一结论标志着传统的文化批判理论已经不应该继续成为阻碍文化产业发展的障碍。

二、应用理论研究

基于文化产业基础理论的前期研究,文化产业应用理论侧重研究文化产业在现实发展进程中存在的突出问题、发展动力、发展优势和劣势、制约因素、发展战略等较为具体的内容。20世纪末,随着经济学和管理学等学科的发展和相关知识体系的丰富完善,增进了文化产业的发展和研究,其研究内容涵盖了概念界定、行业划分、运行机制、产业政策、品牌战略、文化园区、产业价值链和发展战略等多个方面。[1] 主张把文化产业推向市场,不但要按照文化艺术规律进行创造,还要按照一般商品的生产模式进行生产。

英国著名的媒体理论家尼古拉斯·加纳姆(Ganham Nicholas,1983)从经济学角度对文化产业作了深入研究并对其进行了阐释。他认为文化产业采用了特有的生产方式进行符号化的生产和传播,这些符号化的表现形式就是文化产品和服务。文化产业是指那些"使用工业化大企业的组织和生产模式,生产和传播文化产品和文化服务的社会化机构。如报刊、音像制品出版部门和商业性体育机构等"[2]。"价值链分析法"最早由查尔斯·兰蒂(Charles Landry)在20世纪末引入文化产业研究领域中,强调指出由创意形成、文化产品生产、文化产品流通、文化产品传播和消费者接受这五个基本环节构成了产业价值的整个链条,其开创价值不言而喻。

20世纪中期,阿芒德·马特拉特和赫伯特·席勒一致认为,要打破观念,大胆将传统文化融入全球资本主义发展进程中,这种革新精神鼓动了一些激进派,主张将文化产业扩展到更广阔的领域中,实现创新发展。欧盟委员会强调文化产业的"主体内容"性,而联合国教科文组织

---

[1] 王安琪:《文化产业理论综述与展望》,《商业时代》2011年第8期。
[2] 林拓:《世界文化产业发展前沿》,社会科学文献出版社2006年版,第115页。

(UNESCO)偏重以"文化产业"的复数形式进行文本表述。1965年,基于信息技术促进国民经济进步的深刻认识,马克拉伯(Machlup)提出了"知识工业"的概念。1968年德国作家恩泽斯伯格(Enzensberger)在其出版的《意识工业》一书中认为文化产业是以创意为核心的产业形式。随后,斯坦福大学研究人员也提出了"信息工业"这一概念。①

随着高新科技的飞速发展,以内容产业、创意产业、文化旅游业为代表的与文化产业相关联的新兴产业相继出现,大大拓展了文化产业的研究领域,进一步丰富了文化产业的门类,逐步加深了学术界对文化产业的认识,并进入理性的发展轨道,克服了非是即否的极端思想认识。人们对大众文化的认识和判断从激烈批判到辩证看待,从拒绝排斥到宽容接纳,从大众文化的单一概念到文化产业的丰富内涵,都直接导致了在后现代社会文化视域下,不能孤立地把文化产业与经济、社会等其他领域隔开,要联系起来分析其间的共同性和差异性,尤其注重文化产业发展对经济、社会带来的根本性变化,要深入分析经济社会进步对文化产业的可喜转变,这种转变进一步拓展并繁荣了文化产业理论研究。"当文化被视为整个社会经济政策的一部分时,被阿多诺赋予否定性色彩的文化产业开始获得了新的积极的含义。"②

纵观国外研究成果,西方文化产业理论研究侧重从文化产业运营的角度深入研究文化产业对经济社会发展的推动作用,并由此带动产生的经济价值和社会影响。③ 从研究对象看,尚未形成统一的文化产业概念和权威的界定。世界文化产业的全球发展不平衡源于世界各国不同的发展目标,因研究视角的差异而导致对文化产业概念、分类、内涵等诸多方面存在极大不同。从研究取向看,突破了政府对民间私营企业和公共公益事业采取不同政策的限制,开始重视发展传统文化、保护和传承文化,把提高人们精神文化水平、满足群众文化消费需求、提高文化影响力作为今后文化产业的重点发展方向。从研究领域看,随着文化与科技深度融合,数字新媒

---

① 苑捷:《当代西方文化产业理论研究概述》,《马克思主义与现实》2004年第2期。
② 林拓:《世界文化产业发展前沿》,社会科学文献出版社2006年版,第118页。
③ 王克岭:《微观视角的西部地区少数民族文化产业可持续发展研究》,光明日报出版社2011年版,第18页。

体技术为传统文化产业注入了活力,一方面使得传统文化产业必须改造升级才能适应新时代的发展要求;另一方面催生了许多不同于传统形式的新兴文化业态,文化产业逐渐成为涵盖影视、美术、音乐、舞蹈等传统行业和旅游、建筑、体育等新兴业态的"大文化产业",门类更为齐全,内容更为丰富,日益呈现出高知识高文化的新技术特征。从研究方法来看,研究方法较为单一,注重文化产业的一般共性和概念总结,没有充分扩展到国际文化产业发展的空间,缺乏经典案例分析,对各国文化产业发展的差异和经验得失的总结分析研究较少。

第二节 中国文化产业理论研究的嬗变

文化产业理论研究是文化产业持续健康发展的重要支撑。十多年来,美国、英国、法国、日本、韩国等发达国家都将文化产业作为国家发展战略重点,着力提升本国文化软实力。中国文化产业的发展起步虽晚,产业规模和发展水平较低,但文化市场广阔,文化消费需求不断扩大,在国家文化强国战略的推动下和国家文化产业政策的引导下,文化产业增加值在国民经济中的比重不断上升,正在成为我国经济发展的新的增长点,逐渐成为我国文化软实力的重要标志。特别是党的十七大以来,文化产业呈现蓬勃发展的强劲势头,这为中国文化产业发展创造了良好的外部条件,同时也为我国文化产业理论研究带来了重要的发展契机。

我国文化产业理论研究起步较晚,对文化产业概念和基础理论的理解,多停留在借鉴和转述国外研究成果的基础上,没有形成较为成熟的理论体系,缺乏原创性和针对性,对文化产业的概念界定也有多种看法。为了加强我国文化产业理论研究,以理论研究带动实践应用,加快文化产业全面发展,1998年文化部增设文化产业司,分别与上海交通大学和北京大学合作设立了国家文化产业创新与发展研究基地。2006年,又分别与清华大学、南京大学、中国海洋大学、华中师范大学、南京航空航天大学、云南大学等六所高校合作共建国家文化产业研究中心。研究中心旨在通过广泛调研和组织，进行文化产业基础理论和重大课题研究，一方面为我国文化产业发展提供理论支撑；另一方面为国家和各级政府部门决策提供智力支持，进一步拓宽理论研究视野，从学术研究和产业实践等方面加强了与国内外文化产业理论研究团体和文化产业实体的联系与合作。

随着我国文化产业的蓬勃发展和理论研究的不断深化，文化领域研究成果获得突破性进展，文化产业理论体系逐步形成，发展文化产业的理念逐步深入人心。学术界通过理论研究为中央和地方各级政府部门提供了有益的决策咨询，当前我国文化产业研究日渐呈现出开放性、综合性、应用性和战略性的特点。总体上看，我国文化产业理论研究工作者立足于中国实际，在尝试建构有中国特色的文化产业基本理论方面也取得了重要进展，能够客观分析当前国内文化产业理论研究和产业实践的发展现状，体现出研究者从实际出发作出的理性判断。但是，由于我国文化产业理论研究起步比较晚，在理论突破和理论创新方面严重落后于实践的发展，在认识上也有一些模糊不清之处，理论应用于实践往往捉襟见肘。因此，在理论成果创新、研究资源合理配置、应用转化机制等方面仍有待提高，尤其是在理论与实践、产业与发展、存量与增量、资源配置与学术追求上还存在着明显的失调，多数论著的研究主题都高度集中在文化产业的概念转述、历史脉络、产业政策、市场运行、经营管理、产业园区和集群研究上。内容上主题相对集中，方法上多借鉴经济学、管理学知识而显得较为单一，前瞻性研究较少。

具体来说，对于文化产业及相关概念的研究，我国学界引用最多的是联合国教科文组织关于文化产业的定义。此外，一些发达国家如英国对创意产业概念的表述以及韩国关于内容产业、美国和日本关于版权产业的提法等，都对我国形成文化产业概念和基础理论产生了较大影响。我国文化产业的定义最早被界定为"从事文化产品生产和提供文化服务的经营性行业"①。在文化产业性质的阐释上有两种代表观点：一种将重心放在产业

---

① 牛维麟：《国际文化创意产业园区发展研究报告》，中国人民大学出版社2007年版，第74页。

上,侧重其经济属性;另一种是侧重文化的意识形态属性。科学认识和正确把握文化产业的双重属性在当前推进社会主义文化大发展大繁荣的形势下显得至关重要。

既有产业属性,又有意识形态属性的文化产业,因其自身具备的战略资源以及精神和物质的双重力量而具有高度的战略价值,文化产业发展战略一直是理论研究的关注焦点。战略研究关涉文化产业发展宏观全局的重大问题。政策战略、市场战略、人才战略、产品战略等根本性问题构成了战略研究的中心内容。① 因此,文化产业战略研究成为我国在社会关键转型期优化产业布局、调整产业结构、转变经济增长方式,大力发展新兴战略产业的重要选择。② 胡惠林指出文化发展战略确定应以国家利益为最高利益,在这样的战略前提下发展文化产业,才能确保国家文化的安全。他对综述研究方法上的研究以及在全面分析中国文化产业发展战略等方面的思考,为中国文化产业理论和应用研究探索出了新的范式。③ 其他比较有代表性的研究主要有:祁述裕主编的《中国文化产业国际竞争力报告》从文化产业的国际竞争力为切入点,通过案例分析和对比研究,全面总结了我国同外国文化产业竞争力的差异和提高文化产业国际竞争力的发展战略。由文化部和上海交通大学联合编著的系列论文集《中国文化产业评论》则站在时代前沿集中展示了特定历史时期我国学术界专家学者对文化产业发展的最新研究成果。

新世纪以来,越来越多的国内学者通过不同视角对我国文化产业的重大发展战略问题以报告、专著、论文集和举办论坛等形式进行了动态追踪研究。《中国文化市场发展报告》《文化蓝皮书:中国文化产业发展报告》和《中国文化产业发展年度报告》等都是这一领域的代表作。中国创意产业研究中心自成立以来,始终关注中国创意产业的发展,在创意产业的理论研究和案例分析方面积累了大量的研究成果。从 2006 年起,中心每年出版《中国创意产业发展报告》,该书是记录我国创意产业发展的一部权

---

① 齐骥:《理论与实践:中国文化产业十年总揽(上)》,《学术探索》2012 年第 2 期。
② 胡惠林:《文化产业的战略价值》,《人民日报》2009 年 6 月 18 日。
③ 胡惠林:《我国文化产业发展战略理论文献研究综述》,上海人民出版社 2010 年版,第 16 页。

威蓝皮书,作为国内第一本创意产业专项学术出版物,《中国创意产业发展报告》已连续出版十年,在国内外形成了广泛影响,为国内创意产业理论研究以及各级政府部门规划和发展创意产业提供了有益借鉴,也为国际社会了解中国创意产业发展情况提供了蓝本。此外,有以北京、广州、江苏等各省市为研究主体的区域《文化产业发展蓝皮书》也相继出版,形成了独特"皮书"现象。从 2001 年开始中国《文化蓝皮书》每年发行一次,至今已整整 15 年了。文化蓝皮书通过对东西部地区不均衡的文化产业发展状况和每年动态的发展数据进行量化分析和数据挖掘,在综合调研的基础上提出的一些战略预测和决策建议,受到文化部等相关政府部门的密切关注,为中央决策层和当地政府制定相应的文化产业发展规划提供有价值的参考。① 另外,自 2003 年开始,由北京大学文化产业研究院出版的《中国文化产业年度发展报告》,至今已整整 12 年,紧扣当年形势,对我国文化产业发展进行年度盘点,全面回顾了我国文化产业的发展历程,总结了每个历史阶段文化产业发展的基本特征,并对国家和政府颁布的一系列产业政策进行了详细归纳,总结其中的经验得失,在此基础上对文化产业的未来发展趋势作出了政策预测和价值判断。十多年来,不管是"文化蓝皮书"系列,还是"年度发展报告"系列,都见证了中国文化产业的发展历程,对中国文化产业发展远景规划起到了一定的政策咨询和学术支持。

细致梳理中国文化产业的发展历程,深刻分析其基本理论研究的现状,可以清晰窥见文化产业的演进路径。伴随着中国加入 WTO 之后迅速兴起的文化危机意识和文化民族主义情感,为了应对危机和挑战而提出新的发展战略,成为诱发当前我国文化产业理论研究的最直接动因。新世纪十多年来,中国文化产业理论研究文章急剧增多,围绕着中国文化产业发展战略与 WTO,从产业概念到发展目标,从文化需求到产品供给,从文化强国到走出去战略,从创意产品到品牌塑造等,涵盖了文化产业及相关产业的多个领域,研究内容不断丰富,研究方法日益多样,这在某种程度

---

① 胡惠林:《我国文化产业发展战略理论文献研究综述》,上海人民出版社 2010 年版,第 12 页。

上形成了我国文化产业发展以"应对"研究和"战略对策研究"为主要特征的研究范式。①

第三节 西藏文化产业发展研究述评

经过多年发展,西藏文化产业的发展逐渐走进多数人的视野,尤其日益受到学界和业界的高度关注,在国家重视和相关学者研究的推动下,西藏文化产业的理论和实践研究有所发展。同时也应看到,同全国其他省区尤其是边疆少数民族地区相比,都有很大差距,总体上西藏文化产业发展和理论研究都比较滞后。笔者以"西藏文化产业"为主题通过CNKI中国引文数据库进行学术搜索。结果显示,2002年以来,有关西藏文化产业发展研究的公开发表的代表性学术论文仅有38篇(见表3.1),而同时期全国范围内研究文化产业的论文有8500多篇,相差悬殊。除了关涉西藏文化建设、传统文化、民间民俗文化和藏传佛教文化等方面的少数一些代表论著,关于西藏文化产业理论和应用研究的著述几乎一片空白。由此看出,西藏文化产业研究还处于低层次初级阶段,有待学界进一步深入探索和研究。西藏长期以来文化产业底子薄,起点低,发展迟缓。随着西藏经济社会的全面发展和各族群众文化需求的日益增长,西藏文化产业稳中有进。从表3.1中不难看出,2012年西藏文化产业发展研究态势呈现井喷式增长,达到17篇,占十年总篇数的45%,反映了西藏文化产业发展日益受到社会各界的热切关注。其中关键因素在于2012年是"十二五"开局第二年,这一年国家密集出台了一系列关于文化产业发展的政策和法规,党的十八大提出推进文化强国战略,西藏政府也相继颁布了一系列支持文化产业发展的政策文件,有力地推动了西藏文化产业快速发展。

---

① 胡惠林:《我国文化产业发展战略理论文献研究综述》,上海人民出版社2010年版,第2页。

表 3.1　近十年"西藏文化产业发展研究相关研究"
公开发表论文数量走势变化图

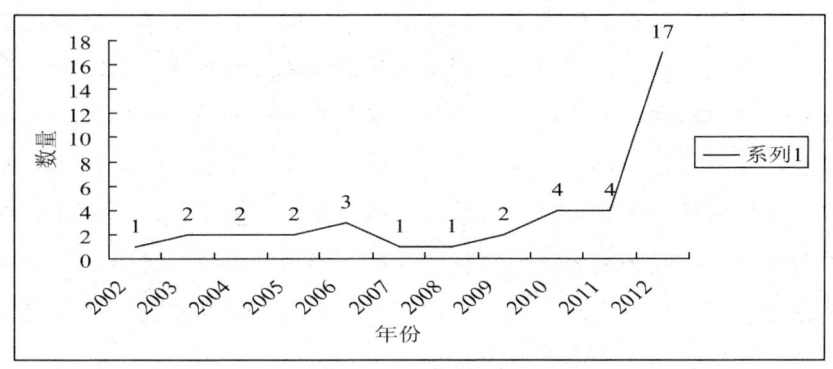

数据来源：CNKI 中国引文数据库　2013—01—22

关涉西藏民族传统文化和文化建设研究的代表性论著主要有：刘务林、彭措朗杰的《中国西藏文化之旅》（中国大百科全书出版社，2010）；王学典编著的《唐卡艺术》（万卷出版公司，2012）；聂晓阳主编的《微观西藏（汉英版）》（商务印书馆，2012）；陈立明著的《走入喜马拉雅丛林：西藏门巴族、珞巴族文化之旅》（中国藏学出版社，2012）；陈立明、曹晓燕著的《西藏民俗文化》（中国藏学出版社，2010）；沈宗濂、柳陞祺的《西藏与西藏人》（中国藏学出版社，2006）；[法]石泰安著、耿昇译的《西藏史诗和说唱艺人》（中国藏学出版社，2005）；于乃昌著的《西藏审美文化》（西藏人民出版社，1999）；杨辉麟编著的《西藏的民俗》（青海人民出版社，2008）；[美]梅·戈尔斯坦著，杜永彬译的《喇嘛王国的覆灭》（中国藏学出版社，2005）；莲花生大师著、达赫释的《图解西藏神秘文化》（陕西师范大学出版社，2011）；次旺俊美的《西藏宗教与政治、经济、文化的关系》（西藏人民出版社，2008），次仁央宗的《西藏文化散论》（中国藏学出版社，2006）；曹自强编著的《中国西藏文化大图集》（重庆出版社，2004）；杨世居的《西藏文化建设与文艺管理文集》（中国藏学出版社，2007）；刘志扬的《乡土西藏文化传统的选择与重构》（民族出版社，2006）；杜永刚的《西藏文化知识读本》（吉林出版集团，2010）和林聪著的《西藏有缘：走入真实的西藏文化》（笛藤出版图书有限公司，2012），还有罗莉编著的《西藏文化产业发展探析》（社科科学文献出版社，2015）等。

通过现有对西藏文化产业发展研究的文本进行综合分析，依据研究视角的不同都呈现出不同的侧重点。大体上看，研究文章基本上都围绕着文化产业的概念、内涵、特征以及西藏文化产业的发展现状、当前存在的突出问题、制约发展的障碍因素，以及发展西藏文化产业的资源优势和外部条件，在文章最后，都结合西藏区情指出了切实可行的发展对策及合理化建议。大体上从宏观、中观和微观三个层面作了深入分析，从区外文化产业发展经验到西藏案例研究，从具体发展对策到宏观战略指导，都遵循了从理论到实践，再从实践到理论的研究范式，为西藏文化产业的发展和研究提供了良好的学术积淀和政策指导。

一、宏观上深刻分析西藏文化产业的重大战略问题

孙海荣认为，西藏由于工业基础薄弱，自然环境恶劣而保留了丰富的文化和自然资源。通过梳理西藏自身资源状况及分析自身禀赋，提出在西藏区域发展的整体战略中嵌入文化产业发展思路，通过文化产业发展使其具有后发优势，实现跨越式发展。① 李春华从中央第五次西藏工作座谈会提出要加强保护和发展西藏传统文化进行分析，指出西藏党委和政府高度重视西藏文化建设工作，发展文化经济、走新型工业化道路的前景广阔。西藏要实现经济社会跨越式发展，"谋长久之策，行固本之举"，就必须树立战略发展意识，充分发挥西藏的资源优势和政策优势，实施差异化发展战略，把文化产业作为西藏新的经济增长点，进行产业结构和经济增长方式的优化整合，走可持续发展的新型现代化之路。作者认为发展文化产业是提振西藏经济硬实力的必然选择，是维护意识形态领域安全和国家文化安全的重要保证，是提升西藏文化软实力的基本途径。② 李春华在另一篇文章中指出西藏文化产业要塑造核心文化品牌，拓展产业价值链，实施重大文化产业带动战略，注重文化与科技融合，加大创意人才培养和培训

---

① 孙海荣：《文化产业对西藏"跨越式"发展作用探析》，《商业时代》2014年第36期。
② 李春华：《西藏文化产业发展探索》，《西藏研究》2010年第3期。

力度。①

韩书力的研究视角聚焦在中国加入WTO后中国文化领域开始逐步开放，西藏文化产业同样受到了"狼来了"的威胁。在文化帝国主义形成的"文化霸权"的情势下，西藏要牢牢把握住中央第五次西藏工作座谈会的召开和西部大开发战略实施的发展机遇，尽快跟上全国深化文化体制改革的步伐，促使文化产业发展成为西藏的特色优势产业，不断增加在国民经济中的比重和地位。② 舒敏勤认识到虽然当前西藏文化产业发展势头良好，但规模效益差、总量小。由于文化产业在国民经济中所占的比重越来越大，人们对文化生活的需要进一步增强，所以，目前通过对西藏文化产业管理体制进行改革，进一步深化文化体制改革，发挥西藏民族文化的特色资源优势，利用"人才战略""特色战略""品牌战略"，推动西藏文化产业化快速发展。③ 根据西藏文化产业当前的发展形势，谢会时提出，西藏要做大做强文化产业，实现文化大区向文化强区转变，迫切需要实施人才推动战略、文化精品工程战略、民族特色战略和集团化经营战略。④

王学海客观描述了西藏充分发挥丰富独特的文化资源优势促进旅游业发展的新特征和新趋势，认为文化旅游业虽然带动了经济发展，但要清醒认识到文化旅游不能一味地产业化，如果大规模开发自然旅游资源，势必会破坏生态环境，降低文化旅游的品质。一定要高度重视对旅游产业的过度倚重和无节制的盲目开发所带来的负面影响。文章深切表达了作者的人文关怀精神和高度的责任意识，认为在西藏高校实施文化人才培养和培训战略，对西藏文化人才队伍建设，促进高校毕业生就业，维护西藏社会稳定，壮大西藏文化软实力都有积极重要的意义。⑤

沈宏益和毛阳海针对西藏文化产业发展的战略意义，结合现状与存在的突出问题，对西藏文化产业提出了一些对策和建议，作为西藏文化产业

---

① 李春华、傅西红：《经济结构调整的助推器》，《西藏日报》2010年2月6日。
② 韩书力：《WTO与西藏文化产业的发展》，《西藏日报》2002年8月17日。
③ 舒敏勤：《加快文化产业化进程，推进西藏跨越式发展》，《西藏研究》2006年第4期。
④ 谢会时：《西藏文化产业的发展战略和对策思考》，《西藏艺术研究》2011年第2期。
⑤ 王学海：《试论西藏文化产业发展的战略转型》，《西藏研究》2011年第4期。

发展的理论支撑和现实参考。① 任成金和潘娜娜从文化产业的双重属性入手进行分析,认为西藏发展文化产业既是促进西藏经济社会发展的重要途径,也是通过发展文化产业提高文化软实力,进而澄清西方误读西藏的有效方式。要建构良好积极、正面健康的西藏形象必须采取宏观战略路径、文化走出去路径、创意素材支持路径、人才支持路径、知识产权保护和资金支持路径。② 尕藏才旦和朱鹏鸿利用 SWOT 法着重分析了西藏文化产业的优势和劣势、目前面临的发展机遇和需要应对的威胁与挑战,强调指出要从西藏实际出发,积极发挥西藏的特殊区位优势,建立自己的主导产业,不能贪大求全,要有重点、有选择集中发展潜力巨大、增长空间广阔的新兴文化产业,采取以文化资源为主的发展模式。③ 李晓亮通过建构 SCP 模型和产业周期模型,运用 PEST 分析方法重点对比研究了西藏文化产业的历史文化资源和自然环境资源,提出建立一套属于西藏自己的文化资源评估体系,探索一条具有西藏特点的发展路子,注重开发历史人文资源,有效保护传统文化资源。在保护的前提下适度开发,在有节制的开发进程中创新保护方式,一方面使西藏的传统文化得到更好传播;另一方面也使西藏的文化资源实现产业转化,有效带动经济发展。④ 常凌翀基于 SWOT 分析法深入探究了制约西藏文化产业发展的障碍,重点分析了形成这些障碍的原因,指出西藏文化产业获得大发展的重要前提就是要积极培育高端创意人才,实施"走出去"战略,坚持走特色文化品牌的创意之路。⑤

二、中观层面探索西藏文化产业的现实问题与应对策略

陈君里通过数据分析,深入研究了西藏文化资源的现状和当前的产业

---

① 沈宏益:《西藏文化产业发展的战略意义与对策思考》,《西藏民族学院学报》2012 年第 1 期。
② 任成金、潘娜娜:《西藏文化产业发展的多维路径探析》,《西藏大学学报》2012 年第 4 期。
③ 尕藏才旦、朱鹏鸿:《略论西藏文化产业的发展方向》,《西藏大学学报》2008 年第 1 期。
④ 李晓亮:《西藏文化产业发展战略研究》,硕士学位论文,复旦大学,2009 年,第 4 页。
⑤ 常凌翀:《西藏文化产业品牌战略构想》,《新闻前哨》2012 年第 6 期。

建构情况，指出当前西藏文化资源异常丰富，但产业结构和产业布局存在区域分布不平衡，结构失调，优势资源过于集中的问题，没能形成主导文化产业，不能充分发挥中心城市对周边其他地区的辐射带动作用。当务之急是要继续深化文化体制改革，制定文化产业发展规划，提高第三产业在三大产业中的比重。① 王雅男和毛阳海侧重分析了西藏传统文化的精神内涵，考虑如何将西藏文化神秘、神奇的文化魅力通过现代传播平台更好地实现创新发展和对外传播，大力发展非物质文化遗产展演，促进传统文化资源的深度开发和利用。另外要特别重视文化对旅游内涵的提升作用，发挥旅游对文化产业的带动作用。②

周莉蓉指出，要充分发挥西藏丰富而独特的文化资源优势，挖掘这些文化资源的内在潜力，把资源优势转化为产业优势，大力发展文化产业是实现西藏跨越式发展的必然路径。③ 常凌翀认为，作为全球文化经济一体化背景下的新型经济形态，文化产业越来越成为各国战略发展的重要内容，逐渐成为各个国家、民族和地区文化软实力的重要标志。西藏发展文化产业具有典型意义和特殊意义，作为重要的国家安全战略屏障，不管是从促进西藏经济社会全面发展的角度还是确保西藏意识形态领域和文化安全，都要特别重视和发展好这一新兴产业，西藏的文化建设和文化产业发展事关全区的文化影响力和国家文化的绝对安全。因此，一定要从西藏实际出发，突破发展难题，探索发展新路径，把文化产业培育成新的经济增长点，推动西藏文化大发展大繁荣。④

三、微观视角分析西藏文化产业的个案研究

罗莉从文化产业的概念入手，分析了西藏文化产业的狭义和广义概

---

① 陈君里：《西藏文化产业的现状、问题与发展思路》，《开发研究》2005年第3期。
② 王雅男，毛阳海：《发展西藏文化产业的问题、有利条件及对策探讨》，《西藏发展论坛》2010年第5期。
③ 周莉蓉：《大力发展文化产业是西藏跨越式发展的必然路径》，《西藏发展论坛》2012年第1期。
④ 常凌翀：《全球化视域下西藏文化产业的现实境遇与发展路径》，《西藏大学学报》2009年第4期。

念，初步提出了西藏文化产业的内涵界定，指出西藏文化产业主要包括传统的民族文化和现代文化产业两部分，涵盖了几乎所有的文化产品形态。① 孟晓林围绕《西藏日报》和《西藏商报》的发展现状，简要回顾了中国报业的历史进程。他认为，作为文化产业的核心部分，传媒产业主导着文化产业发展的全局，如动漫、电影、报刊、电视、互联网等其他核心媒体产业。报业作为传统文化产业，在新媒体语境条件下应当及时转变观念，打破旧体制，增强造血功能，特别是在当前我国正处于社会经济和文化的关键转型时期，实现传统媒体的升级改造和战略转型，是当前西藏文化体制改革和文化产业发展的重大命题。报业是内容产业，因此在实施内容建设的战略发展进程中，要有品牌意识，实现《西藏日报》的华丽转身，构建全媒体产业平台，打造西藏知名文化品牌，把战略构想变成发展现实，真正成为西藏文化产业的骨干文化企业，起到示范和带动作用，加快西藏文化产业的跨越式发展。②

邓明文以西藏动漫为例，探索了西藏文化产业动漫发展之路。作为文化产业的新兴业态，动漫是具有高附加值的创意产业，物质基础要求相对不高，但软件基础条件要求相当高。西藏目前的动漫业几乎一片空白，然而西藏可供动漫创新的原始素材却非常丰富，传统史诗《格萨尔王》就是最具有开发潜力的动漫题材。任何创意都源于现实生活的各类题材，经过创造加工，通过人物讲故事，通过故事阐述道理，通过人物形象内涵传递价值观念，给人以鼓舞和感染的力量，通过品格塑造与精神熏陶起到潜移默化的渗透作用。西藏独特的文化资源为动漫创作提供了不竭的创新源泉。可以借鉴迪士尼的小老鼠的创意奇迹，大力开发《格萨尔王》的英雄传奇故事，促其动漫化，活起来、动起来，从而催生一条完整的全文化产业链，在开发成功后可以无限创造它的衍生产品，创造更多的经济价值。西藏文化产业动漫化在西藏文化产业发展战略中是鲜见的提法，具有重要的参考价值。③

廖冶寅从财政税收政策的资金扶持方面进行分析，西藏要实现"十二

---

① 罗莉：《藏族文化产业的定位与发展》，《西南民族大学学报》2005年第6期。
② 孟晓林：《西藏文化产业振兴中报业发展战略构想》，《中国记者》2010年第1期。
③ 邓明文：《西藏传统文化动漫化的产业孕育刍议》，《西藏研究》2010年第4期。

第三章　文化产业理论研究述评

五"期间产业增加值占到3%的发展目标，必须有充足的资金注入，发挥财税政策的乘数效应，真正实现文化产业成为西藏国民经济支柱产业的远景目标。① 崔素洁以藏戏为例，以科学发展观为指导思想，以推动西藏文化产业健康发展为目标，详细梳理和分析了当前西藏文化产业发展所面临的环境和存在的主要问题，指出要努力挖掘非物质文化遗产的经济价值，切实推进西藏文化产业大发展大繁荣。② 努木以著名历史文化遗址布达拉宫为例，指出发展西藏文化产业要注重著名品牌的价值开发，利用品牌文化内涵，打造能够走出西藏，走向全国，具有世界影响力的西藏文化品牌。③ 尼美旦真针对现阶段西藏文化产业带动就业人数较低的现状，围绕文化产业对就业率增长之间的关系进行了深入分析和系统研究，对比论证了就业弹性分析和就业容量效应分析之间的辩证关系，指出就业弹性系数值越大，其就业吸纳能力越强。④ 耿香玲在文章中指出，西藏明显的区位资源优势，为实施西藏文化产业"差别化"和"错位化"发展策略提供了良好的基础条件。⑤

综上所述，当前西藏文化产业发展研究相对滞后，虽然对文化产业的概念、内涵和特征也做出了一些新的阐发，多是对西方观点的一种简单陈述，即使对西藏文化产业的发展战略提出了一些有价值的思考，也多是类同的转述。数量和质量上的严重偏弱与党的十七大以来国家和西藏政府颁布的一系列宏观政策和全国文化产业发展和研究的良好态势极不相称。尤其在理论研究层面，未能深度开掘西藏文化产业发展缓慢和滞后的根本原因，缺乏原创性的理论建树，观点缺乏前瞻性。研究方法单一，研究内容趋同，研究视野狭隘，缺乏经典案例的纵深对比分析，缺乏国际文化产业及其相关研究。

---

① 廖冶寅：《促进西藏文化产业大发展的财税政策研究》，《西藏民族学院学报》2012年第1期。
② 崔素洁：《挖掘非物质文化遗产的经济价值 推进西藏文化产业大繁荣大发展——以藏戏为例探讨西藏文化产业的开发问题》，《西藏民族学院学报》2012年第1期。
③ 努木：《打造布达拉文化品牌 发展西藏文化产业》，《西藏艺术研究》2006年第1期。
④ 尼美旦真：《基于就业弹性的西藏文化产业就业效应分析》，《西藏科技》2012年第10期。
⑤ 耿香玲：《西藏地区发展文化产业的比较优势探析》，《西藏大学学报》2004年第2期。

总体上讲,文化产业在我国得到迅速发展,然而相关理论研究却远远落后于实践。党的十八大提出扎实推进我国文化强国建设,随着国家宏观政策的调整和重大战略部署的制定,文化产业理论研究会随着文化产业的蓬勃发展得到充分发展。文化产业的实践和理论研究受到越来越多的学者关注,并持续推进文化产业研究不断走向更加深入和广泛,政府开始高度重视,学界研究热情高涨,业界全力推动文化产业发展,研究内容更为广泛,研究方法更为科学。文化产业的全面快速发展,进一步丰富和完善了文化产业理论体系,为中国文化产业发展提供了更多的宏观指导和理论借鉴①,同时,也对西藏探索适合本地区的文化产业发展模式,制定战略发展目标提供了重要的学术支持和理论指导。

---

① 刘筠梅:《新世纪以来我国的文化产业研究综述》,《内蒙古大学学报》2011年第6期。

第四章　西藏文化产业发展概况

西藏自治区位于祖国西南边陲，面积120多万平方公里，约占我国总面积的八分之一，地处青藏高原的主体位置，雄居亚洲中部。中国是一个统一的多民族国家，藏族是中华民族大家庭中的一员，他们世代居住在"世界屋脊"的青藏高原上，在与其他民族彼此交流和融合发展的漫长历史进程中，创造和发展了具有本民族特色的传统文化，具体包括哲学宗教、藏族习俗、语言文字、藏医藏药、歌舞曲艺等形态多样的丰富内容。西藏地域辽阔、地貌奇特、资源丰富，以其雄伟壮观、神奇瑰丽的自然风光闻名世界。青藏高原是佛教、伊斯兰教、印度教等世界著名宗教的分水岭和汇聚地，文化积淀十分深厚，区位地理优势非常独特。西藏文化是藏民族世代繁衍、生生不息的精神支柱，是中华文化宝库中的一颗璀璨的明珠，更是世界文化长廊中的一朵奇葩。

第一节　西藏文化产业资源优势

西藏是文化资源大区，自然资源和人文资源极其丰富。如何将资源优势转化为产业优势，把文化产业培育成新的经济增长点，亟需从西藏文化产业的实际状况出发，探索具体可行的文化产业发展模式，制定文化产业发展战略，充分发挥西藏丰富独特的文化资源优势，进一步促进实现资源优势向产业优势的转化。西藏文化产业在国内文化产业的大背景中独树一帜。随着互联网信息技术的快速发展，数百家网站成为推介藏民族文化的重要平台。西藏还多次组织文化企业参加中外文化博览会。事实证明，西藏文化深受中外各族人民的欢迎，西藏文化产业正成为中国文化产业发展的不可或缺的重要组成部分，同时成为当代西藏经济发展的重要力量和新的经济增长点。

一、源远流长的历史人文资源

西藏历史悠久，古人类遗址、历史古迹和古建筑群遍布全区各地。据可考历史，位于世界第三极的青藏高原，早在旧石器时代就有人类繁衍生息，历经数千年的发展与演进，藏民族创造了丰富多彩的远古文明和古代历史文化，拥有众多的古代遗址、古刹名寺和历史文化典籍。许多著名的寺庙古墓均为国家级和自治区重点文物保护单位，有的已经列入世界文化遗产名录。丰富灿烂、源远流长的历史人文资源是西藏民族文化产业发展的重要基础。① 目前，西藏全区有251处各级文物保护单位。位于拉萨市中心的布达拉宫是西藏现存最大最完整的古堡建筑群，1995年列入世界文化遗产名录，还有建于7世纪的小昭寺、藏传佛教格鲁派的根本道场甘丹寺、历代达赖喇嘛的母寺哲蚌寺、西藏历史上第一座佛、法、僧俱全的桑耶寺、活佛转世第一寺楚布寺、第二敦煌萨迦寺、西藏艺术史上的一座丰碑白居寺、历代班禅额尔德尼的驻锡地扎什伦布寺、大昭寺、昌珠寺、江孜宗山抗英遗址、藏王墓、古格王国遗址、色拉寺、罗布林卡、夏鲁寺、托林寺、卡若文化遗址、扎塘寺、朗赛林庄园、大唐天竺使出铭、拉加里王宫、吉如拉康、桑喀古托寺、科迦寺、列山墓地和吉堆吐蕃墓群等。

传世的文化典籍主要有敦煌古藏文文献和吐蕃简牍。有藏文《大藏经》《贤者喜宴》《吐蕃王统记》《第吾贤者宗教源流》《大译师仁钦桑布传略》《柱间史》《阿底峡尊者传略》《娘氏宗教源流》《四部医典》《月王药诊》《敦煌本吐蕃历史文书》《雅砻尊者教法史》《西藏王统记》《朗氏家族

---

① 童恩正：《西藏考古综述》，《文物》1985年第9期。

史》《雅龙教法史》《王统世系明鉴》《汉藏史集》《萨迦世系史》《噶当教法史》《菩提道次第广论》《西藏王臣记》《安多政教史》① 等。此外,还有著名的长篇英雄史诗《格萨尔王传》。这些典籍著作是中华文化宝库中不可或缺的重要组成部分,对于研究西藏古代历史、宗教、文化、艺术以及藏汉文化交融等方面都具有非常重要的史料参考价值。西藏古籍文献收藏主要散布在寺院中,由于部分古籍文献历史久远,加之保护不当,破损情况较突出。为保护珍贵的古籍文献,将藏文化有效地保护、传承、发展下去,西藏将在拉萨建立首个国家级藏文古籍修复基地,2015年底将正式投入使用。

二、神奇独特的高原自然资源

由于地理和历史等特殊原因,西藏生态环境较少受到人类活动的干扰破坏,绝大多数自然资源还处于原生状态之中,历经千年神采依然,保持了原始纯净的外形特征及文化内涵,对外界具有巨大的神秘感和吸引力。其独特的自然地域单元、地理位置、地势结构、气候特征都使人类面临严峻的考验,是世界上生存环境最严酷的极地板块。奇绝壮美的自然景观广泛分布在藏区各地,青藏高原复杂多样的地形地貌,形成了西藏独特的高原气候。西藏自治区平均海拔4000米以上,青藏高原地形复杂,生态多样。从藏北高原到藏南谷地,从藏东高山峡谷到藏西神山圣湖,西藏处处都有神奇迤逦的自然资源。复杂多变的高山峡谷形成了多种地貌类型,呈现出冰缘、岩溶、风沙和火山等地貌特征。蜿蜒于西藏高原南侧的喜马拉雅山,平均海拔在6000米以上。海拔8844.43米的世界第一高峰珠穆朗玛峰,耸立在喜马拉雅山中段的中尼边界上,在其周围5000多平方公里内,有8000米以上高峰4座,7000米以上高峰38座。

西藏自治区境内河流与湖泊众多。著名的河流有金沙江、怒江、澜沧江和雅鲁藏布江。亚洲著名的恒河、印度河、布拉马普特拉河、湄公河、萨尔温江、伊洛瓦底江等河流的上源都在这里。雅鲁藏布江为西藏第一大

---

① 次旺:《西藏传统历史古迹文化资源及其价值初探》,《西藏大学学报》2011年第3期。

河，是世界上海拔最高的大河，流域平均海拔 4500 米左右。雅鲁藏布江大峡谷深达 5382 米，是地球上最深的峡谷。西藏除了拥有众多的神山圣湖、雪峰冰川，还有历史上连接中原文化的吐蕃文化，促进中华各民族交融和团结的唐蕃古道、茶马古道；有令人神往的雪域江南、长江源景观带、羌塘草原景观带；有秀美迷人的拉萨河、可可西里风景区等。

三、独具特色的民俗文化资源

民俗文化，是民间民众的风俗生活文化的统称，也泛指一个国家、民族、地区集居的民众所创造、共享、传承的风俗生活习惯。它是在普通人民群众民间生产生活过程中所形成的一系列物质的、社会的、精神的文化现象。西藏人民在长期的历史发展过程中形成了独具藏族特色的生活习俗。西藏民俗文化内容丰富，民俗文物多姿多彩，是西藏文化的重要组成部分，它以其厚重的文化底蕴和独特的高原风采备受世人关注。举凡服饰、饮食、居室、婚丧、节庆、娱乐等等，西藏藏族地区有着不同于其他民族地区的风俗特色，折射演绎出藏民族丰厚的历史文化变迁与内涵升华。

历经千年，藏民族至今仍保留着本民族传统的服饰、饮食、住房等风俗习惯，每逢重大节日都会如期举行丰富多彩的文化庆祝活动。比较著名的传统节日和宗教节日有雪顿节、藏历新年、萨噶达瓦节、酥油灯节、望果节、达玛节、煨桑节和赛马会等。随着西藏文化旅游业的发展，近几年还创立了日喀则珠峰文化节、林芝大峡谷旅游文化节、昌都康巴艺术节、那曲恰青赛马节、阿里象雄文化艺术节、林芝桃花文化旅游节、奇石根雕书法艺术展、仓央嘉措情歌（门巴萨玛）文化旅游节、尼木县吞弥旅游文化节、中国西藏雅砻文化节等文化旅游节等现代文化节庆，传统文化与现代文明相互交融，为古老的藏族文化注入了现代元素。

长期形成的喝酥油茶、吃糌粑、饮青稞酒等极具藏族特色的饮食习惯与西藏独特的地理位置和高原气候特点密切相关。藏族服饰是青藏高原一道绵延流长的亮丽文化景观，而蕴含其间的工艺技术、生活情趣、审美观念、伦理道德和宗教信仰都成为研究西藏文化的活化石。由于地理条件、物产、做工不尽相同，不同的区域在穿着打扮方面各不相同，呈现出五彩缤纷的风貌。西藏的传统民居类型多样，不仅有可随处迁居的帐篷，也有固定的土木结构的房屋，还有以石为材的碉房，以及以竹或木为材的竹楼或木楼，甚至还有窑洞。随着时代的变迁，城镇中也修起了不少现代化钢筋混凝土楼房。藏族文化在工艺美术、雕塑、绘画、装饰、建筑艺术、藏医藏药、天文历算、音乐和戏剧等方面都颇有造诣。另外在婚丧嫁娶、社交礼仪、禁忌习俗、民间体育、民间工艺、民间歌舞、民间游戏等方面都有极具特色的丰富内涵。

四、繁富迤逦的非物质文化遗产资源

非物质文化遗产是指各族人民世代相承、与群众生活密切相关的各种传统文化表现形式（如民俗活动、表演艺术、传统知识和技能，以及与之相关的器具、实物、手工制品等）和文化空间。它承载着一个民族或群体的文化生命密码，被誉为历史文化的"活化石"和人类精神的"植被"。藏民族因其深厚的历史文化底蕴、神奇富丽的自然环境、独具特色的民俗文化和豁达豪放的民族性格，创造了大量的非物质文化遗产财富。中央历来重视西藏文化的保护和传承工作，20世纪五六十年代起国家就开始大量整理、出版各种藏文化资料和书籍，使得大量濒临失传或断绝的西藏非物质文化遗产得到了及时整理和有效保护。

当前中国入选世界非物质文化遗产名录（含"急需保护名录"）34项中，藏族的民族史诗《格萨尔》和藏戏名列其中，布达拉宫、大昭寺、罗布林卡列入联合国世界文化遗产名录。作为非物质文化遗产资源大区，西藏非物质文化遗产种类繁富、内容多样、历史悠久。目前，在国务院公布的三批1530项国家级非物质文化遗产名录中，西藏有包括《格萨尔》、藏戏、锅庄舞、藏族唐卡等76项藏族非物质文化遗产保护名录（见表4.1），主要包括民族舞蹈、民间文学、藏族音乐、传统医药和民俗等9大类内容。在文化部先后公布的四批国家级非物质文化遗产项目代表性传承人名录中，统计数据显示，截至目前，西藏有国家级非物质文化遗产项目89项、68名传承人入选国家级名录；323个项目和350名传承人入选自治区级名录,基本形成了国家、自治区、地(市)、县四级非遗名录体系。自治区级非物质文化遗产代表性传承人221名。①

为了更好地遵循"保护为主、抢救第一、合理利用、传承发展"的原则,西藏将进一步加强非物质文化遗产名录体系建设,研究制定国家级名录项目分类保护规范,启动代表性传承人抢救性记录工作,建立全区性的非物质文化遗产项目宣传展示基地。为确保非物质文化遗产永世长存,促进非遗文化的"活态传承",西藏目前还启动了国家级非遗传承人抢救性记录工作,尽最大努力避免非遗传承过程中"人亡歌息""人走艺亡"现象的发生。自2005年西藏启动非遗保护工作以来,近十年来国家和自治区先后累计投入近1.3亿元,全区各地(市)、县累计投入近4000万元,全力传承保护西藏非遗文化。目前,西藏一批濒临失传的非遗项目在保护中重新焕发生机。

表4.1 西藏国家级非物质文化遗产一览表(截止2012年)

遗产编号	遗产名称	遗产类别
027	格萨(斯)尔	民间文学
1054	嘉黎民间故事(嘉黎县)	民间文学
1051	珞巴族始祖传说(米林县)	民间文学
122	弦子舞(芒康弦子舞、巴塘弦子舞)	民间舞蹈
123	锅庄舞(昌都)	民间舞蹈
124	热巴舞(丁青热巴、那曲比如丁嘎热巴)	民间舞蹈
142	山南昌果卓舞	民间舞蹈
1094	协荣仲孜(曲水县)	民间舞蹈
1095	普兰果尔孜(阿里地区)	民间舞蹈
1096	陈塘夏尔巴歌舞(定结县)	民间舞蹈
224	藏戏(拉萨觉木隆、日喀则迥巴、日喀则南木林湘巴、日喀则仁布江嘎尔、山南雅隆扎西雪巴、山南琼结卡卓扎西宾顿、黄南藏戏、尼木塔荣藏戏、南木特藏戏)	传统戏剧
225	山南门巴戏	传统戏剧
313	藏族唐卡(勉唐画派、钦泽画派、噶玛嘎孜画派)	民间美术

---

① 许万虎:《西藏13项非遗项目入选第四批国家级非遗名录》,2014年12月,人民网 http://people.com.cn。

续表

遗产编号	遗产名称	遗产类别
347	酥油花（强巴林寺酥油花）（昌都）	民间美术
371	藏族邦典、卡垫织造技艺	传统手工技艺
397	拉萨甲米水磨坊制作技艺	传统手工技艺
419	藏族造纸技艺	传统手工技艺
438	风筝制作技艺（拉萨风筝）	传统手工技艺
1179	藏族矿植物颜料制作技艺（拉萨市）	传统手工技艺
903	藏族金属锻制技艺（扎西吉彩金银锻铜技艺）（日喀则地区）	传统手工技艺
448	藏医药（拉萨北派藏药水银洗练法和"佐塔"工艺）	传统医药
479	雪顿节	民俗
1206	藏历年	民俗
614	藏族民歌（班戈昌鲁）	民俗

第二节　西藏文化的独特内涵

　　文化是一个国家强盛的软实力所在，更是一个民族兴旺发达的重要标志。人类学家泰勒认为"文化或文明，就其广泛的民族学意义来说，是包括全部的知识、信仰、艺术、道德、法律、风俗以及作为社会成员的人所掌握和接受的任何其他的才能和习惯的复合体"①。文化产业是服务和满足于人心灵的产业，它旨在改变人类的生活需求方式，摆脱过去那种"以实物为需求的增长模式"，正逐步创造一种以追求心理、感受、体验等更接近于人类最本质需求——幸福感为核心的精神需要模式。无论从哪个视角诠释文化，值得肯定的一点就是考察文化的保护传承与创新发展程度是了解一个民族文化内涵和本质特征的重要维度。西藏文化的独特魅力源自西藏丰富的各类文化资源，是西藏各族人民长期社会活动赋予文化资源而

---

① ［英］泰勒：《文化之定义》，载陈灵强：《多维视野中的文化理论》，浙江人民出版社2007年版，第98页。

具有深厚价值底蕴的生动体现。

一、西藏文化的传承与发展

西藏民族文化博大精深,源远流长。由于特殊的自然条件和地理环境,以及经济发展、历史变迁和宗教信仰等诸多因素的影响,藏族同其他民族一样,在历史的长河中与其他民族不断进行文化交融,逐渐形成了地域色彩鲜明和民族色彩浓郁的藏族文化,这些文化瑰宝是中华文化的重要组成部分,是中华民族共有的精神财富,成为世界文化宝库中无比珍贵的绚丽奇葩。不断发展的藏族文化增强了中华文化的生命力和创造力,丰富和发展着中华文化的内涵,提高了中华民族的文化认同感和向心力。

作为中华文化的一部分,藏族文化历史悠久,博大精深。西藏藏族本土文化原本是位于雅鲁藏布江流域中部雅砻河谷的吐蕃文化和位于青藏高原西部的古象雄文化逐渐交融而形成的,长期形成的藏传佛教对西藏文化产生了深远影响。由于西藏历史的发展变迁,后来发展成为一个极少数僧侣权贵统治的政教合一的封建农奴制,很长时间内藏传佛教文化在西藏文化发展中占据着主导地位,普通的西藏群众无法享受到文化教育的基本权利,较长的时期内处于西藏文化的主导地位。在长期的严酷统治下,西藏社会生产力受到了严重束缚,很多传统文化自我封闭,甚至逐渐湮灭,更谈不上现代化的文化教育发展。①

随着藏传佛教不同教派的出现,佛教的影响深入藏族社会的方方面面,并成为藏民族价值观和宇宙观的核心。藏传佛教的哲学思想和价值体系逐渐成为藏族精神文化的主体和核心。基于此,长期以来很多人认为藏族文化就是藏传佛教文化,其实这是整体与部分之间的关系,是以偏概全的错误认识。藏传佛教文化是藏族传统文化的重要组成部分,但它不是藏族文化的全部内容。藏族文化首先是由藏民族创造的,在漫长的历史长河里,不断向四周辐射和传播,藏族文化同时融入了汉族等周边其他民族的

---

① 中华人民共和国国务院新闻办:《西藏文化的保护与发展》,《人民日报》2008年9月26日第6版。

文化，成为中华民族文化宝库中的一颗璀璨明珠，具有独特的文化价值。特别是半个多世纪以来，伴随着全球一体化的发展进程，世界文化呈现多样性特征，藏族文化从内容到形式都发生了许多变化，它不但走出了青藏高原，走向了全国，而且走向了世界，以其独特神秘的文化魅力日益受到世人关注和深爱，显现出强大的生机和活力。文化是民族的，更是世界的。西藏民族文化通过不断创新和发展，逐渐形成了具有中国特色、西藏特点的雪域文化，它既具有中华民族文化的精髓，又饱含着藏民族文化的精华。

半个多世纪以来，党和国家历来高度重视西藏民族传统文化的保护、传承和发展。特别是改革开放以来，中央和西藏陆续颁布了一系列政策文件，倾力保护和弘扬西藏优秀传统文化，多次拨巨款修缮布达拉宫等西藏寺庙，采取多种措施对唐卡、大藏经等宗教和民族文化遗产进行全面系统的保护、整理和开发，并多次对藏语言文字的保护和使用作出规定，开发出与汉、英文字兼容的藏文软件操作系统，使藏文成为中国少数民族语言库中第一个具有国际标准的文字。

二、西藏文化的独特内涵

作为西藏文化的重要组成部分，有着深刻精神内涵的西藏民俗文化得到不断丰富和发展。如今，藏族同胞的主体饮食文化依然保留着吃糌粑和牦牛肉、喝奶茶和青稞酒的风俗习惯；向尊贵来宾敬献哈达代表敬意与祝福；各族群众在日常生活中依然普遍喜欢穿戴藏族服饰；在民间习俗等方面依然保持着转神山、拜神湖、插风马旗、插五彩经幡、刻石头经文、放置玛尼堆、转经筒等祈福方式；青藏高原四处可见石木结构的藏式民居；还有空旷辽远的天籁之音、热情奔放的藏族舞蹈、五彩斑斓的唐卡作品等。这些原汁原味的藏族风情和艺术瑰宝在当今的文明时代都得到了原生态继承和创新发展，永远保持着藏文化的独特魅力，历经千年经久不衰。以酥油茶为例，由于茶叶具有消食、止渴、去腻等特殊的功效，尤其"新鲜酥油凉而能强筋，能生泽力又除赤巴热"，对于缺氧、干燥和以肉食、糌粑为主食的青藏高原人来说，饮茶是日常生活中必不可少的内容。作为藏民族特有的营养饮料，酥油茶以其原料的营养性、制作方法的独特性而闻名遐迩。一千多年来，从茶礼仪规、茶具选择、烹茶方式和饮茶习俗等已深入到藏族人民的社会风俗、社会礼仪和生活艺术等各个方面，形成了独具藏文化特色的高原茶文化。①

事实表明，自西藏民主改革半个多世纪以来，藏族文化非但没有灭绝，恰恰相反，具有藏民族特色的传统优秀文化得到了合理的继承、有效的保护和大力的弘扬，而且随着世界一体化进程和西藏经济社会的快速发展也得到了全面健康发展。主要表现在：藏语言文字在学习和使用中得到不断发展，文化遗产得以全面保护和继承，宗教信仰和民族习俗得到尊重，现代科学教育和新闻事业得到全面发展。西藏文化以其丰富的内涵和创新的形态在新时代焕发出了新的生机和活力，深刻地影响着当代西藏各族人民的生活和西藏现代化的发展，并以其独特的魅力备受世人关注，丰富着中华民族的多元一体文化，影响着世界文化。任何一个尊重事实的人士都不会否认，今天西藏文化的发展成就超过以往任何一个历史时期。

近年来，达赖集团无视客观事实，时常在国际上散布"西藏文化灭绝论"，并提出"西藏文化自治"的主张，值得深思。这种谬论实质上是妄图借"文化自治"之名，恢复其对西藏和其他藏区的神权文化统治，进而实现"大藏区独立"的罪恶野心，这种逻辑与西方反华势力的不良企图不谋而合。达赖集团这种开历史倒车的图谋是绝对不可能得逞的。达赖集团之所以颠倒黑白、叫嚣"西藏文化灭绝"，根本原因在于顺势发展的西藏文化使他们曾经拥有的文化统治权及其所代表的文化不可逆转地遭到了在他们看来的"灭绝"，使他们的文化特权和既得利益不可挽回地遭到了"灭绝"。②藏学专家王小彬在专著《经略西藏——新中国西藏工作60年》中，深入揭批了达赖集团的"藏文化灭绝论"的荒谬。他指出，西方少数反华势力利用所谓"后现代主义文化思潮"，鼓吹"保持西藏原生态"，反对包括民主改革在内的任何形式的文明和进步，助长了达赖集团妄图恢复旧制度的不切合实际的幻想。达赖集团借机发挥，利用各种借口污蔑西藏

---

① 中茶：《酥油茶彰显西藏茶文化》，《江南时报》2013年3月13日。
② 中华人民共和国国务院新闻办：《西藏文化的保护与发展》，《人民日报》2008年9月26日。

第四章 西藏文化产业发展概况

文化，显然这在理论上和实践上都是站不住脚的，对于发展中的西藏民族文化是十分有害的。①

事实证明，达赖集团是旧西藏落后文化的代表者和维护者，中国中央人民政府和西藏自治区人民政府是西藏文化的真正保护者和发展者。中国和西藏人民用事实揭露了达赖集团所谓"西藏文化自治"的实质，戳穿了达赖集团编造的"西藏文化灭绝"的谎言。时代要前进，社会要发展，文化更要创新繁荣，这是历史发展的必然趋势。当前，世界正处于全球化、信息化深入发展的时代。一个民族的文化，只有在保护中弘扬、在继承中创新、在开放中发展才能保持本民族的文化特色，才能保持强盛的生命力。在党中央关心和全国支援下，在西藏各族人民的团结努力下，西藏民族文化在现代化的社会进程中必将会得到更好的继承、更快的发展。

第三节　西藏文化产业发展的实践历程

在经济全球化、文化多元化和信息网络化的时代背景下，作为新兴的朝阳产业，西藏文化产业在短短30多年里获得了蓬勃发展，特别是近几年在中央和西藏一系列产业政策的引导和文化体制改革的推动下，经过各方面共同努力，西藏文化产业历经培育、建设和发展，取得了令人瞩目的成就，呈现出多渠道、多元化投资、多种所有制齐头并进、相互促进、蓬勃发展的态势。文化经营的类别、内容、项目和上缴税额逐年递增，初步形成了层次丰富、门类齐全、体系健全的发展格局，初步走上了现代化发展轨道，进入历史上快速发展的最好时期。文化产业作为一种新兴的经济形态，逐渐成为西藏第三产业的重要组成部分，日益成为繁荣社会主义文化，满足广大人民群众多样化、多层次精神文化需求的重要渠道，已经成为西藏经济发展新的增长点，对推动西藏跨越式发展和维护西藏长治久安

---

① 王小彬：《批驳达赖集团"藏文化灭绝论"》，2010年3月，西藏新闻网 http://tibet.news.cn。

发挥着重要作用。

西藏文化产业发展与全国文化产业发展相生相伴,与西藏文化事业的发展相互交织,并呈现出逐步分离、相互促进的态势。① 回顾西藏文化产业发展历程,大致经历了三个阶段:初创期观念转变阶段、形成期政策调整阶段、发展期产业升级阶段。

在观念转变阶段,随着一些发达国家文化产业的发展和对文化产业发展促进经济发展的认识不断加深,西藏认识到文化事业通过改制也可以转化为文化产业,能够带来直接的经济效益。于是,从观念上开始逐渐转变,通过制定一些方针政策来引导文化产业的健康发展,初步形成了西藏文化产业发展的基本框架。

在政策调整阶段,随着产业政策的扶持和发展环境的优化,全国文化产业日益勃兴和发展,形成了相当的规模。从目标规划到政策制定,从内容调整到产业升级,国内一些省区的文化产业发展较快,如云南、广东、江苏、山东和北京等地,文化产业增加值连年增长,有的甚至达到并超过5%而成为本省区经济发展的支柱产业。这些发达省区的成功经验和典型案例都为西藏文化产业发展提供了很好的范本和借鉴,使西藏文化产业及时调整产业政策,逐步推动文化体制改革,以适应新形势发展的需要。

在发展扩张阶段,国内文化产业发展呈现迅猛发展态势,逐渐发展成为国民经济的支柱产业。实施对外发展策略,兴建文化产业园区,整合文化资源构建产业集群,大力发展文化创意产业,着力打造文化产业品牌,不断提升文化产业的核心竞争力,实现社会效益和经济效益的丰厚回报。经过长期探索发展和自我完善,西藏文化产业根据自身的发展现实,探索出了一条适合西藏的具有中国特色、西藏特点的发展模式,在品牌塑造、资本运作、市场运营和创新能力等方面都达到了全新的发展阶段,开创了西藏文化产业发展的新局面。

纵览、分析西藏文化产业30多年的发展历程,我们可以看到一条清晰的发展脉络:观念转变→政策调整→产业升级。笔者从实践层面和政策

---

① 廖冶寅、陈爱东:《促进西藏文化产业大发展的财税政策研究》,《西藏民族学院学报》2012年第1期。

层面同时审视西藏文化产业的发展历程,或许从中能够获得一些有价值的启示和思考,为今后西藏文化产业快速健康发展提供更有价值的智力支持。

一、初创期——观念转变阶段

第一个阶段,西藏文化产业发展实践真正是在1978年党的十一届三中全会之后,随着拨乱反正、改革开放政策确立后开始进行的。我国国民经济得到恢复和发展,与此同时,西藏同全国人民一道在新思想和新观念的推动下开始冲破极"左"思想束缚,开始在新文化建设和文化消费领域包括新闻出版业和娱乐休闲业逐渐兴起,获得了一定程度的恢复性发展。同期发展来看,西藏文化建设和文化产业的发展同全国其他省区有很大差别,而在此前相当长的一段时期几乎是停滞状态甚至一片空白。

中华人民共和国成立后,中央人民政府非常重视西藏传统文化的保护、传承与发展。1951年西藏实现和平解放,打破了西藏文化长期封闭的发展困境。在中央人民政府与西藏地方政府共同签订的"十七条协议"中明确规定了要适时适宜、逐步发展西藏语言文字和学校教育,保护西藏优秀传统文化。在中央政府和西藏地方政府的共同努力下,西藏文化得到恢复和发展,由此掀开了西藏文化发展的新篇章,为西藏文化进一步繁荣发展提供了良好的外部条件和内部基础。1959年,在中央政府的支持下,西藏实行民主改革,废除封建农奴制度,解放百万农奴和奴隶,逐步实行了民族区域自治制度。西藏人民在政治、经济和精神上获得了彻底解放,真正享受到了文明成果带来的恩惠和滋养,西藏人民成为西藏民族文化真正的主人,现代文化事业步入崭新的发展阶段,西藏经济、社会、文化和政治得到了快速、协调、全面发展,少数上层封建僧侣贵族所垄断的黑暗历史终于结束,顺应时代发展得以承传的西藏文化真正成为西藏全体人民共同的文化遗产。[①]

---

① 中华人民共和国国务院新闻办:《西藏文化的发展白皮书》,新星出版社2000年版,第3页。

1980年3月14日至15日，中央召开第一次西藏工作座谈会。在《西藏工作座谈会纪要》中明确提出，要千方百计发展国民经济，提高各族人民的物质生活水平和文化科学水平，继承和发展民族文化，重视和使用好藏文藏语，尊重民族的风俗习惯。要在坚持社会主义方向的前提下，积极继承和发扬藏族文化艺术的优良传统和特色，绝不可用汉族文化艺术去代替或改造藏族和其他民族的文化。这是继西藏和平解放、民主改革之后，实现西藏历史转折、促进西藏文化发展根本性转变的一次重要会议。① 由此确立了中央援助西藏的特殊政策，为西藏文化建设和文化产业的开端和发展奠定了良好的政策基础。

20世纪80年代初到90年代末，西藏展开了历史上空前的民间文化遗产普查、搜集、整理、研究和编纂出版工作。共收集各种音乐、歌曲、曲艺10000多首，文字资料3000多万字，录制了大量音像资料，拍摄图片近万幅。西藏非物质文化遗产的保护工作在更大的范围和更深的层次上展开。全区非物质文化遗产项目已达800多个，传统戏剧演出机构80多个、各类各级传承人1177名。不管是从传统音乐、舞蹈、藏戏等民间风俗文化，还是到藏族邦典、卡垫织造等传统手工技艺，藏族传统文化在政府和社会的高度关注下得到了较好的传承和发展，诸多濒临灭绝的民族民间文化得到全面抢救和有效保护。

从1959西藏实行民主改革到20世纪末，40多年来，随着西藏经济的快速发展，西藏人民日益增长的物质和精神文化需要成为西藏文化建设和文化大发展大繁荣的根本动力，为了更好满足西藏人民的精神文化需求，中央政府和西藏地方政府投入巨大的人力、财力和物力，采取多种有效措施保护和弘扬藏族优秀传统文化，有力地促进了西藏文化和现代文明的繁荣发展。尽管由于当时文化生产和流通机制还没有从计划经济体制的束缚中解放出来，文化商品无论在数量还是质量上都远不能满足公众的需求，但这一时期西藏文化领域的实践无疑大大冲击了西藏普通民众传统的价值观念和思维方式，人们对文化艺术的价值内涵和精神品格有了更全面

---

① 《第一次西藏工作座谈会》，2008年10月，西藏信息中心 http://www.tibetinfor.com.cn。

深刻的认识。

二、形成期——政策调整阶段

20世纪末到2007年党的十七大召开的近十年是西藏文化产业实践逐步展开阶段。改革开放以来，西藏文化产业积极探索开展经营性服务活动，文化产品和服务的社会商品属性逐步显现，文物展览、艺术演出等文化经营活动初见成效。文化市场迅速兴起，社会经营的文化产业有了较快发展，已成为我区第三产业不可缺少的重要组成部分。但同时也应看到，西藏文化产业总体来讲还处在初始阶段，发展比较缓慢，产业化程度低，文化产品及服务的创新能力不强，科技含量不高，而且经营分散，远不能满足西藏经济社会跨越式发展和西藏各族群众日益增长的精神文化需要。特别是在当今一些发达国家文化产业快速发展浪潮的态势下，制约西藏文化发展的问题越来越突出，比较明显的障碍因素就是把公益性文化事业和经营性文化产业相混淆，政府统包统揽，应该由政府主导的公益性文化事业长期投入不足，应该由市场主导的经营性文化产业长期依赖政府，严重束缚了西藏文化建设和文化产业发展。2002年11月，党的十六大报告厘清了两者之间的关系，首次提出积极发展文化事业和文化产业，推进文化体制改革。

为了更好地适应全国文化体制改革发展，西藏文化部门开始积极探索改革发展路子，文化工作者和文化管理者的商品意识、经济意识、市场意识、产业意识和竞争意识日益增强，逐步探索出了"以文补文""多业助文"等多种经营模式。为努力克服文化部门中普遍存在的政企不分、多重管理、交叉管理导致效率低下的突出问题，结合西藏文化产业发展实际，提出了尝试进行文化体制改革的初步构想。

2002年9月，西藏自治区人民政府下发《关于发展文化产业的若干意见》，在政策制定和资金投入上对文化产业的发展予以重点支持，进一步明确了发展文化产业的指导思想，确立了西藏发展文化产业必须坚持的基本原则是坚持经济效益与社会效益相统一的原则，坚持政府扶持与市场运作相结合的原则，坚持实行有效保护、合理开发、循环利用的原则，坚持大力发展、积极规范的原则。指出要努力健全和完善有利于文化产业发展的政策法规体系，规范生产经营行为，推进西藏文化产业逐步走向快速、健康、有序发展的轨道。随后，又相继下发《关于进一步加强西藏基层文化事业发展的决定》《关于进一步加强农村基层文化建设的意见》和《关于加强自治区文化人才培养和管理的意见》等文件，通过政策调整不断健全完善西藏文化产业的法规政策体系。

2003年12月，西藏自治区人民政府下发《关于贯彻落实国务院支持文化事业发展若干经济政策的实施意见》，明确提出要加快发展西藏社会主义文化事业，进一步改革完善宣传文化机构内部经营机制，积极鼓励、扶持、兴办文化产业，促进精神文化产品生产和文化艺术的繁荣，推进加快文化建设，用社会主义先进文化占领城乡阵地，公益性文化事业单位的事业收入实行收支两条线分头管理。鼓励有条件的文化事业单位发展文化产业，充分利用现有文化资源，兴办文化产业，以增强自身"造血"功能，提高市场竞争能力，建立健全专项资金制度，优先发展重点文化产业项目。

通过近十年的快速发展，西藏的现代科学教育和新闻事业全面发展，藏语言文字和文化遗产得到更好继承和发展，民族习俗和宗教信仰充分得到尊重，特别是西藏文化产业初露端倪，各类产业蓄势待发。西藏从事文化产业发展的企业和单位已发展到3000多家，从业人员超过2万人，初步形成了包括新闻出版业、广播影视业、音像业、演出业、娱乐业、艺术培训业、文化旅游业、群众文化业、图书馆业、文物业、博物馆业、会展业、广告业、咨询业、博彩业、竞技体育业、网络业等在内的综合型文化产业体系。涌现出拉萨娘热民族风情园、阳光无限娱乐责任公司、喜马拉雅文化发展有限公司等多个自治区级文化产业示范基地，创作出大型原生态歌舞诗《幸福在路上》、大型民族歌舞《喜马拉雅》《珠峰彩虹》《雅鲁藏布情》《雪域放歌》《西藏风》《藏北音画》《西藏韵》和大型历史剧藏戏《文成公主》等大批演艺产品并陆续投放市场，尝试市场化运作并初见成效。经过近十年的发展，西藏文化产业逐渐成为满足西藏广大人民群众多元化精神文化需求的重要渠道。

三、发展期——产业升级阶段

第三阶段发展期大致是以 2007 年党的十七大召开为重要节点。这一时期,中央和西藏密集颁布了一系列推动文化产业的宏观政策,提出了文化产业振兴规划,明确了"十二五"期间文化产业发展目标,西藏文化产业内容日益丰富,结构不断调整升级,进入到了发展快车道。党的十七大以来,我国文化体制改革进入关键攻坚阶段,文化产业发展上升到国家战略高度。

2007 年 11 月,党的十七大提出要推动社会主义文化大发展大繁荣的战略任务。2009 年国务院颁布《文化产业振兴规划》,明确了文化产业的国家战略地位;2011 年 10 月,十七届六中全会首次将"文化命题"作为中央全会的主要议题,强调要加快发展文化产业;2012 年 2 月,《国家"十二五"时期文化改革发展规划纲要》提出了要实现文化产业逐步成长为国民经济支柱性产业的新战略目标,持续不断强化文化在国家对外工作大局中的独特作用,树立"文化中国"新形象;2012 年 11 月,党的十八大报告明确提出文化强国战略。

近几年来,由中央和西藏以及其他相关部门制定下发的各类文化产业规划和政策文件多达 20 多个,超过历史上任何一个时期,涵盖文化产业整体发展规划、文化产业基地和园区建设、产业投融资、新闻出版和影视动漫等许多新兴文化产业内容。在全国大力发展文化产业和中央密集制定出台一系列文化产业发展重大决策的历史背景下,西藏积极按照中央的最新战略部署要求,结合西藏的发展实际,有条不紊地相继下发一系列规划和政策,从政策优惠和资金支持等方面为西藏文化产业发展注入了强劲的活力,有力地推动了西藏文化产业快速发展。

2008 年 9 月,为更好地促进西藏传统文化的保护和弘扬,国务院新闻办发表了《西藏文化的保护与发展》白皮书,指出西藏文化产业发展迅速,已基本形成比较完整的公共文化设施网络,对于满足人民群众精神文明需求,传承创新西藏传统文化发挥着越来越重要的作用。2009 年西藏民主改革 50 年来,文化产业发展态势良好,呈现出一派欣欣向荣、蓬勃发展的景象。2010 年 1 月,中央第五次西藏工作座谈会明确指出,"十二五"是推进西藏文化跨越式发展的重要机遇期,要把西藏建设成为"重要的中华民族特色文化资源保护地",由此吹响了西藏文化产业发展的时代新号角。

2010年12月,为进一步明确西藏文化发展目标,制定科学的发展规划,全面推动西藏文化产业发展,西藏自治区颁布了《西藏自治区人民政府关于推动文化大发展大繁荣的决定》,首次把文化建设和文化产业发展提到了战略高度。《决定》指出,到2015年西藏力争使文化产业生产总值占总产值3%以上,到2020年文化产业逐步成为西藏新的特色支柱产业,实现由文化资源大区向文化发展强区转变,由此掀开了西藏文化产业发展的新篇章。《西藏自治区2011—2020文化产业发展规划纲要》指出:根据国家的总体规划和部署要求,从西藏现实出发,提出了"十二五""十三五"期间要把"特色文化经济实验区"作为未来十年西藏文化产业发展的战略目标,重点关注内容创意层和文化产业层的产业培训与发展,精心打造西藏特色新型文化经济综合体,实现以"幸福西藏"为主题的世界级文化经济示范区,推进整个西藏经济发展到特色文化经济的新阶段,为西藏文化产业发展提供了强有力的理论导向和政策支撑。

2012年6月,自治区政府颁布《西藏"十二五"规划纲要》(2011—2015年)指出,"十二五"期间要大力促进文化大发展大繁荣,大力建设重要的中华民族特色文化保护地。加快发展文化产业,扎实推进文化体制改革,重点建设一批精品文化工程,重视文化产业发展战略研究,争取国家优惠政策扶持,重点实施重大骨干文化企业带动战略,塑造知名文化品牌,积极推动西藏文化"走出去",加快实现资源优势向产业优势转变。与此同时,西藏正式颁布了关于落实《中共中央关于深化文化体制改革推动社会主义文化大发展大繁荣若干重大问题的决定》的实施意见,强调指出西藏文化产业发展要依据特殊的区情和文化产业发展现状,探索属于自己的具有中国特色、西藏特点的文化发展路子,坚持做大做强文化产业,把西藏的文化资源优势真正转化为产业经济优势,增强西藏的文化软实力,在意识形态领域确保西藏文化和国家文化的绝对安全,为建设重要的中华民族特色文化保护地提供坚实的经济基础和不竭的智力支持。

综上所述,从西藏文化产业发展的实践历程来看,每个阶段都有其鲜明的时代特征,不管是观念转变还是政策调整,都在国家宏观政策指导下有所突破,基本实现了文化产业发展进程的不断推进和现代文化产业体系的不断完善,有力地促进了西藏文化产业的布局调整、结构升级。特别是党的十七大以来,文化产业逐步上升到国家发展战略高度,国家出台的关于文化建设的战略发展规划为西藏文化产业带来了重大发展机遇,同时也赋予了更多新要求和任务。中央和西藏有关文化产业的政策法规相继出台,政策具有连续性,而且都是具有战略性、前瞻性、全局性和针对性的重大决策,对"十三五"期间西藏如何紧抓历史机遇、精心培育文化市场、加快转变经济增长方式、着力塑造文化品牌,大力推动文化走出去,全面推进文化体制改革,实现文化产业快速发展都起着重要的指导和推动作用。

第四节 十七大以来西藏文化产业发展成就综述

从 2007 年党的十七大到 2012 年党的十八大,短短五年间文化产业获得了极速发展,取得了瞩目成就,这与国家在宏观政策上的高度重视是分不开的。首先通过两次报告不难察知,党和国家根据文化产业发展的形势变化及时做出重大战略调整部署(见表 4.2),足见对文化产业的重视程度越来越高。

表 4.2 十七大报告和十八大报告关于"文化产业"文本对比

十七大报告	十八大报告
推动社会主义文化大发展大繁荣	扎实推进社会主义文化强国建设
文化产业占国民经济比重明显提高;提高国家文化软实力,增强中华文化国际影响力	文化产业成为国民经济支柱性产业;文化软实力显著增强,社会主义文化强国建设基础更加坚实
大力发展文化产业,实施重大文化产业项目带动战略,运用高新技术创新文化生产方式,培育新的文化业态,加快构建传输快捷、覆盖广泛的文化传播体系	推动文化事业全面繁荣、文化产业快速发展。促进文化和科技融合,发展新型文化业态,提高文化产业规模化、集约化、专业化水平。构建和发展现代传播体系,提高传播能力

通过表 4.2 对比分析两次报告文本,对于文化建设和文化产业发展的

权威阐释，国家在文本语体表述上有明显变化。十七大报告提出"推动社会主义文化大发展大繁荣"；为进一步增强文化的渗透性和影响力，十八大报告郑重提出"扎实推进社会主义文化强国建设"的发展方略，充分表明了国家对文化强国的高度重视，将对我国早日建成小康社会、实现全面协调可持续发展具有战略意义。建设文化强国，与提升人民群众的幸福指数密切相关，能够形成民族的强大凝聚力，为经济发展和社会和谐提供强大的文化支撑，增强国家的文化软实力和中华文化的国际影响力。

再次，十七大指出"文化产业占国民经济比重明显提高"，经过十七大以来的快速发展，已经具备了在"十三五"期间逐步实现"文化产业成为国民经济支柱性产业"的发展目标，从"培育新的文化业态"到"促进文化和科技融合，发展新型文化业态，提高文化产业规模化、集约化、专业化水平"，党中央始终站在经济社会发展全局的高度，审时度势，及时做出文化产业逐渐成为国民经济支柱产业的重大战略部署，大大释放了文化生产力，最大限度满足了人民群众精神文化需求，加快了文化产业全面发展。

党的十七届六中全会召开后，国家越发重视文化产业的发展，从国家战略高度提出了新的部署要求。在中央和西藏一系列文化优惠政策的推动和指引下，西藏牢牢把握住这一难得的发展机遇，借力国家新一轮西部大开发战略的实施，继续深化文化体制改革，实施文化强区、文化惠民、文化富藏的发展战略，西藏文化产业蒸蒸日上，发展增速明显加快，正在发展成为西藏新的经济增长点，日渐成为促进社会和谐发展、满足各族人民群众精神文化需求的重要途径，初步显现出成为国民经济支柱性产业的潜力。据国家统计局最新数据显示，2015年一季度，全区生产总值实现200.13亿元，按可比价格计算，增长10.0%，比上年同期提高0.8个百分点。其中，第一产业实现增加值13.17亿元，增长2.5%；第二产业增加值23.83亿元，增长14.5%；第三产业增加值163.13亿元，增长9.9%。① 占全区国民经济比重显著增加，逐渐显现出新兴产业的市场活力，不断满足了各族人民群众日益增长的精神文化需求，有力地推动了西藏文化大发展大繁荣。

---

① 达穷：《2015年一季度全区经济运行情况》，《西藏日报》2015年5月2日。

特别是在党的十七大以来的七年多来，文化旅游、网络文化、文艺表演、文化娱乐、动漫业等文化产业蓬勃发展，来自社会各界的投资催生新型文化业态不断涌现，文化产品种类增多，全社会文化产业热情高涨，群众日常文化消费异常活跃，文化生产能力大为提升，文化传播范围大为扩展，新时代的西藏文化正在以其丰富独特的内涵、包容开放的形式、锐意创新的姿态，焕发出新的生机和活力，在西藏国民经济中所占比重逐步增加，日益显现其成为国民经济支柱性产业的潜力。综观十七大以来西藏文化产业的长足发展和巨大成就，主要体现在各类规划和扶持政策的颁布和实施、骨干文化企业不断壮大产业规模、投融资体系逐步健全、以动漫为代表的新兴数字媒体产业快速崛起、服务平台建设与对外文化交流扎实推进、文化创意人才的引进与培训以及文化旅游业快速发展等多个方面。

一、产业环境不断优化

任何一个产业的发展都离不开政策的支持，文化产业亦是如此。十七大以来，由文化部牵头，联合国家多个部门共同制定的有关文化产业政策文件近20个，内容主要涵盖文化产业整体发展规划、动漫产业、文化产业园、文化产业投融资、文化产权交易等很多方面。对西藏文化产业发展进行政策扶持和资金支持，中央和西藏各级政府历来都高度重视。

十七大明确提出将"文化产业占国民经济比重明显提高、国际竞争力显著增强，适应人民需要的文化产品更加丰富"列入全面建设小康社会的奋斗目标，从此确立了文化产业在整个国民经济和社会发展中的地位。2009年国务院颁布《文化产业振兴规划》，首次将发展文化产业上升到国家战略高度，提出把文化产业培育成为推动经济发展方式转变的战略性新兴产业。2011年10月18日，十七届六中全会做出《中共中央关于深化文化体制改革、推动社会主义文化大发展大繁荣若干重大问题的决定》，首次将"文化命题"作为中央全会的主要议题，强调"要加快发展文化产业，推动文化产业成为国民经济支柱性产业"，提出了建设"社会主义文化强国"的奋斗目标，这是时代的潮流、历史的必然、世界的趋势。

2012年2月15日国务院发布《国家"十二五"时期文化改革发展规划

纲要》，指出要推动文化产业跨越式发展，实现文化产业"逐步成长为国民经济支柱性产业、增强中华文化国际竞争力和影响力，提升国家软实力"。十七大以来，文化部先后制定发布了《文化部"十二五"时期文化产业倍增计划》《文化部关于加快文化产业发展的指导意见》《文化部关于扶持我国动漫产业发展的若干意见》和《文化产业投资指导目录》等一系列政策文件。在全国大力发展文化产业的历史背景下，西藏自治区也积极贯彻落实中央精神，按照国民经济支柱性产业的定位和党中央、国务院关于文化产业发展的最新战略部署的要求，从西藏文化建设和文化产业发展的实际出发，研究制定了一系列推动藏民族文化传承和发展的政策措施，为进一步优化产业发展环境，加速西藏文化产业发展提供了切实保障。

2010年初，中央第五次西藏工作座谈会明确提出要把西藏建设成为"重要的中华民族特色文化资源保护地"的奋斗目标。同年12月，《中共西藏自治区委员会 西藏自治区人民政府关于推动文化大发展大繁荣的决定》正式颁布，把文化发展放到全区经济社会发展的总体布局中考虑，提出了大力实施文化兴区、文化强区、文化富区、文化稳区战略，通过加大财政支持力度、落实和完善税收等其他优惠政策、扩大投融资渠道、加强文化人才培养和引进等一系列政策措施，实现到2020年成为全区支柱产业的总体目标。

2011年11月，在自治区八次党代会上，西藏自治区党委书记陈全国提出要着力提升公共文化服务的辐射力、特色文化产业的竞争力，通过五年的发展，西藏文化产业增加值要占到生产总值的3%以上，并逐步成为西藏新的特色支柱产业，西藏将努力实现由文化资源大区向文化发展强区转变。同年12月，自治区财政厅和自治区党委宣传部制定的《西藏自治区文化产业发展专项资金管理暂行办法》明确指出，由中央财政和自治区财政安排的文化产业发展专项资金，专此用于支持西藏文化产业发展。在即将出台的首个文化产业发展规划——《西藏自治区2011—2020文化产业发展规划纲要》中提出将建设"特色文化经济实验区、打造特色文化经济"，无疑是探索西藏现代化发展道路的必由路径和战略选择。

2012年4月，自治区颁布了《西藏自治区"十二五"时期国民经济和社会发展规划纲要》，指出要加快发展特色文化产业，大力推进文化事业发展,加快构建重要的中华民族特色文化保护地,促进文化资源优势向文化产业优势转变。同年 6 月,西藏自治区党委在《贯彻落实〈中共中央关于深化文化体制改革推动社会主义文化大发展大繁荣若干重大问题的决定〉的实施意见》中指出要坚持做大做强文化产业,建设重要的中华民族特色文化保护地,并特别强调指出要合理构建产业区域布局、精心实施项目带动战略、大力培育文化市场、着力推进文化体制改革。

二、骨干文化企业发展壮大

文化产业作为国民经济的组成部分,具有较强的集群化特征。产业集群是文化产业提高自身竞争力的有效途径,更是国民经济发展的必然趋势。因此,西藏应依据自身特殊的文化资源的禀赋特点,发挥区位比较优势,通过中心文化区域对周边区域的辐射力和扩散效能,形成具有区域特色的产业集群与大型的文化集团企业,以此提高全区文化产业的国际竞争力。

文化产业健康持续发展,离不开竞争力强的现代文化产业体系,因此,结构合理、门类齐全、饱含创意、科技含量高就显得尤为重要。除此之外,更要积极发挥骨干企业在文化产业发展中的重要引领和示范带动作用。在全国各省区纷纷开建文化产业园区(基地)的形势下,西藏不能一哄而上,盲目建设,应清醒认识到与其他发达省区的差距,充分考虑自身的经济基础、市场空间、消费水平、比较优势、文化生态、资源禀赋等条件,明确西藏文化产业园区的发展目标。据此,在重点领域实施一批重大项目,重点推出一批具有战略性、引导性和带动性的重大文化产业项目,建设一批独具藏文化特色的少数民族文化产业园区和基地。十七大以来,西藏不断健全文化市场体系,文化产业经营种类不断丰富,经济实体、经营单位数量不断增加,演艺娱乐、民族手工艺等特色文化产业得到快速发展。目前西藏拥有文化企业和单位近 3000 家,从业人员 2 万余人,门类 20 余种。先后有拉萨岗地经贸发展有限公司和拉萨城关区古艺建筑美术公司两家被文化部命名为"国家级文化产业示范基地",另有 8 家自治区级示范基地。

拉萨岗地经贸发展有限公司以"抢救民族文化遗产,保护民族传统工艺，培养民族传统工艺，发展文化产业经济"为宗旨，历经两年多精心策划打造的大型综合性文化旅游产业项目——吞米岭藏艺文博园已经开工兴建，现已发展成生产民族手工艺产品、宗教文化旅游用品、特色文化旅游服务、民间艺术技能培训、餐饮娱乐、歌舞表演、商品流通为一体的综合性文化企业。公司生产的唐卡和藏香等系列产品远销港、澳、台、新加坡、日本等地区和国家。吞米岭藏艺文博园已经被列为拉萨市"十二五"发展规划及拉萨市旅游规划重点项目，将承担起西藏文化产业化发展引领者的重要使命，并最终打造成为中国民族文化旅游产业标杆、西藏具有示范性的现代化产业基地、拉萨文化产业和文化旅游龙头品牌。

总投资5亿元，首批引进内地30家优秀企业，已在拉萨兴建的西藏出版文化产业园涵盖了图书、报刊、动漫、音像电子出版、广告设计创意、影视传媒、文艺演出、西藏工艺美术等文化领域，旨在打造为集出版、文化、影视、娱乐为一体的综合型文化产业园区。除此之外，还将大力实施文化品牌培育提升工作，着力打造一批拥有自主知识产权、具有文化创新活力和核心竞争优势的名企、名品，努力以文化名企提升园区知名度和影响力。产业园依托西藏拉萨开发区巨大的人流、物流、信息流、资金流优势，致力打造成为西藏地区最大的文化创意企业集聚地。据悉，拉萨市投资300亿元兴建的以大型实景剧《文成公主》演出为中心的文成公主主题公园，必定会成为兼具历史内涵和时代气息的文化创新典范。

2012年5月28日，作为西藏文化体制改革和文化产业发展的首家国有文化试点单位，西藏传媒集团有限公司正式成立，标志着西藏文化体制改革发展迈出了实质性步伐。传媒集团致力于实施新媒体开发战略，加快布局以网络媒体和移动媒体为核心的全媒体传播框架，并依托西藏丰富的历史文化和现代信息资源，积极探索新媒体产业运作模式，致力于挺进西藏网络文化和创意产业开发，努力把传媒集团建设成全区特色鲜明、效益良好的现代文化旗舰，为推动西藏由文化资源大区向文化发展强区转变做出积极贡献。

2012年5月，由19家文化企事业单位和民营文化企业组成的西藏代表团参加第八届中国（深圳）国际文化产业博览交易会，在"西藏自治区文化产业招商引资推介会"上现场签订意向性协议9个，意向投资金额达

8.78亿元,创历年交易额之最。其中主要包括"西藏出版文化产业园建设""林芝县民族手工艺品生产基地建设项目""察隅县僜人民俗文化旅游度假村""波密县民俗风情舞剧《嘎朗王历史》商演"等32个以文化旅游为主的投融资项目。

西藏然虽拥有丰富的文化资源,但产业规模不大、竞争力不强,科技含量不高,缺乏具有竞争力的市场主体。为了实现文化产业发展专项资金规模到2015年达到5000万元以上,"十二五"期间,西藏各级财政通过采取贷款贴息、以奖代补、项目补助等多种灵活方式,从构建公共文化服务体系和推进文化体制改革等方面进一步加大文化产业支持力度,从而加快促进文化资源优势转化为经济优势,加大支持文化产业园区和示范基地建设力度,提高文化产业集中度;择优扶持潜力巨大、生长力强、发展后劲足的骨干文化企业;落实免征企业所得税、暂缓征收文化事业建设费等税收优惠政策,通过税式支出等多种途径尽量减轻文化企业负担,切实为骨干文化企业成长和发展铺就绿色通道。

为加快发展特色文化产业,结合西藏特殊区情,在出台"文化产业发展规划"中,精心绘制全区文化产业蓝图,建设西藏自治区文化产业项目库,以西藏县、乡(镇)为对象,挖掘自然和人文资源,进行"一县一业""一乡一品"的小规模、大群体开发,量身设计特色文化产业项目。选择一批特色鲜明、前景良好、具备设施条件的重点项目给予政策和资金支持。着力实施重大文化产业项目带动战略,规划建设西藏民族文化产业发展基地、西藏文化传播基地、西藏影视动漫综合制作中心、雅江民族文化产业带等重点文化产业等项目,建设民族语言信息化国家地方联合共建重点工程实验室,鼓励地方特色软件研发。[1]培育具有较强实力和竞争力的国有或国有控股大型骨干文化产业,大力发展民营文化企业,通过扶持培育打造文化市场主体。整合配置文化资源,完善优化产业布局,打造骨干企业集团,加快发展文化产业集群,提高文化产业规模化、集约化、专业化水平,充分发挥以拉萨为核心辐射带动全区的文化示范作用,不断推动文化产业与旅游、体育、信息、物流、建筑等产业融合发展,重点培育

---

[1] 扎西:《西藏资源优势向产业优势转变》,《人民日报》2011年10月18日。

文艺汇演、动漫开发和艺术品创造等经济实体进入文化市场,增加相关产业文化含量,延伸文化产业链,提高附加值。

党的十七大以来,在国家政策和地方政府引导下,西藏国家级园区和基地获得了快速发展,已经成为西藏文化产业发展的重要载体,催生出了一批有较强实力和自主创新能力的大型文化企业集团,培育扶持、发展壮大了一批产业集聚效应明显、特色鲜明和具有孵化功能的文化产业园区,为全区文化产业的发展发挥了引领和示范作用,进一步提高了西藏文化产业的整体发展水平。目前,西藏已经形成了十多个可操作性强、广阔市场前景的文化产业项目,并纳入了文化部全国文化产业项目工程。今后,西藏将继续加大对这些重点项目的政策扶持,加强宣传推介。

三、动漫产业蓄势待发

动漫是以创意为核心,以动画、漫画为表现形式的新兴文化产业。动漫产业的产品链条长、分布领域广,既包括动漫产品的直接开发、展示和销售,也包括与动漫形象有关的衍生产品的生产和经营,是现代服务业的重要组成部分。动漫产业既是资金密集型、劳动密集型产业,也是科技密集型、知识密集型产业,具有消费群体广、产品生命周期长、附加值高等特点,是市场化程度高、成长空间大、发展前景广的绿色产业和朝阳产业。大力发展动漫产业,已经成为提高国家文化软实力和产业竞争力的迫切要求。

十七大以来,我国动漫产业已全面步入发展快车道。自2008年起,在中央财政的支持下,文化部、广电总局、新闻出版总署分别开展了原创动漫扶持计划,扶持了一批优秀动漫企业和动漫创作者(团队),加强动漫内容创作与引导。党的十七届六中全会《决定》对加快发展动漫游戏等新兴文化产业做出了部署。随着我国动漫产业的迅速发展,创意题材越来越多元化,民族地区独特的风土民情正在进入动漫领域,西藏以其丰厚独特的历史文化资源吸引着原创动漫创作者的注意力。

新世纪的前十年,动漫产业在西藏几乎一片空白,在国内外动画片制作史上纯粹以藏族传统动画题材拍摄的动画片更是寥寥无几。由中国电影股份有限公司与日本马多浩斯公司等联合出品的动画冒险电影《藏獒多吉》已于2011年在中国上映。影片围绕西藏少年与藏獒"多吉雍直"之间的亲密接触和传奇经历，描绘了人与藏獒之间的深厚友情。本片运用日方出色的动漫制作经验及技术，配合中国雄厚的资金及题材支持，旨在打造一部可以和好莱坞动画相媲美的电影。2012年5月，又一部藏族题材的动画电影《精灵女孩小卓玛》在全球同步上映。这些藏族题材动漫电影开启了西藏动漫产业的发展历程。为了更好地挖掘西藏传统文化资源，推动西藏动漫产业发展，2009年8月19日，由国家扶持动漫产业发展部及联席会议办公室主办、西藏自治区文化厅承办的"中国原创动漫推广计划——优秀动漫产品进西藏"捐赠送仪式在拉萨举行，首次将动漫这一生动的现代文化语言带入西藏，丰富了藏区青少年精神文化生活，促进了西藏自治区动漫产业的孕育和发展。

目前从增速和产值等统计数据看，我国动漫产业发展可以说"如火如荼"，已经进入快车道。虽然西藏动漫产业发展刚刚起步，以传统藏文化为题材的原创动漫还比较薄弱，且产业链条不完整、商业模式不清晰等因素制约西藏动漫产业发展，但西藏文化底蕴深厚，奇特的民风民俗、奇异的人文景观、丰富的民间文化和文学故事，必将为西藏动漫创作提供取之不竭的创作题材，为未来西藏动漫产业发展带来巨大的增值空间。西藏这片土地孕育着的众多神话传说，植根于青藏高原的文化土壤，蕴藏着丰厚独特的文化资源，将古老的藏文化嫁接于动漫这个现代传媒，能为后者提供新颖美妙的语汇，并激发创意的无穷想象空间。如果能够进行纵深挖掘，精心创作，实现以前卫、时尚、青春为特征的动漫产业和古老、独特、深厚的西藏传统文化的深度融合，必能为雪域文化的传续和生长，为西藏动漫产业发展和壮大起到重要的助推作用。

由《喜羊羊与灰太狼》动画系列片的热播所带来的轰动效应和由此产生的经济价值，极大地激发了西藏动漫界的产业热情。在自治区文化产业项目库众多项目中，风生水起的六大动漫产业项目特别值得期待，它们是：西藏奇正藏药股份有限公司的《藏医传奇》动漫影片创作、自治区文联的动漫《黑猫王妃》创作、西藏影视制作发行中心的动画片《阿古顿巴》及衍生品研发、西藏东珠电子科技发展有限公司的动画片《猴鸟的故事》产业链研创、西藏大学工学院的八大藏戏制作、拉萨蕃艺礼品有限公司的藏文动漫原创作品及衍生产品开发。这些动漫作品都是将民间神话故事制作成动漫作品播出、出版和发行，将民族文化元素同现代视觉艺术有机结合，不但有效保护了民间非物质文化遗产，弘扬了藏民族优秀传统文化，而且还能带动影视文化旅游并催生其他相关产业的发展。

近两年来以数字化生产、网络化传播为主要特征的网络动漫、手机动漫产业迅速崛起，动漫产业正逐步形成一条贯穿动漫创意、研发、出版、播映、演出、新媒体传播、衍生品生产销售及国际国内授权等的完整产业链。目前，西藏动漫产业体系初步建成，产业链条逐步完善，在文化品质、产业规模、技术应用、科研教育、社会影响等方面均取得了可喜的成绩，逐渐成为西藏文化产业的重要增长点。在全国全区推动社会主义文化大发展大繁荣的背景下，西藏文化产业发展前景广阔，动漫产业蓄势待发。在中央和西藏宏观政策的扶持和推动下，西藏动漫产业迎来了难得的历史机遇。据悉，自治区文化厅拟筹4000万元打造西藏影视动漫产业基地，助推西藏动漫产业步入快车道。因此，抓住机遇，充分开掘西藏传统民族文化素材，找准切入点，树立大动漫的产业观，提升动漫产业的价值链，从技术、平台、服务、人才培养、知识产权等多个方面出发，完成产业环境，支撑技术体系，推动、营造良好的市场体系，以新媒体传播平台和走出去战略为突破口，加速文化与科技融合，大力培育民族动漫品牌，必将推动西藏动漫产业快速健康发展。

四、对外文化交流日渐加强

十七大以来，西藏从投融资、人才培养、贸易合作、信息服务、技术支撑等环节，不断完善文化产业各项平台建设，广泛加强对外文化交流，为产业发展提供了强有力的支撑。文化部已经连续举办八期西部文化产业经营管理人才培训班，通过举办培训班、实施各类人才培养计划，一批文化产业经营管理、投融资业务和专业技术人才迅速成长起来，明显提高了西藏文化产业人才的综合素质。

十七大以来，西藏在投入巨资保护文化遗产，挖掘、传承、弘扬民族优秀传统文化的同时，全区文化市场环境进一步优化，文化产业不断得到发展和提升，涌现出一大批精品剧目。以大型原生态歌舞诗《幸福在路上》为例，累计演出260多场次，观众逾10万人。该节目首批入选"国家文化旅游重点项目名录"，以唐卡艺术形式诠释西藏传统文化，是国内也是世界首创。其绚丽多姿的民族服饰、五彩斑斓的舞台灯光、宽广辽远的天籁美声、浓郁的民族特色、魅力十足的高原文化、曼妙迤逦的藏族舞蹈和动人心魄的剧场效果带给观众一种全新的视听震撼。除此之外，近年来相继涌现出一大批经典民族歌舞，如《五彩西藏》《多彩哈达》《雪域放歌》《珠峰彩虹》《雅鲁藏布情》《西藏韵》《魅力西藏》《拉孜堆谐》《喜马拉雅风情》《珠峰彩虹》和牧区原生态歌舞节目《纳木错之舞》等众多演艺产品，陆续投放市场后都取得了良好的社会效益和经济效益。

十七大以来，西藏文化部门紧紧抓住参加各类大型文化活动的契机，坚持通过多种宣传方式向世界全面展示一个真实鲜活的新西藏，诚挚相邀区外"请进来"，努力争取跨区"走出去"，不断拓展对外文化交流的渠道，积极参加文化创意产业博览会，创建"西藏印象"文化交流基地、开展西藏"非遗"展演进民间活动、举办西藏文化产业与媒体发展论坛、中国西藏文化论坛、中国西藏文化周、感知西藏·中国西藏文化之旅，以及在德国汉堡举办西藏主题的文化交流活动。十七大以来，全区累计派团（组）230多个，先后在美国、加拿大、意大利、匈牙利、尼泊尔、泰国、日本、台湾、香港等60多个国家和地区100多个城市，进行了150多场演出和展览。同时，接待了30多个国家和地区的500余名专家学者到西藏进行学术交流和文化考察，通过广泛的藏学交流、文艺表演和非遗展演等活动，提高了知名度，扩大了影响力，积极地展现了社会主义新西藏的良好形象，有力回击了达赖分裂集团散布的所谓"西藏文化灭绝论"。

通过成功举办各类旅游文化节全面展示雪域文化的神奇、神圣和神秘，提升了西藏民族文化内涵和艺术魅力。如林芝桃花文化旅游节、珠峰文化节、象雄文化旅游节、西藏首届奇石根雕书法艺术展、首届"仓央嘉措情歌（门巴萨玛）文化旅游节"、首届尼木县吞弥旅游文化节、中国西藏雅砻文化节、藏历新年和每年一度的雪顿节等。作为西藏目前拥有的76项国家级非物质文化遗产之一，拉萨雪顿节受邀参加2012年9月在美国举办的世界节庆协会年度大会。作为西藏文化的名片，今年的拉萨雪顿节最大的特色和亮点是以文化为着眼点,以幸福为亮点,用"文化雪顿"诠释千年雪顿的真谛,挖掘民族文化内涵,展示幸福拉萨的魅力。

除了传统的展佛仪式、欢腾的藏戏、赛马赛牦牛、歌舞表演之外,还将首次举办藏戏大赛、"雪顿之星"歌手大赛、"徒步纳木错"暨中国首届藏地音乐高峰论坛等十大精品活动,悠久神秘的藏族文化和雪域风情将尽现眼前。随着社会的发展,这场规模宏大、被赋予了新时代内涵的藏族文化盛宴,把西藏悠久的历史、灿烂的文化、丰富的世界文化遗产与经贸洽谈、旅游休闲等现代经济活动结合起来,有效促进了文化产业的交易与合作,大大丰富了文化产业的品类和内涵。雪顿节正成为集中展示西藏民间民族文化的最佳平台,更是外界了解西藏、认识西藏的一个重要窗口。

2012年7月,李长春在西藏考察调研期间提出了要大力加强藏族优秀民族文化的传承保护和创新发展、努力建设好中华民族特色文化保护地、大力发展特色文化产业、努力培育新的经济增长点的工作要求。文化与旅游是两个天然的吸合因子,二者互为媒介、互相彰显,相辅相成、相互促进。文化是旅游的灵魂,是旅游发展的后劲所在;旅游则是展示文化、传播文化、发展文化的重要载体。文化发展极大地拉动了经济的发展,同时经济的发展也有效地反哺了文化。发展西藏特色文化产业,就要积极推动文化产业和旅游业相结合,提升旅游的品质和内涵,打造一批高原观光游、森林生态游、民族风情游、乡村农家游、历史文化游等精品旅游线路,培育一批精品旅游品牌,使特色旅游业成为西藏的优势和支柱产业。正在兴建的中国西藏文化旅游创意园区填补了西藏文化创意园区的空间。文化旅游创意园区是培育壮大西藏第三产业的有力抓手,是传承弘扬藏民族特色文化的良好平台,是把拉萨建设成为国际旅游城市、把西藏建设成为重要的世界旅游目的地的具体实践。园区将着力从生态保护、文化传承、旅游发展、强基惠民和经济繁荣等方面有效助推拉萨跨越式发展。

中央第五次西藏工作座谈会明确提出要将西藏打造成"重要的世界旅游目的地"。"世界屋脊,神奇西藏"正在被越来越多的游客所向往。统计显示,"十一五"期间,西藏共接待国内外旅游者2125万人次,年均增长30.6%;实现旅游总收入226.2亿元,年均增长29.8%。2014年9月,西藏自治区政府联合文化部、国家旅游局举办了首届中国西藏旅游文化国际博览会,向外界积极推介西藏旅游文化资源;大昭寺被评为国家 5A 级景区,成为西藏继布达拉宫之后第二个国家 5A 级旅游景区。为让游客感受雪域风光和藏文化魅力,西藏旅游部门去年专门推出"圣地拉萨·畅享幸福""神奇珠峰·魅力日喀则""诵读情诗·寻梦雅砻""醉美林芝·自驾墨脱""天上西藏·梦幻阿里"等七大特色旅游线路。2014 年藏历新年,为让游客深入体验藏文化,西藏各大旅行社推出藏历新年旅游路线,造访藏族人家,品尝"古突"藏历年夜饭;夏秋季,西藏连续举办雪顿节、赛马节、藏博会等系列节庆会展活动,吸引大批游客进藏观光旅游,有效助推西藏旅游市场持续升温。"十三五"期间,西藏将充分利用西藏丰富独特的自然景观和底蕴深厚的历史文化资源,大力提升重要的世界旅游目的地地位和品质,做大做强做精旅游业。西藏 2014 年全年累计接待游客 1553 万人次,全年旅游总收入首次突破 200 亿元,达到 204 亿元,分别比上年增长 20% 和 23%。①

《西藏自治区"十二五"时期国民经济和社会发展规划纲要》提出,西藏要树立大旅游观念,增强旅游主导产业地位,形成特色突出、主题鲜明的旅游产品体系,挖掘旅游景观中的文化因子,提炼文化产品中的观赏价值,坚持旅游与文化、生态相结合,突出"高山、雪域、阳光、藏文化"主题,优化旅游空间布局,深度开发文化体验、休闲度假、生态观光、极限挑战、特种旅游等全季节转型旅游产品,丰富发展乡村旅游,开发拓展河谷探险旅游、加快形成拉萨历史文化旅游中心和林芝生态旅游中心、茶马古道、完善唐蕃古道、中尼和新藏旅游走廊功能,树立全球文化旅游品牌战略意识,打造精品旅游线路和旅游景区,真正使西藏成为重要的世界旅游目的地。

"2012 幸福西藏游"就是文化与旅游联姻的最佳典范。结合西藏雄奇的自然景观和深厚的文化底蕴,2012 年西藏旅游大打"幸福"牌,宣传主题确定为"2012 西藏幸福游"。其特色主题"西藏圣地婚礼之约"以宣扬真爱、真情为主旨,以探访雪域高原生态之美为线索,以缔造"圣洁、永恒、爱心"的婚姻为目的,通过"幸福游",进一步丰富了西藏自然与

---

① 黄兴:《2014 年西藏旅游总收入突破两百亿元》,《西藏日报》2015 年 1 月 20 日。

文化旅游产品的文化内涵，提升了西藏旅游产业的文化创意含量，诠释了幸福西藏游返璞归真的人文精神主旨。"圣地婚礼"自2005年来已成功举办3次，今后努力将"圣地婚约"这一具有西藏特色和发展潜力的旅游精品推向市场，逐步将其打造成具有国内国际影响力的重要旅游品牌。

西藏文化产业的发展相对全国其他省区起步较晚，总体发展水平不高。尽管如此，西藏文化产业无论是理论探讨还是实践研究都经历了一个渐进发展的过程，历经30多年的发展，特别是党的十七大以来，文化产业在西藏国民经济中的比重不断增大，作为新的经济增长点，在实现西藏经济、社会、文化、政治和生态全面协调发展中的作用日益突出。

五、文化产业发展成果显著

通过十七大以来这五年的发展，西藏文化产业蒸蒸日上，已经逐渐成为繁荣全区社会主义文化、促进社会和谐发展、丰富人民群众文化生活、在满足人民群众多样化精神文化需求、提高国民文化素质的重要途径。当前西藏文化产业正受到前所未有的关注，也面临着前所未有的发展机遇。我们还应清醒地认识到，目前西藏文化产业起步较晚、基础薄弱，离支柱性产业的远景目标还有不小的距离，全区文化产业普遍存在着规模偏小、布局不合理、创新能力不强、知名品牌缺乏、经营管理、文化创意人才匮乏等突出问题。今后，西藏必将在党的十八大精神的指引下，认清西藏文化建设面临的新形势新任务，牢牢抓住西藏文化产业发展的新机遇，持续不断地保护传承传统文化遗产，进一步深化文化体制改革，破除文化发展的短板和瓶颈，努力发展特色文化产业，充分依托西藏文化资源大区优势，以资本为纽带，以文化交流为平台，以重大项目为带动，实现集团化和集群化发展，精心打造一批既能代表西藏形象、体现西藏特色，又具有较高品位和营销价值的知名文化品牌，进一步提升西藏文化产业的竞争力，不断地将西藏文化产业的发展推向新阶段，从而真正实现西藏文化大发展大繁荣。在这种宏大的历史背景和发展态势下，西藏文化产业的生机和活力得到进一步释放，内容形式得到不断创新，文化内涵得到不断提升，文化影响力也不断增强，强有力地促进了西藏经济社会跨越式发展和长治久安。

表 4.3　党的十七大以来西藏文化产业发展成果总览

文化旅游	全面启动"十二五"旅游重点建设项目，完成"十二五"重点建设项目前期工作26个，涉及资金17913万元；制定并推出"2012跨越喜马拉雅"等一系列旅游产品，重点推出"藏族佳丽评选"等旅游品牌；旅游市场培育取得新成效。 旅游体制机制改革试点工作取得重大突破，形成了以西藏旅游股份有限公司等五大旅游企业为龙头的产业集群。全力打造"高山、雪域、阳光、藏文化"的旅游品牌，推出了以藏文化为主体的名胜古迹、民俗风情文化游产品。规划完工娘热乡等5个旅游项目，雅鲁藏布大峡谷、珠穆朗玛和纳木错国家公园正式挂牌；布达拉宫成为西藏第一个国家5A级景区，新增A级景区25处；新增星级饭店34家，新评家庭旅馆39家。 西藏首府拉萨被誉为高原旅游"圣地"，每年吸引大批的境内外游客前来观光旅游。据拉萨市旅游局此前统计的数据显示，2014年拉萨市旅游业向体验游、休闲游发展，接待游客925.74万人次，实现收入111.67亿元，创历史新高。
演艺娱乐	西藏有专业文艺表演团体10支、少儿艺术团5个、县级民间艺术团51支、乡村业余文艺演出队（含藏戏队）500余支，以藏族为主体、多民族相互协作的艺术队伍不断壮大。大批原生态歌舞、民族歌舞、藏戏等演艺产品，被陆续投放市场，产生了一大批龙头文化演艺企业，如拉萨娘热民族风情园、唐古拉风演艺中心等。全区有文化娱乐场所超过3000家，从业人员超过2.5万人。仅"十一五"期间区直专业文艺团体新创作剧（节）目50多台，7地（市）专业文艺团体新创作剧（节）目近600个，全区民间艺术团创作节目近800个。 制订出台了《关于创作舞台艺术剧节目扶持奖励办法》，催生出了京剧藏戏《文成公主》、大型实景剧《文成公主》、舞台剧《幸福路上60年》、新编藏戏《朵雄的春天》《金色家园》、大型歌舞晚会《天上西藏》《魅力西藏》、话剧《扎西岗》《解放，解放！》、大型音乐会《西藏的春天》、西藏原生态舞剧《香巴拉》等一批思想深刻、艺术精湛、人民群众喜闻乐见的优秀文艺作品。其中，《解放，解放！》入选2011—2012年国家舞台艺术精品工程15强，并首次获得国家舞台艺术精品工程精品奖，填补了西藏专业舞台艺术获国家级奖项的历史空白。《文成公主》《扎西岗》等剧目荣获"国家舞台艺术精品奖"和"文华特别奖"等重要荣誉。大型歌舞《魅力西藏》、现代藏戏《金色家园》分别荣获第四届全国少数民族文艺会演"金奖"和多个单项奖。歌舞《魅力西藏》、话剧《解放解放》入选文化部2012年全国优秀展演剧目。其他一大批如民族歌舞《喜马拉雅》《雅鲁藏布情》《西藏韵》《五彩西藏》《多彩哈达》《雪域放歌》《拉孜堆谐》《喜马拉雅风情》《珠峰彩虹》和牧区原生态歌舞节目《纳木错之舞》等众多演艺产品陆续投放市场，取得了良好的社会效益和经济效益，带动了艺术创作的全面发展。 大型实景剧《文成公主》以史诗音乐剧的形式，讲述了1300多年前文成公主进藏前后的故事，着重展现她闯过生命禁区的过程，以及面对苍茫大地、暴风骤雨，依然不畏艰险，完成和亲使命的勇敢与担当。整个看台可以同时容纳3000人观看表演。看台有许多灯光设备，演出时可以根据剧情需要，采用不同光效，更换背景，变换出雪山、丛林、宫殿、庙宇等场景。实景演出无论在规模、投入、演员人数，还是在视觉效果和内容上都有很多创新。2014年开始《文成公主》发展为常态化的商业演出，用每年的剧场季配合拉萨的黄金旅游季，延伸旅游产业链。从4月起演到10月底，平均演出场次达180场左右。

续表

绘画（唐卡）艺术	西藏的绘画艺术集中体现了西藏的文化精神和文化创造。传统的西藏绘画艺术主要包括岩画、壁画、唐卡和版画四大主要艺术形式。特别是唐卡以其特有的魅力，深深吸引着人们的目光。唐卡是藏族文化中一种独具特色的绘画艺术形式，题材内容涉及藏族的历史、政治、文化和社会生活等诸多领域，堪称藏民族的百科全书。为促进唐卡艺术的传承，把西藏打造成为全国唐卡艺术中心，2012年5月，启动西藏和平解放60年重大题材、西藏文明发展史和西藏风景名胜三大组成部分的"百幅唐卡工程"，这是迄今为止西藏实施的规模最大的主题性唐卡绘画工程。
新闻（藏文）出版	西藏已经形成了以图书、报纸、期刊、电子出版物、音像制品、网络和数字出版等六大新闻出版媒体为主，包括出版、印刷、发行、版权贸易和代理、出版物出口等多个较为完整的新闻出版产业体系。西藏现有公开发行的报刊23种、期刊34种，从业人员有8900人，发行网点达245家，每年出版音像制品120多种，发行图书30多万种，销售码洋已突破亿元大关；2011年，西藏新闻出版业实现了6.94亿元的总产值，占全区GDP的1.2%，增加值达到1.39亿元，同比增长12%，实现了"十二五"良好开局，并连续5年保持了12%以上的发展速度。 新闻出版队伍建设不断壮大，2011年从业人员总量达8900余人，比2002年增加了一倍多。重点出版效果显著，着力打造精品力作，认真组织出版了3000多种出版物，壮大了主流思想舆论。2011年出版各类藏汉文图书1010种1600万册，同比增长15.8%、21.5%；出版报纸6700万份、出版期刊170万册，同比增长2%、5.6%；其中藏文类占76%。成功召开两次全国新闻出版系统对口援藏工作会议，衔接落实对口援藏项目资金7300多万元，在尼泊尔成功建立"中国西藏书店"，开创了在国外建书店的先河。每年组团参加境外各类国际性图书展销会，积极开展涉藏出版物展览展销活动。
影视动漫业	电影《雪域丹青》《拉萨之恋》、英雄史诗大片《先遣连》、动画冒险电影《藏獒多吉》、动画电影《精灵女孩小卓玛》和电视连续剧《古格天梦》《我的喜马拉雅》《西藏往事》等影视作品被相继搬上银幕。将古老的藏文化嫁接于动漫这个现代传媒，能为其提供新颖美妙的语汇，并激发创意的无穷想象空间，提供取之不竭的题材，激发出无穷的想象空间。 2008年起，在中央财政的支持下，联合文化部、广电总局、新闻出版总署正式启动了西藏原创动漫扶持计划，扶持了一批优秀动漫企业和动漫创作者（团队）。特别是西藏奇正藏药股份有限公司的动漫影片《藏医传奇》、自治区文联的动漫《黑猫王妃》、西藏影视制作发行中心的动画片《阿古顿巴》及衍生品研发、西藏东珠电子科技发展有限公司的动画片《猴鸟的故事》产业链研创、西藏大学工学院的八大藏戏制作、拉萨蕃艺礼品有限公司的藏文动漫原创作品及衍生产品的创作和开发都备受关注。 自治区文化厅筹措4000万元打造西藏影视动漫产业基地，助推西藏动漫产业步入快车道。2014年12月在拉萨新成立的西藏影视发展有限公司是一家集影视剧摄制、出品发行、广告策划创意、文化产品开发、网络平台建设、事业发展、文化地产等为一体的大型文化传媒企业。注册成立西藏影视发展有限公司是西藏电视台贯彻落实党的十八大精神、繁荣文化产业、全面深化体制机制改革的又一重大举措，既是西藏电视台适应新形势下宣传新任务、整合传统媒体与现代媒体资源、全面提升舆论引导力、传播影响力的一次创新，也是西藏电视台从传统媒体到现代媒体的一次新跨越，此举意味着西藏电视事业将完成它诞生30年来最大的一次蜕变。

续表

民族手工艺	古老的西藏民族手工艺艺术,是藏民族在长期的生产生活过程中产生的一束艺术奇葩。千百年来,盛开在雪域高原的每一个角落。它集中体现了藏民族鲜明的民族特性,色彩、图案、造型都充满了浓郁的民族风格和地方特色。西藏民族工艺品独具特色,既有实用价值,又有审美价值,目前有2000多个品种。如江孜的地毯、浪卡子的藏被、拉孜的藏刀、仁布的玉器、加查的木碗、姐德秀的围裙、扎囊的氆氇、拉萨的金银器具、定日的石雕等,无不体现出藏民族工匠深厚的技艺功底和艺术才华。
会展节庆	定期举办非物质文化遗产产品展、唐卡艺术展等特色文化项目宣传展示活动,积极组织区内企业参加北京、深圳、西安等文化产业博览会,有力展示文化精品,推介特色产业项目。 　　目前西藏有雪顿节、藏历新年、望果节、沐浴节等民族传统节日;有日喀则珠峰文化节、林芝大峡谷旅游文化节、昌都康巴艺术节、那曲恰青赛马节、阿里象雄文化艺术节、林芝桃花文化旅游节、奇石根雕书法艺术展、仓央嘉措情歌(门巴萨玛)文化旅游节、尼木县吞弥旅游文化节、中国西藏雅砻文化节等文化旅游节。拉萨雪顿节于2012年9月受邀参加在美国举办的世界节庆协会年度大会。 　　2015年雪顿节开幕式定于8月14日在拉萨群众文化体育中心篮球馆举行,通过表演内容丰富、形式多样的传统藏戏和具有代表性的优秀歌舞、音乐,充分展示拉萨在保护和传承民族文化方面取得的可喜成果。同时,依照传统惯例,8月14日在哲蚌寺、色拉寺举办盛大的展佛活动。另外,雪顿节期间还举行了优秀藏戏展演、第五届西藏唐卡艺术博览会、第二届藏族音乐研讨会、纳木错国际徒步大会、拉萨市第二届"体彩杯"足球联赛以及净土健康产业招商引资项目推介会暨净土健康产品展销会。
高原极限运动	青藏高原以其独特的自然地理环境,吸引了越来越多的极限运动爱好者前来挑战自然、挑战自我。以极限登山、徒步穿越、江河探险、旅游考察为代表的高原极限运动正在展现青藏高原的体育魅力,正朝着产业化发展。西藏高海拔雪山的吸引力越来越强,2015年西藏三大峰的攀登者多于往年,毛里求斯、孟加拉国和安道尔等国家的登山者也第一次来到西藏攀登高海拔雪山。

　　站在新的历史高点上,西藏的文化产业发展迎来了重要的战略机遇期,同时也面临着严峻的挑战,应当清醒地看到,目前西藏文化产业的发展距离"十三五"发展目标还比较远,缺乏凝聚力和原创力,没有形成影响全区乃至全国的文化品牌,文化产业发展模式不清晰,严重缺乏高端文化创意人才,观念、体制和环境等方面的因素制约了西藏文化产业的发展,对西藏文化产业的特殊意义和发展规律的认识还有待提高和深化。这些都是今后西藏文化产业发展亟待破解的难题,都是政府相关部门和社会各界应该深思的重大命题。

第五章 西藏文化产业发展的现状分析

经过半个多世纪的培育和建设,西藏文化产业从无到有,从小到大,特别是在文娱演艺、会展节庆和文化旅游等方面均有较大发展,初步走上了现代化的发展轨道。尤其是新一轮西部大开发、铁路进藏、中央关心和全国支援以及西藏经济的不断发展,都为文化产业发展奠定了坚实的基础。西藏文化产业经历从弱小到壮大,从单一到多元的发展历程,在中央和西藏一系列政策措施的引导和带动下,尤其是近十七大以来取得了较快的发展,内容不断丰富、门类逐步完善、产业结构渐趋合理、体系越来越科学、产值比重逐年增加,文化的社会、教育和经济功能得到充分发挥,在国内外的影响力得到不断提升,作为一种新兴的经济形态,文化产业已成为西藏第三产业不可或缺的重要组成部分。[①]

表 5.1 全国部分省市区 GDP 数值及增长变化态势(2012—2013)

年度 省份	2012 年		2013 年		预期增幅（%）
	GDP（万亿元）	增幅（%）	GDP（万亿元）	增幅（%）	
北京	1.4	9.3	1.6	8	8
江苏	4.1	13.5	4.8	11	10
云南	0.7	12.3	0.9	13.7	12
贵州	0.46	12.8	0.56	15	14
西藏	0.05	12.4	0.06	12.6	11
宁夏	0.16	13.4	0.21	12	12

---

① 焦雯:《文化雨露广播撒 雪域遍开幸福花》,《中国文化报》2014 年 7 月 11 日。

第五章　西藏文化产业发展的现状分析

续表

年度	2012年		2013年		预期增幅
省份	GDP（万亿元）	增幅（%）	GDP（万亿元）	增幅（%）	（%）
青海	0.14	15.3	0.16	13.5	12
新疆	0.5	10.5	0.66	12	11

根据有关数据自行整理

但总体来看，西藏文化产业的综合竞争力还比较弱，与文化资源大区的发展态势极不相称。虽然西藏的文化资源非常丰富，但目前未能形成与之相对应的产业优势，西藏文化产业发展程度偏低与文化强区战略目标仍有较大差距（见表5.1）。从2012年到2013年全国部分省市区GDP数值及增长变化态势看，虽然西藏GDP数值增幅较快，但西藏经济总量最低，全国排名第31位，且2013年GDP数值只占第30位的青海GDP数值的三成。西藏经济发展水平总体较低，同西藏的三大产业结构布局不合理有直接关联，随着文化经济一体化的发展趋势加剧，文化在经济发展中的作用和比重越来越突出，而作为第三产业的主体，具有高附加值和知识溢出效应的文化产业的发展正在成为西藏经济、社会全面协调发展的重要支撑力量。

第一节　西藏文化产业发展存在的主要问题分析

胡惠林在《我国"十一五"时期文化产业发展规划实施情况分析报告》中指出，根据相关指标体系进行综合分析，我国现阶段文化产业发展大致可分为五类地区：一是支柱型地区；二是扩张型地区；三是成长型地区；四是调整型地区；五是孵化型地区。衡量一个产业能否成为支柱产业，主要依据该产业增加值占GDP比重是否达到5%。通过对十七大以来全国文化产业发展数据的动态跟踪，结果表明，只有北京、广东、上海、和云南四省市符合"支柱产业"的发展标准。由于不能检索到西藏连续多年的有效数据，因此暂且将西藏的文化产业发展类型归类为待培育和孵化型。正视西藏文化产业发展，必须看到在当前的西藏文化产业发展进程中有许多突出的障碍，有主观方面的因素，如思想观念陈旧、文化管理体制改革思路僵化等；更多的还是客观方面因素，譬如地理环境比较特殊、产业结构和布局不够合理、资金缺乏、文化市场不活跃、文化能力不足，资源配置和开发不到位、科技含量低、文化品牌和创意人才缺失等方面的问题都不容忽视，这些障碍因素都严重制约着西藏文化产业的快速发展。

如果不进行合理规划和深刻剖析，深度挖掘自身发展潜力，积极探索具有中国特色、西藏特点的发展路子，那么再丰富的地域特色文化资源永远也不会自然而然转化为文化产业资源。一定要清醒地认识到，传统文化资源的独特性，并不意味着永远独占性，如果你不开发别人就会开发。最鲜明的例子就是花木兰、中国功夫、大熊猫等极具特色的中国元素被美国开发成影视动漫产品，都取得了可观的经济价值。再如青海、四川等省区在某些藏族文化产业的创意发展领域都走在西藏的前列，这些问题都值得深思。因此，西藏文化产业界和政府相关部门一定要从西藏区情出发，全面梳理分析西藏文化产业发展的基本情况，及时破解西藏文化产业的发展障碍，不能躺在"传统文化资源"的富矿上做美梦，要有序开掘西藏文化资源，大力开发西藏非物质遗产资源，运用现代媒体技术融合提炼西藏文化元素，把资源优势转化为产业优势和经济优势，推动西藏文化大发展大繁荣，促进西藏经济、文化、社会、政治等全面协调发展，早日实现新形势下西藏跨越式发展和长治久安的"十二五"远景规划目标。

作为研究文化创意产业领域的知名学术机构，2012年7月，由贾斯汀·欧康纳文化传媒和创意产业研究中心调查并编制的全国《31个省市区文化产业竞争力实证研究（2008—2010）》正式公布，对全国31省市区文化产业竞争力主因子得分及综合实力进行了排序（见表5.2）。

该中心选取了全国2009～2011年中国文化产业年鉴和中国统计年鉴等其他相关产业各类最新统计数据，建立了由23个指标组成的各省市区文化产业竞争力评价指标体系。通过选择因子分析的统计方法，在分析各地区文化产业竞争力决定要素的基础上，对我国文化产业竞争力区域发展不平衡问题进行客观评价，对发展状况进行综合评分，推出了全国31省市区文化产业竞争力状况综合分析的研究成果，同时根据综合得分的差异进行了宏观上的层次分类。

通过数据结果分析，全国各地区文化产业发展水平不平衡问题异常突出，地区间差异较大，与我国经济发展的总体分布和发展态势基本一致，文化产业竞争力呈现由东南地区向西北地区逐渐减弱的发展趋势。如果把全国文化产业竞争力分为三个层级，位于东部沿海的第一类地区包括北京、上海、广东、江苏和浙江，综合得分位于全国前五名，远超其他省区，竞争力综合得分大于0.8，而主要位于中东部地区的9个省区竞争力综合得分徘徊在0—0.7之间。文化产业竞争力明显落后第一类地区是边疆少数民族和西部的17个第三类地区，竞争力综合得分均小于0，低于全国平均水平。从表中文化产业发展实际来看，不同地区根据当地的文化资源情况和经济发展水平明显呈现出不同的发展模式和特点，采取适合本地区文化产业发展的道路。

表 5.2　2010 年我国 31 个省市区文化产业竞争力主因子得分及排序

地区	主因子得分和排名								综合得分	排名
	第一主因子	排名	第二主因子	排名	第三主因子	排名	第四主因子	排名		
广东	6.063	1	−0.446	25	−0.009	14	0.248	6	1.733	1
江苏	0.372	6	1.642	5	2.834	1	0.075	10	1.236	2
浙江	0.779	3	1.957	4	1.513	4	−0.017	11	1.098	3
北京	−0.324	22	1.983	3	−1.382	29	3.999	1	0.892	4
上海	1.807	2	30143	2	−1.423	31	−0.708	30	0.856	5
山东	0.186	8	0.048	1	1.973	2	0.364	4	0.620	6
辽宁	0.129	9	0.870	12	0.755	8	−0.649	27	0.313	7
福建	0.426	4	1.088	7	−0.070	15	−0.453	20	0.297	8
四川	−0.536	29	−0.167	6	1.659	3	0.446	3	0.291	9
湖南	0.191	7	−0.489	19	0.845	7	0.167	8	0.170	10
湖北	−0.507	28	−0.037	26	0.920	6	0.518	2	0.168	11
河南	−0.568	30	−0.210	16	1.352	5	0.185	7	0.143	12
安徽	−0.208	16	0.093	20	0.620	9	−0.227	15	0.067	13
河北	−0.200−	15	−0.385	11	0.600	10	0.113	9	0.010	14
天津	−0.759	31	2.129	24	−0.831	25	−0.610	24	−0.003	15

续表

地区	主因子得分和排名								综合得分	排名
	第一主因子	排名	第二主因子	排名	第三主因子	排名	第四主因子	排名		
陕西	-0.362	24	0.104	2	0.241	12	-0.184	14	-0.060	16
重庆	-0.327	23	0.578	10	-0.344	22	-0.597	23	-0.153	17
江西	-0.268	21	0.014	8	0.243	11	-0.671	28	-0.153	18
广西	-0.100	13	-0.079	14	-0.308	20	-0.151	13	-0.155	19
山西	-0.439	26	-0.254	17	-0.134	16	0.330	5	-0.161	20
云南	0.389	5	-0.829	22	-0.294	19	-0.097	12	-0.189	21
内蒙古	-0.498	27	0.030	31	0.200	13	-0.639	25	-0.221	22
吉林	-0.216	17	-0.101	13	-0.262	18	-0.365	17	-0.228	23
黑龙江	-0.105	14	-0.259	18	-0.165	17	-0.498	22	-0.239	24
新疆	0.049	11	-0.502	23	-0.321	21	-0.482	21	-0.291	25
贵州	-0.007	12	-0.583	27	-0.740	24	-0.400	19	-0.413	26
甘肃	0.393	25	-0.514	29	-0.461	23	-0.348	17	-0.431	27
海南	-0.236	19	0.203	28	-1.261	28	-0.691	29	-0.464	28
青海	-0.223	18	-0.220	9	-1.126	26	0.645	26	-0.527	29
宁夏	-0.241	20	-0.004	21	-1.224	27	0.803	31	-0.533	30
西藏	0.086	10	-0.812	30	-1.406	30	0.229	16	-0.581	31

注：第一主因子：文化环境及实力因子；第二主因子：市场需求及创新因子；第三主因子：关联产业及文化资源因子；第四主因子：政府支持和文化供给因子。

数据来源 http://www.cctimes.com 中国文化创意产业网 2012-06-29

表中排序结果显示，位于第三梯队的西藏的文化产业综合竞争力在全国 31 个省市区中排在最后。除第一主因子文化环境及实力因子为正值，排名全国第十，西藏文化产业竞争力在全国平均水平之上。其余三个指数：第二主因子市场需求及创新、第三主因子关联产业及文化资源和第四主因子政府支持和文化供给指数呈现负值，均低于全国平均水平。由此表明，西藏发展文化产业及文化创意产业的文化环境和实力比较优越，在新疆、青海、宁夏、内蒙古、甘肃等边疆少数民族地区中排名第一，甚至超过北京地区，很显然这跟独特神秘的西藏传统文化和丰富瑰丽的高原自然资源密不可分，反映出西藏具有较强的文化资源优势和发展潜力，这为西藏将来有可能进入二类地区打下了"环境与实力"的基础。同时也应看到，第二、第三和第四主因子数据"市场需求及创新""关联产业及文化资源"和"政府支持和文化供给"方面明显偏弱，基本都排在最后，表明西藏文化产业在内容创意、技术创新、文化市场消费和关联产业链延展与深度开发等方面还相当欠缺，对文化资源的开发尚停留在浅层次的改造和利用，特别是政府在扶持文化产业和文化产品及服务的供给方面还有较大的上升和拓展空间，发展前景十分广阔。当前，从西藏文化产业发展的总体情况上看，西藏因为特殊的历史和地理原因，同全国其他发达省区的文化产业发展在很多方面缺乏可比性，其发展模式并不是很清晰，但经过近些年的快速发展，也逐渐探索出一条适合西藏区情且具有西藏特色的发展模式。①

一、发展模式不够清晰

中东部地区和西部地区，不仅是一个地理概念，还是一个经济概念，表明了不同地区社会经济发展水平存在差异。东部地区经济发展水平最高，中部地区次之，西部地区相对属于经济欠发达地区。东部省区地处沿海、市场体系较为完善、信息资源通畅、投资渠道较多、基础设施和条件好、文化消费市场潜力巨大，为文化产业快速发展创造了良好发展条件。西部地区诸多方面的劣势条件直接决定了西部地区应采取不同于东部的发展模式。

除了经济因素，影响文化产业发展的最核心要素就是文化资源，这恰恰也是中西部地区发展文化产业的最大差别。总体来说，西部经济发展水平总体偏低、资金投入不足、技术落后、文化消费市场不活跃，导致了市场机制不能充分发挥对各种文化资源进行优化配置的调节作用。但是西部文化资源相当丰富，资源优势明显，需要资金和政策扶持，适合发展政府主导的资源型文化产业，吸纳专项资金重点扶植和培育中小文化企业，提高文化产业的集约化水平。东部地区经济基础雄厚却缺乏充沛的文化资源

---

① 张胜冰：《我国东部沿海城市与西部城市文化产业模式比较》，《中国文化报》2008年12月8日。

可供开发利用，很显然适合发展"文化创意型文化产业"。作为西南边疆少数民族地区，西藏依托得天独厚的文化资源和"世界第三极"的地理优势，注重开挖自然资源的文化价值，促进文化与科技多维联姻，促使文化与旅游深度融合，精心培育"高山、雪域、阳光、藏文化"的旅游品牌，积极发展文化创意、演艺娱乐、民族手工艺、高原极限运动等特色文化产业。这一模式属于典型的"资源型文化产业"。

同属边疆少数民族地区和经济欠发达地区，云南拥有同西藏类似的文化资源优势，但近几年云南文化产业取得了较快的发展，产业综合实力不断增强。从20世纪90年代后期开始，多年来云南文化产业以年均近20%的速度持续快速发展。2009年，云南文化及相关产业增加值达364亿元，占全省GDP比重达5.9%，与北京、上海、广东、湖南、湖北一起，成为全国6个文化产业增加值占GDP比重超过5%的省市。2010年，云南文化产业继续保持强劲发展势头，增加值突破440亿元，占全省GDP比重达到6.1%，文化产业逐步成为云南省新兴支柱产业。2014，云南文化产业产值占GDP数值一度达到6%，逐渐成为云南省的支柱产业，文化综合实力在西部地区乃至全国处于领先地位，已经成为云南经济发展的战略性支柱产业，成为产业经济的新增长点，形成了独特的"云南文化"现象，走出了一条较为成功的"云南模式"。

相比之下，2011年西藏第三产业总产值322亿元。2013年1月西藏经济工作会议报告显示，2012西藏第三产业增加值达到374亿元，2014年，西藏全区生产总值预计达到925亿元，同比增长12%，连续21年保持两位数的高速增长。其中第三产业增加值为374.87亿元，占比56%左右，在全国处于高位，成为西藏新的经济增长点。2015年，西藏经济增速目标定为12%。① 总体相比，西藏经济发展水平较低，以文化产业及相关服务为主体的第三产业发展缓慢。

另外一个典型的例子，作为中国南方沿海最为年轻的现代化城市，深圳文化产业发展最有代表性和启发性。虽然西藏和深圳在很多方面缺乏可比性，但在某些方面进行宏观比照，对于西藏文化产业发展模式的思考和

---

① 尕玛多吉：《西藏经济连续21年两位数增长》，《光明日报》2015年1月19日。

改进还是具有重要的参考价值。深圳在地域、经济、社会、传统文化、文化遗产、历史、地理等多方面同西藏有着巨大差别,深圳建市时间短,文化积淀不深,曾一度被认为是"文化沙漠",仅有国家级文物保护单位1处,省级文物保护单位10处。但是在城市建设起步晚、文化资源缺乏的情况下,采取了几乎完全不同于西藏的"资源型文化产业"发展模式,主要采取"内容创意"文化产业发展模式。经过十年多的发展,取得令人瞩目的成就。2014年,深圳市排名前四位的支柱产业,分别是高新技术、金融、物流、文化。深圳市文化产业增加值达到976亿元,占GDP比重的7.7%,"十五"以来,年均增长超过20%,成了名副其实的"文化绿洲"①,其文化产业发展具有典型借鉴意义。中东部地区文化产业发展的成功经验值得西藏有区别有选择地借鉴和吸取。西藏应根据自身发展特点,采取适合自身的文化产业发展模式,不应过分倚重政府扶持和外力援助,应当根据文化产业发展形势及时调整当前的发展模式,增强自身造血功能,最大限度挖掘文化资源的内在价值,推动西藏文化产业持续健康发展。

二、产业结构布局不合理

文化产业结构是指社会发展到一定阶段所形成的各产业之间的联系和对应比例关系,根据各产业形态的内涵和功能特征进行科学配比,达到相对均衡的资源与产业的关系。合理的关系分配和协调,直接决定着文化产业的发展能力。党的十七届六中全会指出,加快发展文化产业,必须推进文化产业结构调整、优化产业布局、构建现代文化产业体系。合理的产业结构有助于提高产业的集聚化水平,有助于解决文化消费市场供求关系矛盾突出的问题,对实现文化大发展大繁荣、为人民群众提供更丰富的高品质文化产品、更大程度满足各族人民群众的精神需要具有重要的推动作用。

文化产业结构不合理是西藏文化产业发展过程中的主要障碍。近年来,西藏文化产业得到长足发展,文化产业增加值连年增长,占国民经济比重逐步上升,总体实力不断提高,但依然呈现"小、弱、散"的总特

---

① 张玉忠:《深圳文化勃兴之旅》,2015年1月,中国文化传媒网 http://www.ccdy.cn。

征,基础薄弱、科技含量低、创新能力差、市场竞争力弱,面临着发展不平衡、不协调等一系列突出问题,同比全国其他省区仍有较大差距,与文化资源大区和自身跨越式发展的要求极不适应。西藏2013年的文化产业法人单位数不及3000个,不到全国总数的0.1%,排全国最后;全区从业人员不到10000人,多集中在拉萨地区,不到全国总数的0.5%。西藏文化产业总产值仅6亿元,列全国第31位,且文化产品及服务种类单一,产业门类较少,文化市场封闭落后,新兴文化业态偏少,文化资源优势远未得到充分发挥和利用。西藏文化产业发展迟缓的突出表现在于产业结构不合理、产业布局不均衡、集中度较低(见表5.3、表5.4、表5.5)。

表5.3　2013年西藏各地区部分文化产业行业的就业情况　　单位:人

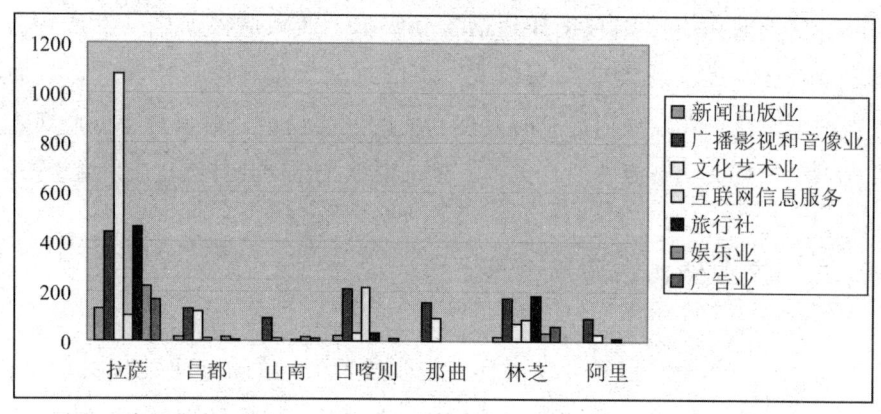

数据来源:《西藏统计年鉴》(2013)

表5.4　2013年西藏各地区部分文化产业行业的企业法人单位情况　　单位:个

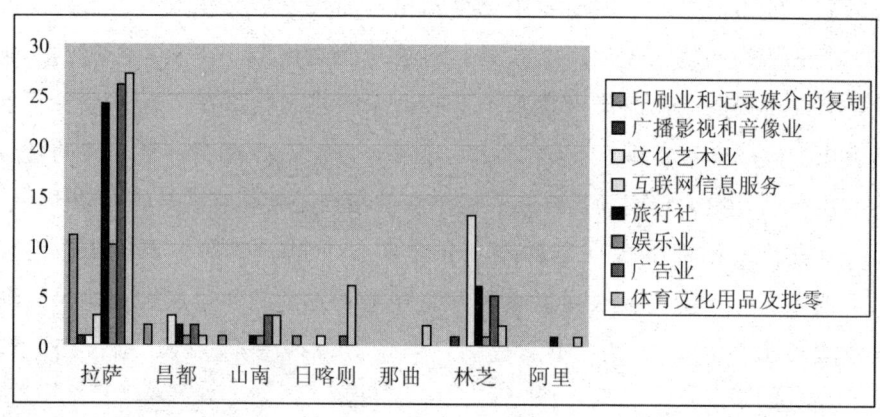

数据来源:《西藏统计年鉴》(2013)

由表 5.3 和表 5.4 可以看出，一是西藏文化企业规模普遍偏小，特别是规模以上的企业屈指可数。不管是从文化产业各个行业的就业情况，还是从部分文化产业行业的企业法人单位数量来看，都极其微弱，除了拉萨一枝独秀，日喀则和林芝的新闻出版和广播影视具备一定的规模外，其他地区很多领域刚刚起步，有些行业如互联网、广告和文化艺术还是一片空白。很显然，西藏文化产业的产业转化能力和自主创新能力都比较弱，知名文化品牌更是奇缺，市场竞争力很低。表 5.5 可以看出，2013 年西藏事业单位的数量及机构就业人数在行业分布上均显示出不平衡，从业单位和数量主要集中在文化艺术事业和文工团、剧团方面，而图书馆、文化馆（站）等群众文化艺术的单位和从业人数偏少，现代文化产业几乎一片空白。

表 5.5　2013 年西藏事业单位及机构就业情况

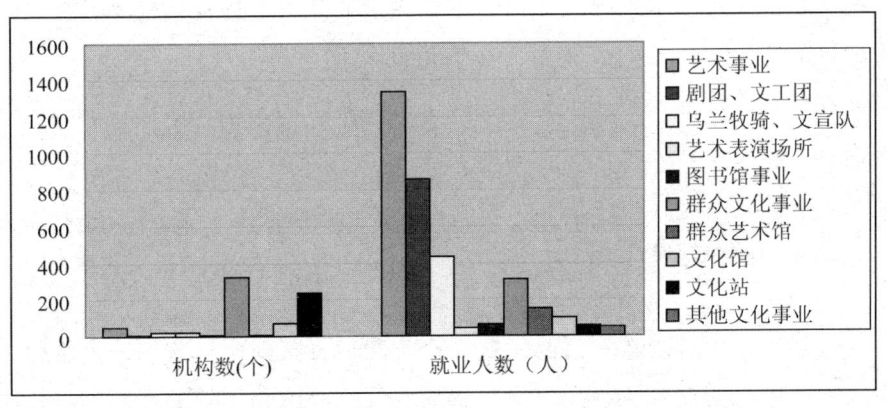

数据来源：《西藏统计年鉴》（2013）

二是西藏各个地区文化产业发展极不平衡，主要表现在产业结构不合理，产业分布不均衡。总体来看，西藏各地文化产业发展格局与各地经济发展基本相同，呈现不平衡发展态势。主要表现在以拉萨为中心向周边比较近的山南、林芝和日喀则等地区辐射，最后波及到相对偏远的那曲和阿里地区。从文化产业法人单位和文化产业从业人员在区域分布的数量上看，拉萨在新闻出版业和文化业艺术规模和数量比重占到西藏全区总数 2/3，广播影视业则占到 1/3，地区发展极不平衡。阿里和那曲地区还存在发展思路单一、产业结构雷同的问题。这当然跟西藏特殊的自然地理环境密切相关，特别是阿里地区，海拔最高，自然和地理条件最差，远离首府拉萨，很多产业领域荒芜一片。阿里地区只有少数县城城区接入了宽带互联网，许多乡镇依然没有接通，信息产业发展极不平衡。虽然在2004年西部大开发战略的实施带动下，国家投入巨大人力、物力和财力并实施了"西新工程"，给西藏广播电视带来了新的发展机遇，对西藏大部分县乡镇的广播电视基础设置有了很大改善和提升，取得很多突破性进展，但广播电视和互联网在很多地方依然未能全面覆盖。

三是西藏文化产业技术含量低。随着新媒体数字技术的迅猛发展，传统文化产业能够得到结构升级调整，现代高科技手段得以融入文化产业生产、传播、流通等多个环节，不断催生多种新兴文化业态，呈现出融合性、高附加值和数字化的发展特征，产生了巨大的经济价值。由于西藏文化产业结构不合理，区域产业分布不均衡，因此文化产业技术含量低下，传统文化产业比重依然偏大。如果不能在产业结构上进行调整和转换，低附加值的传统作坊式生产必然无法渗透到文化产品的设计、生产、营销、品牌和经营管理等环节，也就无法提供更多有文化品位和文化含量的产品及服务，必然导致文化产业增加值不高。

三、市场化程度偏低

近年来，随着西藏经济的发展，在拉萨、日喀则、林芝等地，文化消费已逐渐成为西藏各族群众日常生活消费的重要内容。党的十八大报告提出，建设小康社会要"使经济发展更多依靠内需特别是消费需求拉动"，采取多种措施进一步"释放居民消费潜力"。加快西藏文化产业快速发展，必须释放居民消费潜力、提高市场化水平、促进文化消费，西藏文化消费需求增长缓慢与西藏经济发展不充分、居民可支配收入较低、文化产业市场化程度低都有着必然联系。2013年1月24日，西藏十届人大一次会议报告指出，西藏农牧民及城镇居民可支配收入在逐年增加，2007年到2012年5年中，西藏全区生产总值突破700亿元；人均GDP突破2万元；社会消费品零售总额突破250亿元；城镇居民人均可支配收入达到

10856元，比2007年增长62.2%。① 2014年，西藏地区生产总值920.83亿元，同比增长10.8%，比50年前增长281倍，连续22年保持两位数增长。2014年，西藏城镇居民人均可支配收入22016元，同比增长7.9%，是1978年的39倍；农村居民人均可支配收入7359元，同比增长12.3%，是1978年的42倍。2015年上半年，预计全区生产总值增长11.3%，农村居民人均可支配收入增长13%，城镇居民人均可支配收入增长9%。② 虽然西藏农牧民及城镇居民可支配收入在逐年增加，但总体上看，西藏居民的可支配收入还是偏低，远低于全国平均水平，与其他省区相比差距比较大。

在全国各地横向比较测评中，西藏2010年城乡文化消费景气指数排全国第31位；在自身纵向对比测评中，2000～2010年景气指数排序处于第1位。2010年西藏城乡人均文化消费负增长3.57%，而全国增长16.15%③，西藏年度增长显著低于全国增长。据统计，西藏2013年人均GDP超过4000美元，民众社会消费重心开始从物质领域向精神领域转移。国际经验表明，人均GDP达到1000美元时，精神文化产品消费开始活跃，进入3000美元后，文化消费比重逐渐上升，而物质消费比重则开始下降。在人均GDP超过4000美元的背景下，当前西藏民众精神文化需求已呈现多方面、多层次、多样性的特征。西藏2013年实现地区生产总值802亿元人民币，同比增长12.5%，2014年仍保持12%的增速。④ 这充分表明西藏的精神文化消费有巨大的市场空间，然而全区文化消费增长极度缓慢，根本原因在于当前没有形成开放、成熟的文化市场体系。

西藏当前的现实情况主要表现在两个方面，一方面是文化产品及服务的快速增长未能赶上文化消费水平的增长幅度；另一方面文化市场的产品供给相对比较饱和，但是藏族群众的文化消费需求严重不足。归结起来，根本原因在于西藏文化产业的市场化程度较低，文化消费供需结构性矛盾

---

① 扎西：《西藏农牧民人均纯收入达5645元》，《人民日报》2013年1月25日。
② 马学玲：《数读西藏变迁》，《西藏日报》2015年8月10日。
③ 王亚南：《中国文化消费需求景气评价报告（2012）》，社会科学文献出版社2012年版，第361页。
④ 白少波：《西藏2013年经济继续保持两位数增长》，《西藏日报》2014年1月12日。

突出。文化的重要作用是由其文化属性和经济属性决定的。与其他产业相比，在经济全球化的发展浪潮中文化产业的重要性和特殊性日益显著，主要体现在其既有强烈的意识形态属性，又有显著的产业属性。文化产业的双重属性来源于文化产品的双重性质。市场经济条件下，随着网络数字化信息技术对传统文化产业的不断渗透和融合，文化产业已不再局限于文化艺术、音乐、舞蹈美术和影视娱乐的传统领域，一些新兴产业形态如体育、建筑、民俗和文化遗产等都被纳入到文化产业的范畴。过去，人们比较注重文化的政治属性和文化属性而往往忽视其经济属性，在今天的社会主义市场经济条件下，文化的市场经济属性必须得到深化认识。

2003年6月，李长春在全国文化体制改革试点工作会议上指出，文化产品的生产和传播，主要通过产业化方式进行，文化产品的生产者是经济性组织。绝大部分文化产品或服务都要进入市场进行传播和消费，通过市场调节机制来实现文化产品本身的资源补偿和价值增值，从而满足了文化产品生产者的"经济效益"需要。文化产品遵循市场交换规律，通过商品交易，转化为群众的日常消费，最终实现了社会效益和经济效益的统一性。要最大限度满足文化产业发展成为人民群众精神文化需求的重要途径，必须拥具丰富的文化产品和成熟的消费市场。

文化消费需求是潜在的，要转化为现实需求，关键看文化产品和服务的供给。从消费来讲，随着近些年西藏经济社会的快速发展，各族群众的物质和精神文化水平不断提高，对文化产品的消费需求日益增长，亟需供给大幅增长的各类文化产品，文化市场亦须加快自由和开放步伐，不断容纳和满足更多的文化产品进入流通和消费过程，然而西藏文化市场还没有形成完整的产业链，无法实现全面的市场化。主要原因在于西藏文化产业生产结构与市场的消费需求结构不相适应。

以英雄史诗《格萨尔王》传说为例。《格萨尔王》在藏民族中传唱了数千年，深受广大藏族群众喜爱，有着十分深厚的群众基础和强大的生命力。随着现代化进程的加快，口传心授的说唱艺术随着说唱艺人的年老体衰，以至出现了人亡歌息的境况，致使宝贵的非物质文化遗产濒临消失。从另外某种意义上讲，单一的传统传承方式已经不能适应现代藏族群众日益多元的文化需求，虽然传唱千年历久不衰，但人们已经不能仅满足于英

第五章　西藏文化产业发展的现状分析

雄存留于世代传唱和想象中,很多藏族百姓希望心目中顶礼膜拜的英雄以鲜活的立体形象展现在眼前,再现当年骁勇善战的壮观场景,以满足心中不断升腾的英雄情结。任何艺术在时代流变过程中都不是一成不变的,只有与时俱进,积极融入现代文化因子,才能不断焕发新的生机和活力。然而由于技术、资金、创意、市场等多方面的原因未能使其生成其他的艺术形式,进行广泛传播和传唱。这样就出现了一种悖反:一方面是日益增长的文化需要;另一方面是滞后的文化创作和僵化的市场体制。好的文化产品必须有成熟的市场消费体系,在文化产品及服务的流通过程中,市场化程度越高,文化消费能力越强。

　　文化消费主要是指用文化产品或服务来满足人们多元化精神需求的一种消费,主要包括教育、体育健身、文化娱乐、观光旅游等方面。在知识经济的全球化语境和后现代主义条件下,文化消费不再是一个简单的精神满足过程,而是一个不断创造与情感体验的过程。文化消费被赋予了新的内涵,日益呈现出主流化、数字化、日常审美化、符号化的特征。文化消费结构决定着文化产业结构。全球化的数字化信息使现代文明成果渗透至全球每个角落,追求时尚的西藏年轻人,也听流行音乐,看最新的进口大片。随着文化的融合发展与现代化进程的推进,即使在偏远的青藏高原某一个寺庙经堂里,也会有某个小僧人尽享着 MP3,玩起电子游戏,甚至使用 3G 网络全球漫游,这一些都不足为奇。

　　文化消费是实现国民幸福的路径选择,产业结构不合理,使西藏文化产业未能更好地实现内容创新的经济增值,而全区各族人民群众日益增长的物质文化需求在消费文化语境下却有增无减。这样,有限的文化产品或服务的生产与输入就构成了产品与市场供求失衡之间的结构性矛盾。党的十八大明确提出 2020 年要建成小康社会,让人民享有健康丰富的精神文化生活。西藏虽是文化资源大区,但是经济发展还比较落后,全区各地发展水平差异较大,一些偏远地区文化需求和购买力仍严重不足。其中一个重要的原因在于部分偏远山区的农牧民群众所受的文化教育程度不高,达不到文化产品应具备的消费能力,从而导致市场活力不强、市场化程度不高、与资本对接不通畅。因此,从提升西藏全民文化消费的数量与水平到缩小城乡文化消费差距,再到完善文化惠民工程,理当成为西藏实现从

"文化大区"向"文化强区"迈进的必由之路。

四、产业主导地位缺失

2012年5月,《文化部"十二五"时期文化改革发展规划》指出,要积极培育特色鲜明、主导产业突出的特色文化产业集群,提高文化产业规模化、集约化、专业化水平。2014年2月26日,国发〔2014〕10号《关于推进文化创意和设计服务与相关产业融合发展的若干意见》中提出的重点任务是:塑造制造业新优势;加快数字内容产业发展;提升人居环境质量;提升旅游发展文化内涵;挖掘特色农业发展潜力;拓展体育产业发展空间;提升文化产业整体实力。从文化产业发展的实际情况来看,作为一个长远发展的战略性支柱产业,西藏文化产业的主导地位作用没有得到充分发挥,在政策引导和资金扶持方面的力度还不强,在主导产业、市场经营、产业管理和产业目标定位等关系全局战略发展研究方面,政府主导作用没有得到足够重视和充分发挥。

十多年来,在中央的高度重视和亲切关怀下,在全国各地的大力支援下,西藏文化建设取得了十分显著的成绩。特别是党的十七大以来,西藏传统文化得到传承和发展,西藏文化影响力逐渐辐射全国甚至影响到国外,人民群众文化生活不断丰富,文化教育人民、引导社会、推动发展和促进稳定的作用得到显著体现。长期以来,在传统观念上普遍认为精神文化产品及服务都是可供免费消费的,而缺乏商品意识、市场主体意识和经营管理意识,文化的商品经济功能未能从根本上推动西藏经济社会的发展。随着西藏公共文化事业的建设和发展,社会主义文化市场体系不断完善,西藏文化产业发展也开始逐步迈上新征途,相比文化事业发展还稍显滞后。因此,应该把加快文化产业发展作为推动西藏文化可持续发展的重要途径,不断丰富文化产品,实现西藏文化事业和文化产业全面、快速、协调发展。

西藏政府工作报告中多次提出,要加快文化产发展,力争到2015年使西藏文化产业增加值占生产总值的比重达到3%以上,使之逐步成为全区新的特色支柱产业。实际来看,西藏虽然拥有丰富的文化资源,但目前缺少具有竞争力的市场主体，缺乏重大文化产业项目和骨干文化企业，整体文化产业实力不强，形成不了对西藏文化产业跨越式发展的辐射带动作用，导致西藏文化产业核心竞争力较弱，无法进入到国内国际文化产品贸易领域进行广泛的文化交流与产品交易，文化资源不能有效转化为文化产品，缺失西藏文化产业可持续发展的原生推动力。

西藏现有的大型文化集团和骨干文化企业仍存在数量不多、规模不大、竞争力不强等突出问题。自2004年至2012年，文化部先后命名了五批共273家国家文化产业示范基地。截至目前，西藏入选的仅有拉萨岗地经贸有限公司和拉萨市城关区古艺建筑美术公司两家，排在全国31个省市区的最后，而作为藏族居住地区之一的青海省却拥有5家国家级文化产业示范基地。作为拉萨市首家大型综合性文化旅游产业项目，吞米岭藏艺文博园建设刚刚起步，以文化传承和创意旅游为核心主打内容，以保护和传承西藏非物质文化遗产为重要导向，坚持以拉萨为中心向其他区域辐射的战略发展目标，旨在承担起西藏文化产业发展引领者的重要使命，着力打造西藏文化产业和文化旅游的龙头品牌，具有辐射影视拍摄、文化娱乐、动漫制作等多重外延功能。目前看，西藏缺乏在国内外具有较强竞争力的文化产业领军代表，像吞米岭藏艺文博园这样的现代化文化产业基地或试验园区还很缺乏，建设步伐太慢，远未达到规模发展的集聚程度。

实现西藏文化产业的突破和跨越，必须要有重大项目做支撑和保障。不同于东部沿海发达省区借助高新科技大力发展新兴文化产业的商业发展模式，西藏应立足自身发展实际，依托先天的文化资源优势，发掘现有的传统文化资源优势，加强保护传承和创新发展优秀民族文化，满足人民群众多样化、多层次精神文化需求，由政府主导加大招商引资力度，积极推动投资主体多元化。通过实施项目工程带动，发展和壮大具有藏文化元素的龙头企业，加快区域性特色文化产业群建设，提高文化产业的规模化、集约化、专业化水平和自主创新能力，培育西藏经济新的增长点，提升西藏文化产业总体实力。

目前活跃在国际文化市场，并占主导地位的文化企业，大都是具有自主创新品牌的文化"巨无霸"。鉴于西藏特殊的区情和重要战略地位，从维护国家文化安全和国家形象建构的高度出发，无论是满足区内文化消费需求，还是参与国内国际文化软实力的竞争，都需要把培育、发展和壮大一批具有一定规模、市场竞争力突出、经济和社会效益显著的骨干文化企业作为发展战略放在尤为突出的位置。因此，加快西藏文化产业发展，要明确政府及文化管理部门的文化主导作用，强化规划、引导、管理和服务职责，以主导产业为龙头，引导和带动关联产业和区域文化产业发展，充分发挥文化的渗透和辐射作用，积极发挥西藏文化产业特色突出、品牌示范、资源整合和企业集聚等优势，推动西藏文化产业又好又快发展，促进西藏国民经济和社会全面协调可持续发展。

五、文化创意人才匮乏

党的十八大报告指出，推进中国经济、政治、文化、社会和生态"五位一体"全面协调发展，要营造有利于高素质文化人才大量涌现、健康成长的良好环境，造就一批名家大师和民族文化代表人物，要特别重视对国家级非物质文化遗产传承人的保护和扶持。要推动文化产业成为国民经济支柱性产业，离不开高端文化人才的创意和创新，大批优秀文化人才是衡量文化产业水平的重要标志。文化产业人才的竞争，人才资源是文化产业发展的第一核心要素。人才资源是指某个国家、地区或某个行业、领域具有较多科学知识、较强劳动技能，在价值创造过程中起关键或重要作用的那部分人。人才资源具有能动性、多重性、时效性、再生性、社会性等特征。

文化产业人才是一种应用性很强的人才，基于价值链视角的文化产业决定了文化产业人才在创意内容的产生、创意产品的创造、传播、流通和消费等关键环节中的重要作用，特别是文化产品创意生成和贸易流通这两个环节占整个文化产业链增值的85%，绝大程度上取决于人才的重要作用。因此，文化产业人才的成长和发展离不开科学系统的培训和教育，文化产业人才的发展离不开产、学、研究战略平台的培育和能力转化，学校教育的目的是推向文化市场，文化市场的繁荣离不开强劲的文化消费需求，教学、实践、市场必须有机结合，才能真正将知识转化为创造和生产力，创造出的文化产品通过在市场流通中进行消费而不断检验所学知识。

从世界范围来看,许多国家都把文化产业作为国家发展的重要战略,除了国际文化贸易市场的竞争和较量之外,还存在着人才资源的竞争。

文化产业的文化属性决定了文化人才必须具备多方面的知识,既懂文化,又深谙市场;既有创意思维,又擅长经营管理;既要把握国内发展动态,又要有宽阔的国际视野。在当前国内外文化产业蓬勃发展的形势下,不容忽视的事实是,西藏文化产业整体发展水平较低,发展迟缓,最大的发展障碍就是人才短缺,尤其缺乏高素质的文化人才和高端文化创意人才,导致文化产业创新能力严重不足,缺乏独具特色的能够"走出去"知名文化品牌。文化产业人才在总量和结构上都不能满足产业发展的需求,这在很大程度上制约和限制了西藏文化产业可持续发展。当前,西藏文化产业人才不仅在很多行业领域呈现总量短缺状态,而且在总体从业人员中所占的比例也远不及全国其他省区,人才结构不合理,知识老化严重,甚至还存在人才流失等问题,突出表现在三个方面。

一是文化人才培养和教育缺失,尤其是高校培养严重不足。党的十七届六中全会明确指出要构建科学合理的产学研相结合的文化技术创新体系,培育一批具有创新能力和文化特色的文化科技企业,鼓励和扶持高等学校各级各类高职院校根据学科发展和市场需求,不断调整学科结构,与文化企事业单位共同搭建产学研战略联盟和公共服务平台。西藏现有6所普通高校,目前只有地处咸阳的西藏民族大学于2011年经教育部批准新设置了文化产业管理本科专业,生源地主要面向西藏区内。从当前情况来看,师资队伍不健全,生源结构不合理,专业设置不科学,培养目标不明确,影响和制约了西藏文化人才库的建设,课本知识与产业发展严重脱节。

二是知识理论和实践发展相脱节,人才培养不能适应市场发展需求。一方面现有的文化产业人才知识陈旧,多方面因素导致固守传统,未能及时补充新知识,不能适应市场经济的发展,制约了西藏文化产业的发展。另一方面就是高校培训的文化人才,注重文化产业基础理论的学习,而缺乏动手操作能力和创新思维,未能站在时代高度把握文化产业的最新动向,不甚熟悉西藏的特殊区情,普遍存在重理论轻实践、重知识积累轻动手操作的倾向。西藏要通过科学系统的教育体制全面培养具备深厚文化底蕴和艺术修养，具备专业技术知识和现代企业管理能力的复合型人才。

三是缺乏一流的创意人才和跨界融合的多媒体人才。西藏在文化资源开发和利用的过程中，要注重借助数字信息技术，对西藏符号元素进行创意加工，体现其高附加值和强渗透力的产业性质，促进西藏经济增值。以动漫为例，据业内人士分析，动漫产业80%以上收益来源于后续产品和衍生产品，围绕动漫内容可以衍生一条涵盖图书、电影、动画片、游戏、玩具、主题公园的全文化产业链。迪士尼公司创造的史考治·麦克老鸭（Scrooge McDuck）卡通人物是2007年世界上最富有的虚拟人物，它从苏格兰一个贫穷的擦鞋匠成长为一个吝啬的美国"亿万富翁"，据估算其"净资产"有288亿美元，而且每年都无限循环递增，其最大的成功秘诀在于绝妙的创意创造了巨大的经济价值。由此可见，全产业的动漫链条不仅需要绘画、设计人才，还需要项目策划、版权交易、产品开发、国际贸易等一流拔尖创新人才。因此，要实现西藏文化产业跨越式发展，必须创新文化产业人才培训机制，积极构建文化产业产学研战略联盟和公共服务平台，真正实现文化"走出去"战略。

第二节　制约西藏文化产业发展的障碍因素分析

随着全球化一体化进程的加剧，发展文化产业已逐渐成为世界各国提高综合国力的核心要素，文化产业已经成为许多国家彰显文化软实力水平的重要标志。在全球文化产业蓬勃发展热潮的推动下，文化产业所带来的社会效益和经济效益日渐凸显。今天，文化产业已经上升到国家战略的高度。在文化体制改革的有力推动下，中国文化产业获得了长足发展，已成为满足人民群众日益增长的多样化精神文化需求、促进文化大发展大繁荣、扎实推进文化强国建设的重要途径。作为西部经济欠发达地区，在中央和全国大力支持下，依靠西藏各族人民共同奋斗，近年来西藏文化产业呈现快速发展势头，取得了一些成就，对促进西藏经济社会持续健康发展起到了重要的推动作用。但总体产业规模小、经济基础弱、资源转化能力薄弱、市场对接能力较差、文化贸易逆差大，在参与市场竞争中处于劣势地位，文化产业增加值占全区产值的比重很低，与全国其他省区相比有很大差距。归纳起来，制约西藏文化产业发展的瓶颈突出表现在以下这些方面。

文化资源优势没有能够得到充分发挥，文化体制改革不够深入，产业结构和布局不合理，区域发展不均衡，市场化程度偏低，产业群集聚程度不高，文化产业主导地位缺失，投融资渠道不够多元化，支撑文化产业发展的新技术力量不足，传统文化产业发展后劲不足，新兴文化产业起步缓慢，高端文化产业人才匮乏，产品创新能力不足等。影响和制约西藏文化产业发展的最大障碍在于观念、体制和政策环境等方面的因素。这几个方面不是彼此孤立的，而是密切相关、一脉相承的。

文化体制改革是促进文化产业发展的根本动力，解放思想是推动文化大发展大繁荣的理论先导。思想观念陈旧，就会成为推进文化体制机制改革的桎梏，而如果不能有效推进文化体制改革，必然限制政府制定推进文化产业发展的有利政策，不能营造宽松的政策环境。同时，在管理体制壁垒重重的束缚下，缺乏勇气和决心，就很难进一步解放思想，推进文化体制改革，势必限制文化生产力的释放，文化体制改革就会落空。因此，解放思想、转变观念，培育完善成熟的市场体系和政策环境，大刀阔斧进行文化体制改革对于推动西藏文化体制机制创新，促进文化产业发展具有十分重要的理论价值和现实意义。

一、观念障碍

长期以来，西藏较多倚重政府，全面发展公共文化事业，对于文化产品意识属性强调过多，政治化倾向较大，往往忽略甚至回避其商品属性；在文化与经济关系上，习惯于将文化看作花钱的"事业"，忽略了文化的经济功能和文化产业的市场价值。一些国有文化企业固守"旱涝保收"的"等靠要"思想；甚至对文化产业存有褊狭思想，担心文化产业一旦进入市场进行消费和交易，会贬损文化的品格和内涵，就有意识地"崇文抑商"，严重挫伤了民营文化单位和个体参与发展文化产业的积极性。

借鉴和吸取国内先进经验，树立"大文化产业观"，创新文化产业机制是实现西藏文化产业可持续发展的重要前提和思想保障。早在20世纪90年代中期，云南最早提出发展民族文化大省的理念。经过云南印象、云南现象和云南模式三个发展阶段，取得令人瞩目的成就，形成了独特典型的云南产业现象，云南"变文化资源比较优势为文化产业竞争优势，变文化资源为文化资本，用文化产业推动区域经济发展和产业结构升级"的发展经验，值得同为经济欠发达地区的西藏努力转变文化产业观念实现跨越升级的重要参考。作为经济增长最快、发展活力最强、开放程度最高的江苏省，也较早在全国率先提出建设文化大省的发展战略。

2013年十二届全国人大一次会议通过决议，国家新闻出版总署与国家广电总局合并，新组建成立"国家新闻出版广电总局"，拉开了文化大部制改革的序幕。随着近年来国家颁布一系列扶持发展文化产业的政策，"大文化产业观"呼之欲出。江苏省委宣传部副部长章剑华最先提出"大文化产业观"的发展思路。文化产业是一个动态发展的概念，应该打破文化产业传统观念，重新思考、定义为"文化产业＋创意产业"。

不管是传统的文化产业还是新兴文化业态，都离不开文化和创意，任何文化产品和服务形式在生产、交换、分配和消费的每个环节都蕴含了文化创意，嵌入了文化符号，融注了文化含量，通过文化消费提高文化产品及服务的品质和内涵。[①] 这样，其他相关产业都能够与文化产业产生相互关联和有机融合，最大限度地产生了社会效益，同时也催生了可观的经济效益。由于文化产业的强关联性和高附加值性，其承载的价值观和意识形态对于文化消费者起着潜移默化的价值观输入和意识形态渗透的重要作用，藏族传统文化在普通群众的日常生活的行为习惯中有着根深蒂固的作用。因此，发展西藏文化产业务必要有开放的思维、创新的心态、发展的眼光，树立大文化产业观，充分认识到文化产业的价值观导向功能，更加有效地使各族人民群众在文化消费中受到文化的熏陶，促使西藏走出区外，让西藏文化走向世界，树立健康的西藏形象，不断提高文化的国际影响力。

---

① 胡玉梅：《江苏文化建设全国领先提"大文化产业观"》，《现代快报》2012年9月27日。

二、体制障碍

20世纪末,我国文化体制改革步伐逐渐加快。2011年中共十七届六中全会强调要巩固文化改革成果,将文化体制改革不断推向深入。2012年党的十八大明确提出文化强国建设战略,要继续深化文化体制改革,解放和发展文化生产力。一系列宏观政策密集出台,足见国家决策层对于文化体制改革的坚强决心。

经过十多年的改革试验,我国文化体制改革试点范围不断扩大,成效日益显著。为了深入贯彻落实党的十七大、十七届五中全会和中央第五次、第六次西藏工作座谈会精神,加快西藏文化产业快速发展,在全国推进文化体制改革的发展背景下,西藏自治区高度重视文化产业发展,专门成立了文化体制改革和文化产业发展工作领导小组,全面负责指导西藏文化体制改革和文化产业发展工作,围绕西藏文化产业发展多次召开文化专题会议,专门研究部署如何更好推进西藏文化体制改革,并提出"到2020年文化产业成为我区支柱产业"的宏伟蓝图。结合西藏实际、积极推进文化事业单位内部机制改革,不断创新文化体制机制工作,鼓励有条件的经营性文化事业单位尝试转企改制。区新闻出版局、广电局、文化厅和西藏日报社等国有文化事业单位通过内部研讨和市场调研,相继提出了关于转企改制的建设方案,探索文化体制改革的新路径。西藏各地文化事业单位纷纷尝试创新内部机制改革,以适应全区乃至全国积极推进文化体制改革的要求。

经过多年的发展,西藏文化体制改革得到进一步深化,西藏文化产业取得了长足发展,但由于长期以来形成的固有文化观念,思想上较为传统和保守,在文化体制机制上还有很多问题需要不断改进。长期的思想禁锢很难形成积极走出去、主动加强交流学习的意识,缺乏改革的决心和魄力,致使文化体制改革推进缓慢,依然存在着管理条块分割、政出多门的僵化管理体制,有关方针政策落实不到位。再者,文化产业和文化事业的区分不够明晰,缺乏"大文化产业观"的开放思想,未能使广电、互联网、新闻出版、文化艺术和旅游等文化资源实现彼此关联和深度交融,各

西藏文化产业发展研究

自为政的单一发展模式抑制了文化产业发展热情,严重阻碍了西藏文化产业跨越发展的步伐。加之政企、党政、政事不分的管理体制,行政干预作用大于经济调节功能,经营机制和用人机制不活,公益性事业职能与经营性产业职能混杂,人浮于事,"国企病"和"平均主义"较重,这样的结果导致一方面限制了民营文化产业参与平等竞争。另一方面迟滞了政府主导国有文化企业优势的积极发挥,文化资本市场活力不能得到充分激发,导致西藏文化产业的市场化程度偏低,文化消费需求不旺。2008年起连续6年入选全国第七届文化企业"30强"的企业共有近百家,西藏没有一家,足以说明西藏在文化产业体制改革进程中还存在诸多问题。

破解西藏文化产业发展的观念障碍和体制障碍,首要是解放思想、转变观念。紧密结合西藏实际,认真梳理文化建设和文化产业发展中的突出问题,提高文化自信心,以高度的政治责任感和文化自觉意识,创新体制机制;制定符合西藏区情的远景规划,以改革精神破解发展难题;进一步加快和完善关于国有文化企业现代企业制度建设、股份制改造以及实现投资主体多元化等方面的具体政策和指导性意见;遵循"文化事业以政府为主、文化产业以市场为主"的思路,把做大做强文化产业作为提升西藏文化软实力的重要举措,把西藏文化产业体制改革不断推向纵深;在存量上做大文章,在增量上下足功夫,对推进深化体制改革的文化企业给予更多的优惠政策和扶持;鼓励通过并购、重组、委托经营等多种方式方式,加快建立国有资本的合理流动机制,让优秀的国有文化企业不断发展壮大,切实发挥骨干文化企业的龙头带动作用,为西藏跨越式发展和长治久安提供开拓进取的强大精神动力,奠定共同团结奋斗的牢固思想基础。

"十二五"以来,全区文化产业蓬勃发展,累计投资7.54亿元,扎实推进重点文化项目建设,加快促进西藏文化资源优势转化为经济优势,进一步彰显了西藏特色文化,展示了雪域独特文化魅力。西藏自治区八次党代会提出西藏要提升特色文化产业的竞争力,促其成为支柱产业。随后西藏又颁布了关于推动西藏文化大发展大繁的具体实施意见,提出"十三五"之初,文化产业增加值占生产总值的比重力争达到3%以上,逐步成为新的支柱产业,推动西藏由文化资源大区向文化发展强区的战略转变。

2011年11月,党的十七届六中全会首次提出建设"社会主义文化强国"的战略目标,吹响了"十二五"开局之年发展文化产业的新时代号角。与时同时,西藏自治区八次党代会提出西藏将提升特色文化产业的竞争力,促其成为支柱产业,从而实现由文化资源大区向文化发展强区转变。随后西藏又颁布了关于推动西藏文化大发展大繁荣的具体实施意见,提出"十二五"末文化产业增加值占生产总值的比重达到3%以上,逐步成为新的支柱产业,推动西藏由文化资源大区向文化发展强区的战略转变。

在中央和西藏一系列文化产业政策的引导和推动下,西藏积极响应国家新一轮西部大开发号召,深入推进文化体制改革,把发展文化产业作为建设文化强区的切入点,提出了要把文化产业培育成西藏新的经济增长点和新的支柱产业的战略目标,积极采取一系列卓有成效的政策措施,深度挖掘整合西藏文化资源优势,着力提升特色文化产业的竞争力,提高社会主义精神文化产品的供给力,取得了显著成绩。文化产业发展规模和发展速度都呈几何级数增长,形成了从单一初级发展到多元化投资、多渠道并存的蓬勃发展态势,从产业结构布局不合理过渡到层次日渐丰富、门类不断齐全、体系逐步完善的全面发展格局,开辟了西藏文化产业"十三五"时期快速发展的新局面,为西藏跨越式发展和长治久安提供了思想保证、精神动力、舆论支持和文化条件,强有力地推进西藏由文化资源大区向文化发展强区的战略转变。

三、环境障碍

西藏虽然拥有丰富独特的文化资源,但经济发展较慢,文化产业总量偏低,整体实力不强,缺乏具有竞争力的市场主体。要充分满足各族群众文化消费需求,必须大力发展文化消费新业态,拓展大众性的文化消费市场,精心培育成熟完善市场主体,优化政策和市场环境。当前来看,制约西藏文化产业发展的另一障碍主要是环境因素,主要包括市场、政策环境和生态环境等方面。

(一) 市场和政策环境因素

西藏文化产业发展缓慢的原因之一在于缺乏成熟、开放、富有活力的市场环境。一方面，西藏经济发展水平偏低、文化投入偏低，可供开发利用的文化资源数量少、质量差，城乡居民文化消费水平不高，制约了文化生产力的进一步解放。另一方面，文化主体经济形式较为单一，文化产品和服务形式单调，文化市场缺乏生机和活力。除此之外，西藏文化产业发展缺乏政府宏观政策的大力支持和有效引导，而且出台的相关地方性法规也比较少，未能充分发挥主体市场的带动作用和产业政策的引导作用。

与其他省区相比，西藏文化产业相关政策多停留在对国家政策简单复制层面上，缺乏文化产业远景规划，没有能够充分利用国家的优惠政策，根据西藏的特殊区情和文化产业发展现状，制定全区和地方文化产业发展专门政策，特别是在在文化体制、产业资金、文化人才和产品市场等方面更是缺乏宏观规划。早在2006年《国家"十一五"时期文化发展规划纲要》颁布后，全国大多省区相继确定了重点发展的产业门类，制定了自己的发展规划和目标，较好地推动和实现了本省区的战略目标。虽然在2002年以来，西藏也相继出台了《关于加快文化产业的若干意见》《关于进一步加强农村基层文化建设的意见》等相关政策文件，在政策和资金上给予文化产业一定的支持，但总体上力度不大，缺乏具体明确的战略规划。因此，西藏在政府宏观政策方面的扶持和引导还比较缺乏，导致市场环境和政策环境都不够完善。

(二) 自然环境因素

党的十八大报告提出，大力推进生态文明建设。建设生态文明，是关系人民福祉、关乎民族未来的长远大计。把生态文明建设放在空前突出的位置，首次融入经济建设、政治建设、文化建设、社会建设的"五位一体"的社会建设总布局中，大大丰富了中国特色社会主义的内涵。深刻认识生态文明的生动内涵，可以帮助我们每一个人思考如何更好地以最适宜的方式在地球上生存和发展。作为全球最大的发展中国家，改革开放以来，中国正经历着一个深刻的文明转型和文化变动时期，我们依赖文化

第五章　西藏文化产业发展的现状分析

资源，渴望把它转化为产业优势。面对资源约束趋紧、环境污染越来越严重、能源消耗无节制地过度、生态系统逐渐退化的严峻形势，首当其冲要从根本上摒弃长期以来实施的粗放型经济增长方式，要深刻认识到最大的问题是大量的物质投入是以能源消耗和破坏生态环境为代价来换取短期的经济发展，严重背离了尊重自然、顺应自然、保护自然的基本生态文明理念。西藏作为资源生态大区，同样面临着诸如此类的生态环境问题。

作为低碳、环保的绿色产业，文化产业发展的重要基础是文化资源，如何最大限度地将资源优势转化为产业优势，关键在于转变经济发展方式，优化产业布局。长期以来，粗放型的经济发展方式导致了西藏文化产业在文化资源开发和利用方面存在着盲目和过度开发、低水平建设等不良现象。西藏的生态环境具有独特性、珍稀性、多样性、完整性、原始性的特点。不应被忽略的事实是，随着2007年青藏铁路的开通，西藏旅游业持续升温，文化旅游业发展如火如荼，有力地带动了当地经济发展，同时也应看到由于大量人群的涌入、现代文明的冲击和其他不可抗拒的人为因素，都对青藏高原的原生态环境也带来了一定的影响和破坏。

作为青藏高原的主体，西藏以其独特的地理位置和气候特征，以及多样的生态系统和丰富的生物资源，使其成为东南亚地区的"江河源"和"生态源"，成为亚洲乃至北半球气候变化的"调节器"，有亚洲"水塔"之称。中央第五次西藏工作座谈会突出强调了西藏是国家重要的生态安全屏障的战略地位。因此，在政策制定和发展规划上，应注重顶层设计，将生态环境保护上升到国家意志的战略高度，融入经济社会发展全局，依据不同地区的环境功能与资源环境承载能力，转变发展方式，调整产业结构，有重点地进行合理开发，探索不同地区不同的文化产业发展模式。在自然环境方面，重视保护西藏生态环境，不仅关乎西藏的可持续发展，也是国家发展战略的需要；注重保护高原生态环境，是加快西藏文化产业发展，实现西藏生态良好、文明进步、经济发展、社会稳定和文化发展相统一的必然要求。

第三节　西藏文化产业发展面临战略机遇期

文化产业是反映现代文明进步程度的一种文化生存形态,它不仅是一个国家一切原创性精神产品生产、流通、消费的重要传播手段和载体,也是现代社会物质财富创造的重要来源,是知识经济时代国民经济的支柱产业之一。① 进入21世纪,文化产业巨大的经济潜力已经为众多国家所认同,作为一种新的经济形态,其崛起势头异常强劲,文化产业正在迅速成为全球经济增长的驱动轮。西藏文化产业装备了传统与现代的双重驱动轮,显现出兴旺发达之态势,成为一种经济增长的新动力,一种经济发展不可或缺的主要产业。西藏文化建设和西藏文化产业发展在国家社会发展的历史进程中一直占据着重要位置。2000年7月,国务院新闻办首次发表《西藏文化的发展》白皮书,对民主改革40多年来西藏文化的现状进行了全面梳理和归纳总结,指出了发展西藏文化对于巩固西藏社会主义文化建设文明成果、促进西藏经济社会全面发展、满足人民群众日益增长的精神文化需要等方面具有重要的意义。因此,白皮书特别指出,要从西藏文化的保护现状出发,高度重视西藏文化的传承与发展。为增进国际社会对西藏文化保护与发展状况的了解,全面推动西藏文化的保护与发展。2008年9月国务院新闻办发表《西藏文化的保护与发展》白皮书,用强有力的事实戳穿了达赖集团编造的"西藏文化灭绝论"的谎言,深刻揭露了达赖集团所谓"西藏文化自治"的荒谬绝伦。改革开放三十多年来,中央连续召开了六次西藏工作座谈会,在不同时期均对西藏文化建设和发展文化产业做出了重要的战略部署。

2015年4月15日,国务院新闻办公室发布《西藏发展道路的历史选择》白皮书,强调指出藏族人民创造了辉煌的历史和文化,为丰富和发展中国历史、中华文化作出了贡献。西藏走上今天的发展道路,是现代文明

---

① 李春华、傅西红:《论全球视野下的西藏文化产业》,《西藏日报》2010年2月6日。

第五章 西藏文化产业发展的现状分析

发展的客观要求,顺应了人类社会进步潮流,符合中国国情和发展实际,符合西藏各族人民的根本利益。在这条道路上,西藏各族人民当家作主,成为国家、社会和自己命运的主人;西藏实现了由贫穷落后向富裕文明的跨越,以崭新姿态呈现在世人面前;西藏各族人民与全国人民和睦相处、和衷共济,共同创造幸福美好新生活;西藏以开放的姿态面向世界,积极吸纳人类文明优秀成果。

2010年1月召开的中央第五次西藏工作座谈会延续了前四次西藏工作座谈会的精神内涵和部署要求,指出要重视并加强西藏非物质文化遗产的保护、传承、发展、创新和传播,并明确提出,加快把西藏建设成为重要的世界旅游目的地和重要的中华民族特色文化保护地。2015年8月24日在北京召开的中央第六次西藏工作座谈会上,习近平强调,要坚持"四个全面"战略布局,不断增进各族群众对伟大祖国、中华民族、中华文化、中国共产党、中国特色社会主义的认同,坚持党的治藏方略,把维护祖国统一、加强民族团结作为工作的着眼点和着力点,坚定不移开展反分裂斗争,坚定不移促进经济社会发展,坚定不移保障和改善民生,坚定不移促进各民族交往交流交融,确保国家安全和长治久安,确保经济社会持续健康发展,确保各族人民物质文化生活水平不断提高,确保生态环境良好。① 这对于贯彻落实习近平"治国必治边、治边先稳藏"的重要战略思想,坚持依法治藏、长期建藏、争取人心、夯实基础,推进"一带一路"国家战略在西藏的实施,促进西藏和四省藏区的发展与稳定,实现全面建成小康社会、全面深化改革、全面推进依法治国、全面从严治党的战略布局,都具有深远的历史意义和重大的现实意义。

为更好地推动西藏文化产业健康发展,在《西藏自治区2011—2020文化产业发展规划纲要》中明确提出将建设以"幸福西藏"为主题的世界级"特色文化经济实验区"作为西藏未来10年的战略目标。西藏文化产业发展面临着重要的战略机遇期,这也是西藏增强文化自觉、树立文化自信,在现代化进程中实现文化产业跨越式发展的重大抉择。结合西藏特殊的区情和文化产业发展实际,围绕西藏文化产业的基础分析、发展现状、

---

① 刘乐:《中央第六次西藏工作座谈会召开》,《人民日报》2015年8月26日。

突出问题和未来发展战略等方面，西藏自治区文化厅联合国家开发银行西藏分行和一批国内产业界专家学者，对西藏进行实地考察调研和宏观政策分析研究，初步形成了"全区文化产业发展规划"，并顺利通过评审。在党的十八大提出文化强国战略的时代背景下，具有前瞻意义的《西藏自治区文化产业发展规划研究》呼之欲出，必将对西藏文化产业发展规划的制定具有重要的参考价值。

在举国大力发展文化产业的历史背景下，西藏文化产业面临着重要战略机遇。根据中央关于推动社会主义文化大发展大繁荣的宏观决策，结合西藏文化建设和文化产业发展实际，西藏自治区积极贯彻落实党的十七届六中全会和中央第五次西藏工作座谈会精神，按照国民经济支柱性产业的定位和党中央、国务院关于文化产业发展的最新战略部署要求，从调整产业结构、转变经济发展方式到打造西藏文化品牌、实施文化"走出去"战略等方面研究制定了一系列政策措施，为进一步培育成熟开放的文化市场主体，积极吸纳社会各类资本注入文化产业发展，加快西藏经济社会全面进步奠定了坚实基础和可靠保障。

除了政府在宏观政策方面高度重视外，文化部门和民间组织也非常注重民间文化交流，积极推动西藏文化走出区外，走向全国，面向全世界。西藏文化部门要打破传统观念，树立大文化产业观，利用全国各地举办的文博会、贸洽会等各类大型文化活动的有利契机，不断创新文化交流和传播方式，加大国际间的跨文化交流，利用中国语言讲述西藏故事，把真实鲜活的新西藏说明给世界，把神奇、独特、神秘的西藏文化介绍给世界各国人民，努力争取跨区"走出去"，开展西藏非物质文化遗产展演进社区、进机关、进校园。在感受西藏文化魅力的同时，一方面使受众得到了良好的传统文化教育；另一方面也使古老的西藏文化重新绽放出迷人的风采，让世界更多地感知西藏、了解西藏、体验西藏，为建构西藏形象和国家形象创造良好的外部条件和极具潜力的发展空间。

第六章 互联网与西藏文化产业

作为 20 世纪人类最伟大的发明之一，互联网正逐步成为知识和网络信息时代人类社会发展的战略性基础设施，推动着生产生活方式的深刻变革，不断革新经济社会的发展模式，成为推动我国信息化建设的重要力量。互联网是当今我国经济社会发展进程中的一大亮点和重要的推动力量。在国家推动信息化建设和下一代互联建设的重大战略部署下，互联网发展迎来了重要的发展机遇，可以预见其未来巨大的发展潜力和广阔的增值空间。

互联网信息技术的迅猛发展和新媒体技术的应用推广催生了一批新兴产业，软件服务、工业咨询、外包服务等工业服务业蓬勃兴起。信息技术在发展环保节能的循环绿色产业等方面的经济功能日益凸显，在促进经济结构调整和转变经济发展方式等方面发挥着日益显著的作用，正逐渐成为中国发展低碳经济的新型战略性产业。互联网的迅速普及和高速发展在文化领域正酝酿着一次全新的变革，逐渐成为改变人类生活方式的革命性力量。网络生活成为社会生活的重要内容，互联网正在成为一种新的工作和学习方式。

第一节 互联网对文化产业发展的影响

2015 年 7 月 23 日，中国互联网络信息中心（CNNIC）在京发布第 36 次《中国互联网络发展状况统计报告》。《报告》显示，截至 2015 年 6

月,我国网民规模达 6.68 亿,互联网普及率为 48.8%。移动商务类应用发展迅速,互联网应用向提升体验、贴近经济方向靠拢。社会民生各方面深受网络影响。截至 2015 年 6 月,我国网民规模达 6.68 亿,互联网普及率为 48.8%,半年共计新增网民 1894 万人,我国已经成为名副其实的互联网大国。① 互联网对个人生活方式的影响进一步深化,从基于信息获取和沟通娱乐需求的个性化应用,发展到与医疗、教育、交通等公用服务深度融合的民生服务。未来,在云计算、物联网及大数据等应用的带动下,互联网将推动农业、现代制造业和生产服务业的转型升级。随着搜索引擎和网络新闻在技术融合、产品创新、个性化服务方面的不断探索,未来几年内在使用深度和用户体验上会有较大突破。互联网已经成为影响我国经济社会发展、改变人们生活形态的关键行业。

由此可见,互联网激发文化消费需求,反过来又推动了文化产品供给。互联网打通文化领域产业链,促进文化产业整体业态升级。信息时代网络技术与多种行业结合产生了新的变化,也为文化产业的发展带来全新契机。基于互联网的文化产业新业态蓬勃发展,深刻地改变着文化产业的内在结构和人们的文化消费习惯。各种文化资源与信息技术相融合,特别是与互联网相关技术进行跨界融合,应运而生许多新兴的文化业态和消费模式,成为带动科技创新和文化创意的动力,加速了文化产业与其他相关产业融合的进程,创造出巨大的经济价值。互联网信息传播业已经成为当前中国发展速度最快的产业。

在 2012 年中国发展高层论坛之新媒体与文化创意产业发展分论坛中,腾讯公司首席执行官马化腾表示,移动互联网会带来下一波的新浪潮,使用流量、时间和内容等方面都将远远超过 PC 传统互联网的市场,互联网在未来发展过程中会逐渐成为文化产业研究成果的重要发布平台。以动漫产业为例,对原材料等硬件要求相对不高,如果有一支富有创意天分的创作团队和一条完整的全文化产业链以及多元化的传播渠道就可以产生巨大的经济价值,带来显著的社会效益。② 互联网对于文化产品商业模式产生

---

① 《第 36 次中国互联网络发展状况统计报告》,2015 年 7 月,互联网信息中心 http://www.cnnic.net.cn。
② 高邦仁:《互联网带动文化产业》,《互联网周刊》2012 年第 4 期。

第六章 互联网与西藏文化产业

了强烈的冲击,互联网以其传播优势,正在改变传统文化产业的营销渠道。互联网作为兼容性极强的主流平台,有很大的合作空间,可以和很多行业广泛合作。很多文化企业开始与互联网技术、电商结合,对接线下营销,进行线上线下的合作。互联网平台颠覆了传统资讯生产的组织形式、传播途径、商业模式,借助互联网,资讯传播传递成本变得非常低廉。[①] 互联网在我国的快速发展,必将带动文化产业创造更多的价值。

快速发展的高新科学技术正与各种文化形态深度融合,催生出了许多新兴文化业态,网络数字化成为文化产业的必然发展趋势,世界上越来越多的国家正藉此不断发展壮大自己的文化产业。在一项针对互联网服务的专项调查中发现,网络越普及的地方,文化产业所占的比例就越高。在全球 25 个互联网较为普及的国家中,文化服务业所创造的经济价值比开通互联网前平均增加 17.5%,从业人员增加 43%。在美国,因特网普及后,文化产业所创造的社会价值占社会总产值的比例从过去的 20% 上升到 30% 以上,达到 9000 亿美元。以美国国会图书馆为例,随着国际互联网的开通,该馆成为北美乃至世界最大的网络信息服务商,每天上网访问国会图书馆网站的读者就达 3 万人次,围绕网络进行数据库服务衍生出光盘、胶片、网站等多种形式的文化产品,年收入达 3 亿多美元。[②] 数字化、网络化和智能化等高科技已经深深地影响并促进了文化产业的快速发展,成为当前世界文化产业发展的重要特征。

一、中国互联网发展概况

自从 1995 年首家互联网服务供应商瀛海威进入公众视野,互联网投入中国公共服务已经走过 20 年的历程。互联网全面渗透到经济社会的方方面面,成为经济建设、公共服务、科技创新、文化传播、生活娱乐的新型平台和变革力量。在信息环境建设进程中,互联网信息传播已经释放出越来越大的社会影响力,它不仅推动着中国与世界的沟通和理解,还推进

---

① 杨君:《"互联网+":给文化产业带来什么》,《光明日报》2015 年 3 月 19 日。
② 熊澄宇:《世界文化产业研究》,清华大学出版社 2012 年,第 25 页。

着不同民族、不同国家和不同文化之间共生共荣的和谐世界的建设。互联网信息传播正在不断突破着地域、时空界限，把世界联结成为一个信息变动的整体，人类文明获得了一个可被共知、共建、共享的数字信息时空。①互联网已成为中国社会运行的基础设施，我们在享受并体验着互联网带给我们丰富服务便利性的同时，也深切感受到，互联网信息技术比人类历史上任何科学发明都更加深刻而广泛地影响着社会进程的各个领域和人类生活的思想、行为及生存方式。从告别早初个体信息交流到大众媒体传播的资源共享，互联网技术经历了几何级的极速增长与巨变的历史演进，信息生产的总量与日俱增，信息交流的障碍日渐突破，信息使用的效率日益提高，互联网信息产业释放出它在推进社会生活各个领域发生变革中的巨大潜能。互联网信息传播技术第一次让人类的文明进程在现实文明形态之外拥有了一个数字文明形态，这个数字文明形态绝对不只是对现实文明形态的复制和存储，而且有着它自身的运行规律与能量，两个文明形态之间日益融合，进行着复杂的能量交互。②

根据马斯洛的需求层次理论和恩格尔定律，随着社会生产的发展进步和物质产品的极大丰富，人们不再仅仅注重吃穿住等基本生活必需品的消费，对文化娱乐等精神层面的需求也会日益增加。互联网时代的到来，人们的日常生活消费结构在悄然发生着转变，互联网的出现和网络文化的兴起极大程度地满足了人类日益增长的精神文化需求。③互联网的出现使人类更多的精神需求得到不断满足，互联网的发展史，实际上就是一个不断满足人类多元化需求向更高层次演进的过程。一方面，互联网技术为文化产品的生产和制作提供了先进手段和表现样式，极大地丰富了产品内容，高速、大容量地拓宽了产品输出渠道；另一方面互联网技术催生出许多新兴文化业态，如网络团购、网络文化、虚拟旅游和4D电影等。伴随着移动互联网、移动智能终端、物联网、云计算、3D打印等新技术的飞速发展，前所未有地激活了文化市场，受众文化消费需求日益增长，为以技术和内容生产传播为核心的文化产业快速发展创造了良好条件。

---

① 高钢：《中国数字媒体内容国家监管体系研究》，高等教育出版社2009年版，第1页。
② 高钢：《互联网推进的信息共享及社会意义》，《光明日报》2011年4月16日。
③ 赵志立：《网络媒体与文化产业发展》，《当代传播》2005年第6期。

二、互联网促进了文化产业全面升级

党的十七届六中全会指出,要积极推动下一代互联网建设,发展现代传播体系,提高社会主义先进文化的辐射力和影响力,采用数字、网络等高新技术,大力发展移动多媒体广播电视、手机和网络广播电视等新兴文化业态,开发多终端多平台的数字文化产品和服务,改造和推动传统产业不断优化升级,促进互联互通,加强资源整合,实现资源共享,推进互联网、电信网和广电网的三网融合,发挥各类信息网络设施的文化传播作用,融合科技力量抢占未来文化产业发展的制高点。

(一)加速传统文化产业转型和跨界融合

以文化艺术、广播影视和新闻出版为代表的传统文化产业在长期的发展过程中,由于传统的文化体制机制导致了政出多门,各产业分属不同部门实行多重管理,加之各自的内容生产、制作条件、产品形式和传播手段的不同而相对独立,彼此没有太多的边界交融,因而形成了相对封闭和独立的经营模式。随着社会经济的发展和文化消费市场的日益活跃,落后的文化生产力与日益增长的精神文化需求之间的矛盾日益突出,传统文化产业各自为政的单一发展模式和低水平的产品生产远不能适应文化消费市场的快速发展。

一部分旧有的传统文化业态开始逐渐势微,较为明显的是传统纸质出版和民营书店的效益持续不景气甚至接连倒闭,直接反映出了传统经营模式跟不上市场经济发展步伐的颓势。特别是在世界经济发生重大突变的特殊时刻,传统文化产业更是不堪一击。2008年世界经济危机爆发,美国各大报业集团发行量大幅下降,为应对金融危机的冲击纷纷宣布裁员并借机转型,2009年美国西部近150年历史的《西雅图邮讯报》停止其印刷版,完全转向纯网络媒体。根据经济合作与发展组织(OECD)公布的一项详细调研报告显示,英国报纸发行遭受自2007年以来最严重的下滑,报业发行前景黯淡,英国报纸发行量在2007年至2009年两年间已经下降

25%，仅次于美国的30%。① 随着互联网的普及与受众阅读习惯的改变，网络数字阅读日益盛行。2010年以来，全球实体书店的倒闭潮蜂拥而至，美国连锁书店博德斯宣布倒闭，万名员工丢掉饭碗。我国许多民营书店也难逃厄运纷纷倒闭。当下的文化产业正处于一个新旧业态不断交替整合创新的进程中。②

Web2.0时代，互联网信息技术的迅猛发展使跨界融合和资源共享成为可能，传统媒介内容和传播渠道通过数字信息技术进行了转型和升级，特别是当智能手机、平板电脑、电子阅读器等各种新媒体日益成为普通受众的日常网络生活消费需求时，传统的线性传播已不能满足人们多样化、互动性和体验性的介入式需求。受众不再是被动地接受信息，而是主动对媒介信息进行积极选择，用户更加注重对数字内容的文化产品的消费体验并随机互动。

互联网风生水起，首先在传播技术上打破了传统文化产业的界限。通过全媒体数字技术，真正实现了传统文化产业的不同媒介信息如文字、声音、图片和视频的无差别转换，技术鸿沟基本消除，大大促进了传统产业链的重构与升级，文化与科技相融合催生了文化业态新疆界和新领域，提升了传统文化产业的内容创新动力、内容创意活力和内容创造驱力，促成了信息传输渠道和内容消费模式的变革。③ 譬如通过研发声光电综合集成应用技术和基于虚拟现实的舞美设计等演艺关键支撑技术，提升文娱展演的艺术创作力、感染力、表现力和传播力，利用高科技融入新鲜血液，不断推陈出新，焕发生命力，促进传统文艺表演业的优化和升级。与此同时，移动互联网的兴起更易满足受众的分众化需求和个性化展示，充分调动了用户体验文化产品的积极性。此外，互联网还促进了文化产业与相关产业的整合，如与旅游业、会展业、广告业、咨询业等第三产业多边界整合，形成了新的网络经济形态。

---

① 《美国和英国报纸发行量大幅下降》，2010年6月，中国新闻出版网 http://www.chinaxwcb.com。
② 叶朗：《中国文化产业年度发展报告》，北京大学出版社2012年版，第23页。
③ 袁丽娜：《移动互联网：助力媒介融合升级》，《传媒》2012年第5期。

（二）催生并促进新兴文化业态结构升级

2009年《文化产业振兴规划》把文化产业划分九大重点门类，根据实践发展的需要提出了在发展壮大影视制作、印刷出版等传统文化产业的基础上，加快发展以移动多媒体、数字出版、动漫游戏和文化创意为代表的四大新兴文化产业。随着文化体制机制逐步完善、文化市场更加规范有序、文化与科技融合更加深入，文化产业的内涵不断丰富和调整，文化产业门类不断增加，发展迅速的网络新技术与广电、通信深度融合，催生出多种新兴文化业态，逐渐成为文化产业发展的新亮点。

北京大学文化产业研究院钮沭联认为，新兴文化业态是利用高新科技和数字化技术将影音图文内容资源进行整合，通过数字化创作、生产和传播，借助各种媒介平台为受众提供多层次、多类型的文化产品和服务，这将成为文化产业发展的一个亮点。随着国家新闻出版广电总局的新组建成立，推动了"三网融合"不断深入发展，传媒产业链中参与者的数量日益增加，产品制造商、通讯运营商、技术开发商、终端设备生产商等企业纷纷加入传媒产业链，特别是在音乐、动漫、游戏、影视上创造了崭新的文化生活方式和商业模式。全球最大的网络零售商亚马逊在开展与网络媒体相关业务的过程中，逐渐将业务范围不断向外拓展，尝试进行一系列的跨界研发，建立全版权领域的越境模式。通过亚马逊的例子不难看出，互联网的发展空间体现在凭借技术融合促进传统文化产业内容融合，进而实现新旧媒介在平台和终端的纵深融合，最终满足受众对产品内容的需求。互联网促进网络购物市场规模快速增长，成为拉动消费和经济增长的巨大动力，同时也带动了信息通信、商务金融、文化娱乐等新兴文化产业多方面的应用和创新。

当今世界，以高科技手段表现丰富文化创意为主要特征的新兴文化业态正在成为文化产业的鲜明主体，不断发挥着科技带动文化发展的巨大能量。① 科学技术已融合渗透到文化产品创作、生产、传播、消费的各个层面和关键环节，成为文化产业发展的核心支撑。《国家"十二五"时期文

---

① 袁于飞：《为文化产业插上科技翅膀发布》，《光明日报》2014年5月28日。

化改革发展规划纲要》提出要推进文化科技创新,发挥文化和科技相互促进的作用,提高我国传媒产业的整体技术装备水平,推进三网融合,创新业务形态,积极培育发展以数字化生产、网络化传播和多层次消费为核心特征的新兴文化产业。坚守我国本土民族文化和价值理念免受国际文化竞争所带来的冲击,亟需构建强大的文化传播体系,充分发挥科技创新对文化产业发展的引擎作用。为此,科技部会同财政部、文化部等其他国家相关部门联合颁布了《国家文化科技创新工程纲要》,旨在促进文化与科技深度融合与创新,促进新兴文化业态结构升级。

在动漫创意、影视表演以及移动互联终端等方面都进行了结构调整和内容升级。不断拓展文化和科技融合的广度与深度,加强自主核心技术的研发和知识产权保护,充分保障文化产业主体的合法权益,提升文化创意设计的表现力和创作力,增强文化作品的吸引力和感染力;探索新兴网络文化创新服务模式,引导新型网络社交服务理念,促进影视音乐和民间文学的创作与传播;建构中华民族地理文化资源库和文化旅游数字资源库,加强动漫游戏与虚拟仿真3D技术在设计、制造、科普、教育、体育、建筑、旅游、商务等新型产业领域中的综合开发和集成应用,促进文化产业与其他相关产业的融合度和粘黏性,注重衍生产品的创新和应用,完善传统文化产业和新兴文化业态纵深融合的全文化产业链发展模式。随着互联网技术的飞速发展,以网络信息技术为载体和支撑,在内容和形式上都有别于传统文化产业的新型文化产品,如微电影、移动博客、云电视、手机院线、手机网游等,逐渐成为新兴文化产业发展的核心力量,在世界范围内正被世界各国视为战略性新型产业,一直保持着强劲的增长势头。

(三) 创造未来文化产业新的经济增长点

互联网的发展是助推文化产业成为新的经济增长点,成为经济发展支柱产业的核心力量。传统文化产业的转型和跨界融合,新兴文化产业的改造升级,都为文化产业的发展注入了新鲜强劲的活力,带动了社会投资和信息消费增长,在扩大内需特别是文化消费需求、促进国民经济平稳增长中发挥着重要的推动作用,这一方面得益于互联网特别是移动互联网技术的迅猛发展;另一方面是人们传统的物质消费方式正转向多层次和多样化的精神文化需求,使文化产业成为国民经济的重要支柱产业。近年来,我国互联网产业保持着快速的发展态势,特别是物联网、云计算等新兴产业不断涌现,催生出形式多样的网络文化产品,进一步拓展了传播渠道、创新了传播方式、丰富了传播内容,扩大了传播范围,增强了文化消费体验的逼真性和生动性。互联网带动着网络文化高速发展,成为文化产业发展的重要基础和推动力,正在发展为社会经济发展新的增长点。互联网成为经济发展的重要引擎和推动力量,关键在于文化与科技的相互融合,凝聚在文化产品中的文化力量通过高新科技才能得以释放和迸发。

以中国人民大学文化科技园为例,该园常年坚持"科技创造财富,文化拓展视界"的发展理念,致力于搭建具有孵化、辐射功能的"产、学、研"战略联盟和公共平台,促进文化与科技深度融合,充分挖掘创意潜力,积极发挥科技力量。在不到7万平方米的物理空间内,实现园区企业年销售收入近300亿元,地区增加值近40亿元。其中的"人大数媒",充分运用互联网3G核心技术,不断拓展产品及运营平台,依托中国人民大学书报资料中心的核心学术资源,借助远程遥控网络技术等新科技载体,利用全媒体出版方式对内容资源进行优化配置和循环开发利用,全面推动传统文化产业的内容升级和新兴业态的战略转型,取得了较好的社会效益和经济效益。由此可见,随着互联网产业规模不断扩大,互联网经济也以更加迅猛的姿态渗入到社会生活的各个领域,不断带动社会投资和扩大内需特别是消费需求的增长,已经成为国民经济平稳增长的重要推动力量。

随着互联网向传统产业加速渗透,产业边界日益交融,新技术、新应用、新升级风起云涌,新型商务模式和服务经济加速兴起,网络信息产业链不断完善,互联网正成为推动中国经济发展的重要引擎,深刻带动了文化产业的快速发展,提升了中国文化产业的核心竞争力。根据艾瑞咨询统计数据显示,2011年中国移动互联网市场规模达393.1亿元,同比增长97.5%;2012年是中国移动互联网行业爆发的一年,从2011Q3到2012Q3的一年内,移动互联网整体市场规模呈现高速增长的态势。其中2012Q3移动互联网市场规模已经达到147.8亿元,同比增长102.1%,环比增长16.9%。根据艾瑞咨询统计数据显示,2013年中国移动互联网市场规模达到1059.8亿元,同比增速81.2%,预计到2017年,市场规模将增长约4.5倍，接近6000亿。随着移动互联网领域内各个新领域的网络文化产业不断被挖掘，它也不断吸引大量创业者和投资人加入，创新了传统盈利模式，进一步促进了整个移动互联网的快速发展，网络文化产业已经成为中国文化产业的重要组成部分。

中国人民大学新闻学院高钢教授在第11届中国网络媒体主题论坛上指出，互联网技术作用下的网络技术平台的融合绝不止是信息传播渠道的合并和兼容，网络信息的共享也绝不止是个体单元的信息获取和信息发布，它们将是一个改变整个社会信息创造方式、信息加工方式、信息获取方式、信息传播方式、信息使用方式和信息经营方式的深刻的社会变革过程。近年来，我国动漫产业快速发展，产值从"十五"期末不足100亿元，增长到"十一五"期末（2010年）的470.84亿元，年均增长率超过30%。2011年我国动漫产业总产值为621.72亿元，2012年为759.94亿元，2013年我国动漫产业发展速度有所减缓，总产值达870.85亿元，较2012年增长14.59%。① 新兴文化产业日益显现出巨大的市场活力和经济驱动力，获得了可观的经济效益和社会效益。

互联网是经济增长的驱动工具，更是经济社会发展程度的重要佐证。2014年双十一淘宝销售额571亿元。其中在移动端交易额达到243亿元，物流订单2.78亿，总共有217个国家和地区被点亮。新的网上零售交易纪录诞生。从2009年到2014年，双十一已经从天猫扩散到全电商平台，从国内扩展到全球。双十一，正逐渐从单一的电商营销日，变为全球消费者的购物狂欢节。互联网应用的发展使信息空前"爆炸"，大数据技术② 使从海量数据中快速提取有价值信息并转化为可观经济效益成为可能，这些都是网络时代数字化发展的必然结果。国际数据公司（IDC）最近发布的报告预测，未来中国大数据潜在市场规模有望达近2万亿元。深度融合

---

① 辛闻：《2014年我国动漫产业总产值将达1000亿元》，2014年7月，中国网http://news.china.com.cn。

② 大数据（big data），或称巨量资料，指的是所涉及的资料量规模巨大到无法透过目前主流软件工具，在合理时间内达到撷取、管理、处理并整理成为帮助企业经营决策更积极目的的资讯。大数据技术的战略意义不在于掌握庞大的数据信息，而在于对这些含有意义的数据进行专业化处理。换言之，如果把大数据比作一种产业，那么这种产业实现盈利的关键，在于提高对数据的"加工能力"，通过"加工"实现数据的"增值"。

第六章 互联网与西藏文化产业

云计算技术的大数据技术发端于互联网,必将深刻影响着未来文化企业的商业决策和业务模式。

第二节 互联网时代的西藏文化产业发展

近年来,随着互联网的快速发展,根据国家发展互联网信息化建设和下一代互联网的战略部署,西藏做了大量富有成效的工作,不断加强互联网等新兴媒体建设,持续推进电信网、广电网和互联网三网融合和县级城市电视数字化建设,扶持建设一批有影响的商业网站,打造具有西藏特色的网络文化品牌。经过十多年的发展,西藏基础通信环境储备充足,信息资源开发取得突破性进展,互联网在西藏全区逐渐得到普及,网民的规模数量和网络媒介素养都有明显提升,互联网已经渗透到西藏人民生活的方方面面。西藏和祖国内地与世界的距离不再遥远,西藏结束了封闭的时代,摆脱了落后的状况,互联网已成为西藏各族群众与外界交流的重要渠道。网络购物、网上学习、即时沟通和文化娱乐日渐融入日常生活中,西藏与世界的沟通变得更加方便和密切,网络生活已经成为西藏人们生活的重要组成部分,西藏各族群众同世界各地的人们自由分享着现代文明带来的便捷和利好。

一、西藏互联网发展概况

西藏互联网起始于1997年,1999年实现宽带上网,2000年第一家网站"西藏之窗"正式创办。2007年底,西藏已有互联网站760家,互联网用户82858户,网民约20万,全区互联网普及率为6%。[①] 2012年底,西藏网民规模已近130万,互联网普及率接近41%,其中宽带用户数突

---

① 中华人民共和国国务院新闻办:《西藏文化的保护与发展白皮书》,外文出版社2008年版,第5页。

破 12 万，并呈现稳定增长趋势；而以手机终端为代表的移动互联网用户数则突破百万人，增长十分迅猛。截至 2013 年 12 月，西藏互联网用户数达到 202.7 万户，普及率为 67.5％。第 36 次《中国互联网络发展状况统计报告》显示，截止 2015 年 6 月 30 日，西藏拥有 IPv4 地址数量占全国 0.15％，域名数量为 6000 多个，网站数量 1200 多个，均不及全国总数 0.1％，列全国最后。但西藏互联网普及率接近全国水平 15％，网民规模增速达 29％，排名全国第 15，表明西藏互联网使用人群在不断扩大。随着国家光纤宽带网络推进工程的实施，不断增加西部地区光缆路由密度，提升了西藏干线传输网络容量，为西藏"十二五"期间下一代互联网演进打下了坚实的基础。随着互联网日新月异的发展，网络信息技术渗透到教育、科技、生产、生活的各个方面，成为推动西藏经济社会发展进步的重要力量。同时也应看到，西藏网络信息化建设起步晚、底子薄、规模总量小，互联网普及程度和信息化建设水平同区外其他省市相比仍有较大差距。

2009 年 9 月，被誉为"高原孤岛"的西藏墨脱县通信光缆传输系统工程全面竣工，这条通信"天路"的顺利接通正式宣告了全国最后一个县不通光缆的历史的终结。2011 年 6 月西藏山南地区隆子县玉麦乡宽带工程建成开通，标志着西藏全区 682 个乡（镇）通宽带——"乡乡通宽带"的目标圆满实现。通过深入实施"西新工程"，建立健全西藏互联网信息管理机构和互联网应急指挥中心，建成了新媒体集成播控平台和内容监管平台，落实了互联网和电话、手机用户真实身份登记制度，完善了互联网信息监管、有害信息封堵删除、网评引导和舆情预警机制。如今，一张覆盖西藏全区 7 个地市、73 个县（区、口岸）的固移融合、天地一体宽带互联网纵横雪域高原，成为助推西藏实现经济社会跨越式发展的网络信息基座。西藏地处祖国边陲，由于特殊的历史、地理条件所限，西藏经济发展滞后，信息比较闭塞，加之工业化程度较低等诸多因素的影响，西藏互联网络信息建设和发展迟缓，严重制约了西藏与区外的沟通和交流。随着互联网的普及和发达，西藏人民群众的文化生活日益丰富，与外界沟通的愿望和需求越来越强烈，走出高原，走向世界，把一个鲜活真实的西藏介绍给世界各国人民越来越成为西藏人民的良好诉求。以手机、互联网为代表的新兴媒体已成为西藏人民获取信息、学习知识和娱乐休闲的重要渠道,一方面极大丰富了各族群众的精神文化生活;另一方面也无限拉近了西藏与世界的距离。

二、互联网信息环境下发展西藏文化产业的重要意义

作为一个开放的全球文化交流平台,互联网以其网络的开放性、技术的渗透性和信息传播的交互性普遍渗透到各个领域,不同国家的不同文化形态、思想观念通过互联网汇聚在一起,其中既有融合也有冲突,势必给国家的文化安全带来一定的冲击和挑战。网络时代,互联网的发展改变了传统的国家安全范式,"传统安全范式的主要内容是保护国家不受外来军事威胁。网络的发展使国家置身于一个没有固定边界的信息世界中,在这样的世界里,国家不仅要维护传统国力要素的安全,而且要维护'信息国土'这种新型国家要素的安全"①。相比西方发达国家,近些年虽然我国互联网发展迅猛,网民规模、网站数量增长速度超过美国,成为名副其实的互联网大国。但是对网络信息安全重视程度还不够,与互联网在中国的发展程度不成正比,网络攻击、病毒传播、网络犯罪和不良信息泛滥等一系列问题都严重威胁到互联网安全,进而影响到国家安全。

我们正在进入一个国家文化治理的时代,随着互联网的快速发展,国家文化安全的环境和形式已经发生了深刻的变化,经济全球化带来全球文化经济一体化,世界范围内的文化产品生产与传播的生态格局正在悄然发生着改变。现代化的文化生产和传播方式打破了封闭式的传统文化生产流通模式,被世界各国作为战略发展核心的文化产业在文化产品的生产、流通、消费和传播等各个领域正担负起维护国家文化安全的历史使命。②

随着互联网时代的到来,我国文化安全正面临着信息技术带来的各方面严峻挑战。全球互联网信息资源中80%以上凝结着西方文化的英文信息,华语资源则占不到0.4%,这种网络资源的严重不对称使西方发达国家可以通过明显的技术和语言优势来散播其思想文化、意识形态和价值观

---

① 胡健:《网络时代的国家安全》,《教学与研究》2002年第9期。
② 胡惠林:《中国文化产业发展指数报告(CCIDI)》,上海人民出版社2012年版,第3页。

念。互联网的控制已经成为美国等西方国家推行其文化传播战略的"制高点",成为西方文化意识渗透其他国家尤其是发展中国家的新平台。互联网以前所未有的速度裹挟着西方世界的价值观念进入我国,冲击着我国的主流意识形态、思想文化、价值观念和生活方式等。①

西藏文化产业发展面临着拥有丰富文化资源却不得不面对广大的国内外市场被发达国家的文化产品所占领的严酷现实,损失的不仅是市场利润,更重要的是意识形态领域话语权的丧失,甚至会危及国家文化安全。发展西藏文化产业必须以现代高新科技为前提,高科技与高文化相互融合正在成为知识经济时代文化产业发展的必然趋势,而网络信息技术无疑是文化产业进行科技创新的核心。互联网信息环境下,发展西藏文化产业,对于增强西藏文化软实力、维护西藏发展稳定、加快西藏经济增长方式转变,促进西藏经济发展具有多重战略意义,大力发展西藏文化产业是维护国家文化安全和意识形态安全的根本保障。

文化是民族凝聚力和创造力的重要源泉,是经济社会发展的重要支撑,是综合国力竞争的重要因素。党和政府历来高度重视西藏文化建设和文化产业发展,西藏自治区政府更是把发展文化产业作为西藏社会发展的一个新的经济增长点纳入"十二五"发展规划,多次写入政府报告中。2010年中央第五次西藏工作座谈会召开,进一步明确了西藏文化建设的战略地位,为西藏文化产业发展带来了重大的历史机遇,站在时代的高点再次吹响了西藏文化大发展大繁荣的号角。"十二五"期间,西藏将着力发展特色文化产业,依托西藏文化资源的独特优势和全国文化援藏的有利条件,加快将文化产业培育成西藏新的经济增长点的步伐,力图打造新兴战略支撑产业,努力走出一条有中国特色、西藏特点的文化发展路子,早日实现2020年文化产业成为西藏的支柱产业的宏伟目标。

(一)发展文化产业是增强西藏文化软实力,维护西藏发展稳定的重要保证

自20世纪90年代,美国学者瑟夫·奈提出"软实力"(Soft Power)

---

① 张小平:《当代中国文化安全问题研究》,中国社会科学文献出版社2012版,第97页。

第六章 互联网与西藏文化产业

以来,这一概念越来越受到世界各国的高度重视。如今,文化不仅发展成为人类社会财富创造的崭新形态,而且正日益纳入世界各国制定国家发展战略的重要指标体系。区别于军事力量、经济发展和科技进步的经济硬实力,作为国家软实力的核心因素,文化软实力主要是指一个国家或地区文化的凝聚力、感召力和影响力,多体现在道德、信仰、价值观等方面所带来的潜在的文化影响力。经济硬实力和文化软实力固然都很重要,但是在当今的网络信息时代,某种程度上来说文化软实力所带来的强大的辐射力正变得比以往任何时候都尤为突出。21世纪80年代以来,西方发达国家特别是以美国为代表,开始通过影视、服饰、饮食、节庆、娱乐等各领域的商业文化输出,无形中将其价值观和世界观渗透到世界各个角落,逐渐形成文化霸权,对他人民的生活和思想产生了越来越明显的影响。

党的十八大报告提出文化强国战略,提出要增强文化软实力,提高中华文化的国际影响力,在报告中多次提及"文化产业"和"文化软实力"的概念,充分体现了国家越来越重视文化在推进国家进步发展进程中的重要作用。文化软实力建设是我国文化强国战略发展的必由之路,文化产业发展是文化软实力的重要内容。文化产业是世界经济发展的必然趋势,也是国家战略发展的重要内容,更是提升西藏文化软实力和国家综合实力的必由路径。

西藏文化一方面增强了西藏文化软实力,丰富了中华文化的内涵,另一方面也提高了中华文化的国际影响力。西藏民主改革以来的半个多世纪,在文化建设和文化产业发展方面虽然都取得了一定的成就,但同全国其他省区相比,总体发展比较滞后。作为边疆少数民族地区,西藏除了存在各族人民群众日益增长的物质文化需要同落后的社会生产之间的主要矛盾,还存在着各族人民同以达赖集团为代表的分裂势力之间的意识形态领域的特殊矛盾。在中央第五次西藏工作座谈会上胡锦涛指出:一定要警惕国际敌对势力利用达赖集团阻碍中国和平发展的不良图谋,从维护稳定大局出发,增强反分裂反渗透意识,做好思想教育工作,切实提高文化软实力,维护西藏社会稳定团结,使强大的文化力量成为推进西藏跨越式发展和长治久安的重要前提和思想保障。要牢牢把握正确舆论导向,结合西藏的主要矛盾、特殊矛盾和特殊区情,深入开展以爱国、团结、和谐、发展、文明为主题的社会主义核心价值体系宣传教育。这些精辟论断充分体现了党中央对西藏文化建设的高度重视,对凝聚团结西藏各族人民、打牢共同团结奋斗的思想道德基础,建设团结、民主、富裕、文明、和谐的社会主义新西藏具有重大意义。

加快西藏文化产业发展,推动社会主义文化大发展大繁荣,有利于更好地满足人民群众的精神文化需求,显著提高各族人民的思想道德素质和科学文化素质,增强各族群众对中华民族的归属感和对中华文化的认同感,增强抵御西方敌对势力和达赖集团干扰破坏的信心和力量,以共同的理念和价值观来协调内部关系,用中华文化的吸引力和感召力来凝聚全社会,以此增强西藏文化软实力,为实现西藏跨越式发展和长治久安提供强大的精神力量和智力支持。

加快西藏文化产业发展,才能不断增强西藏文化软实力,有助于广泛开展文明创建活动,切实加强民族团结和文化交流,精心培育良好的社会文化氛围,宣传马克思主义的"四观两论",对增强民族文化的认同感和文化自觉意识,激发中华民族的民族自尊心和文化自信心具有深刻的思想意义。

加快西藏文化产业发展,不断提高全民精神状态、意志品格和内在凝聚力,构筑坚实的文化根基,坚定树立社会主义核心价值观,深入开展马克思主义"四观""两论"教育,牢固树立社会主义荣辱观和"老西藏精神",营造良好的社会风尚,铸就"四个认同"(对祖国的认同,对中华民族的认同,对中华文化的认同、对社会主义道路的认同)的精神内核,才能不断巩固扩大新时期爱国统一战线,共同维护西藏安定团结的政治局面,为建设小康西藏、平安西藏、和谐西藏、生态西藏、文化西藏和美丽西藏凝聚强大的精神力量。

(二)发展文化产业是加快西藏经济增长方式转变,促进经济发展的助推器

当今时代,文化经济化、经济文化化以及经济文化一体化的发展趋势日益显著,文化越来越成为推动经济社会发展的重要力量。党的十八大报告指出,建设文化强国,不断提高国家的文化软实力;强调指出要转变经济增长方式,提高经济发展质量,再次表明国家对经济发展与文化强国的高度重视,对文化建设和文化产业发展促使经济增长方式转变提出了新的更高要求。本人以为,文化强国的有效途径,就是文化经济化,而转变经济增长方式的最佳途径就是经济文化化。作为新型的文化业态,文化产业以创意为源头,以内容为核心,与其相关联的产业有很多,通过产业之间普遍的渗透和融合,文化产业逐渐成为新的经济增长点,在引领经济增长方式转变方面具有独特优势。文化产业通过提升工业、服务业的文化含量与经济价值,进而提升整个社会经济的质量,经济对文化的需求从简单的整合、吸纳转变为对文化要素的挖掘与创造,文化成为传统经济发展凸显竞争优势的核心要素。①

国家强盛需要发达的经济实力做后盾,而文化生成力则是经济发展的重要支撑,当代经济的发展不再是单纯依靠高投入、高能耗来维持和推动,而是充分借助文化和科技的力量,特别是作为朝阳产业的文化产业以低投入、低能耗的先发优势和产业融合、生态增值、低碳经济等创新驱动功能,正在成为发展循环绿色经济的新引擎,为当代经济发展注入了新的活力,在促进社会产业结构调整、优化产业布局、加快经济发展方式转变等方面具有不可替代的重要作用。

由于历史和地理等特殊因素,长期以来粗放型经济增长方式势必对西藏的自然资源和生态环境造成不同程度的破坏。西藏经济发展水平较弱,国民生产总值远低于全国其他省区。然而,西藏文化资源丰富,发展文化含量高、资源消耗少、环境污染轻的文化产业具有天然优势,加之随着青藏铁路的开通,区内外政治、经济、文化和社会各层面的沟通交流不断扩大,西藏各族人民群众的文化消费需求不断增长,这与西藏相对落后的社会生产和经济发展极不相称。作为经济欠发达地区,西藏要努力实现吸引投资、加快资源优势向经济优势转变,没有文化和知识等软环境支撑,再丰富的资源条件也不能转化为现实的产业优势。因此,如何将文化资源转化为居民愿意消费的文化产品和相关服务是西藏文化产业发展亟需破解的难题。

---

① 孙咏梅:《论文化产业的兴起与产业结构调整》,《经济理论与经济管理》2004 年第 12 期。

党的十八大报告首次将"科学发展观"确立为党必须长期坚持的指导思想。其中重要的一项内容就是必须坚持全面协调可持续发展,核心思想就是要按照中国特色社会主义事业总体布局,全面推进经济建设、政治建设、文化建设、社会建设和生态文明建设五位一体的全面协调发展。经过多年持续快速发展,环境污染加重、资源约束趋紧、生态系统退化等问题,对西藏经济社会发展提出了严峻挑战。这就要求西藏在推进经济建设的同时必须树立保护生态环境的生态文明理念,自觉主动缓解和降低对自然及资源的环境压力,充分发挥文化产业关联度大、产业链长和外溢效应强的联动效应,一方面挖掘西藏独有的文化资源的先天禀赋,弘扬藏民族传统优秀文化,使之成为增强西藏经济的坚实基础;另一方面也要对西藏的传统文化进行创新生发,使经济发展融入文化因子,使文化产业发展带动经济增长,实现西藏经济、社会、政治、文化和生态文明全面可持续发展。

西藏发展的核心资源是文化资源,很多资源在全国乃至全球都是仅存的。利用西藏独特丰富的资源优势,加快文化向经济领域的渗透,提高资源利用率,加强文化产业同其他产业的融合力度,拓展国内外文化消费市场,培育独具西藏元素的商业文化、产品文化和消费文化,增强文化发展的内在活力,让西藏文化成为推动西藏经济发展的助推器。因此说,发展西藏文化产业是加快西藏经济增长方式转变的重要途径,推动西藏跨越式发展的重要支撑,同时也是建构和提升西藏形象的需要基础。

要实现西藏文化产业成为国民经济的支柱产业,必然使经济活动中融注更多的文化内涵,文化产品及服务的档次和附加值随之增高,从而带来更大的社会效益和经济效益。故此,必须将包含西藏元素的文化商品属性解放出来,增强西藏文化的造血功能,一方面将蕴含其中的价值观等文化内核潜移默化地通过产品销售和文化服务传递给消费者;另一方面以丰厚的经济收益反哺文化产业的其他组织链条,进而使西藏文化产业进入文化经济一体化的良性循环发展机制。

(三) 发展西藏文化产业是确保国家文化安全和意识形态安全的根本保障

文化安全是指国家防止异质文化对本民族文化生活的渗透和侵蚀,保护本国人民的价值观、行为方式和社会制度不被重塑和同化的安全。文化具有极强的渗透力,文化的存在同政治、经济发展比以往任何时候都更加紧密和复杂多样。文化安全能够为一个国家提供稳定的政治环境并且有助于国家综合实力的提升,作为国家安全的重要组成部分,文化安全构成国家安全的深层次主题。

相比军事安全、经济安全和政治安全的有形力量,文化安全是一种无形的力量资源,是建立在价值观念、社会制度、行为准则基础上的同化力和规制力,比硬实力更加隐蔽和难以控制。全球一体化背景下世界各国不同文化间的冲突日益加剧,任何与文化相关的其他领域的安全问题,都会诱发国家文化安全问题的发生。亨廷顿曾经预言:"中国的崛起和这个'人类历史上最大的竞争者'的日益自我伸张,就将在21世纪初给世界的稳定造成巨大的压力。中国作为东亚和东南亚支配力量的出现,与历史已经证明的美国利益相悖。"① 全球化进程的加剧使文化与政治、经济的融合和渗透日益加深。

在经济全球化、信息网络化和文化市场化的时代背景下,中国经济面临着挑战和机遇,而对中国的文化产业发展来说,则意味着更多的冲击和威胁。作为一种文化语境,文化产业已经成为一种新型经济形态,制定持续发展的文化产业战略,增强国家文化软实力,提高中国的国际影响力,成为当代中国文化产业发展与维护文化安全的必然要求。党的十七届六中全会明确了"文化强国"的战略目标,将文化产业纳入国民经济和社会发展的整体规划中,成为新的经济增长点,在经济结构战略调整和转变经济增长方式中扮演重要角色,超越了文化的意识形态的限制和对于文化社会功能的狭隘理解,全面展现在拉动内需、促进经济增长和推动社会全面发展中的全部丰富性②。对西藏来讲,发展文化产业,除了提升文化软实力,增强经济硬实力,维护国家文化安全和意识形态安全具有更突出的政治意义,主要表现在以下两方面。

---

① [美]塞缪尔·亨廷顿:《文明的冲突与世界秩序的重建》,周琪等译,新华出版社2002年版,第361页。

② 张小平:《当代中国文化安全问题研究》,中国社会科学文献出版社2012年版,第43页。

一方面，长期以来，西方敌对势力打着"人权、民主、宗教、文化、民族、环保"的幌子，上演了一出又一出闹剧。十四世达赖喇嘛否认中国政府保护和发展西藏文化的事实，其险恶用心昭然若揭。大多数西方人误读西藏，既有历史和现实的根源、东西方思维方式和价值观念的差异，也有主观原因——因其情感上的距离和政治上的偏见从而形成了意识形态领域的错误的"西藏观"。①

中国驻英大使刘晓明以亲身经历撰文严厉驳斥"西藏文化灭绝论"。他指出，藏族传统文化已成为中华文化不可或缺的一部分，深受中国各地民众喜爱。对于部分西方人来说，他们对西藏和西藏文化的印象要么一直停留在臆想中的"香格里拉"，要么对达赖集团所编织的"文化濒临灭绝"深信不疑。如果真正走进西藏，就不难发现，其实过去的西藏不是真正的"香格里拉"，因为那里曾经存在比欧洲中世纪还黑暗的封建农奴制度；今天的西藏在各方面的发展都有质的飞跃，特别是西藏传统文化得到良好的保护和发展。面对西藏人民充分享受着西藏传统文化与现代文明融合发展的精神文化成果的现实，少数西方人依然戴着意识形态的有色眼镜用"冷战思维"来观察社会主义中国和西藏问题，任何指称"西藏文化灭绝"的谎言和谬论都是荒唐愚蠢的。

1997 年上映的好莱坞影片《西藏七年》就是典型例证。该片在影视艺术的精心掩护下构造了不真实的"西藏形象"。西藏"一方面被影像化为虚幻的、纯净的'香格里拉'，另一方面又充满着东方主义的魅影和不可告人的政治企图"②，完全不同于国内拍摄的西藏题材电影。严重扭曲和捏造历史事实，试图向美国和全世界公众推销反华意识形态的文化价值导向，误导部分不明真相的人作出不理性判断。与此形成鲜明对比的是，旅居英国的中国女作家书云历时三年导演的五集纪录片《西藏一年》在全球 40 多个国家和地区多次播放，赢得一致赞誉。影片运用人类学的考察方式通过镜头自述，客观记录了当代文化语境下西藏民众的普通生活，再现了藏民族在传统藏族文化与现代文明相互交融进程中的真实生存状态和

---

① 杜永彬：《西方对西藏的误读及原因》，《当代世界》2009 年第三者期。
② 王军君：《以电影的方式塑造和传播真实的西藏形象》，《西藏民族学院学院》2011 年第 5 期。

精神状态。① 由此看到，隐含在文化产品中的价值观念通过受众的消费和解读，并据此做出判断，深刻体现了文化极强的思想渗透力和明确的价值导向性。

另一方面，一个国家的文化霸权在国内可以捍卫统治阶级的领导权，一旦它的力量强大到足以冲出国门的时候就形成了"文化帝国主义"，由此对第三世界国家形成了"文化支配""文化殖民"和"文化霸权"，对弱势国家的文化生存和发展构成了安全威胁。文化帝国主义是帝国主义的新形态，是西方发达国家采取的意识形态渗透的新战略。当代世界的文化全球化不再单纯依靠军事占领、宗教战争，凭借经济手段对发展中国家进行文化"植入"和渗透，还充分利用网络信息传播优势不断强化"文化入侵"，形成世界文化霸权，实现其文化操纵的统治目的，从而导致各国丢失了对文化的"民族性"问题的坚持，破坏了人类文化的多样性。②

当今来看，要打破以美国为首的霸权主义所散布的"全球话语霸权"所形成的文化垄断，最重要的方式就是发展文化产业。在这一过程中，要加速国家文化秩序的新变动和文化力量格局的重组，不断增强国家的创造力和民族凝聚力，保持本民族的文化特色，提高国家文化软实力，提高中华文化的国际影响力，从而主动防御文化霸权的渗透和入侵，有效维护世界文化的多样性。西藏是文化资源大区，却是文化产业发展弱区。2012年西藏自治区八届二次全会指出，要大力实施文化精品战略，强力推进西藏由文化资源大区向文化发展强区的战略转型，不断壮大文化产业的整体实力，实现西藏文化大发展大繁荣。在2015年纪念西藏自治区成立50周年大会上，西藏自治区发展改革委副主任马菁林介绍，经过50年的发展，西藏高原特色产业异军突起。特别是近年来，西藏加快建设拉萨市文化创意园、山南雅砻文化大观园和林芝鲁朗旅游小城镇等文化旅游重点项目，打造世界旅游目的地和藏民族特色文化产业发展基地，特色文化和旅游产业正成为拉动经济发展新的增长极。

文化产业的最大诉求在于文化的价值观念和思想影响力。因此，不管

---

① 格勒：《西藏一年·序》，载书云：《西藏一年》，北京十月文艺出版社2009年版，第2页。

② 向勇：《文化产业应用理论》，金城出版社2011年版，第5页。

是揭穿和批驳达赖集团所散布的"西藏文化灭绝论",还是防御西方发达国家实施文化霸权战略,从西藏特殊的区情出发,都要紧密围绕促进西藏发展稳定,推进文化体制改革,壮大特色文化产业,打造西藏文化品牌,提升西藏文化软实力,加深西方对西藏文化的认知和理解,提高国人对中华文化的认同,激活文化产品及服务的原创动力,打造更多高品质的文化产品,积极推动西藏文化"走出去",牢牢掌握涉藏舆论斗争的话语权和主导权,旗帜鲜明、扎实有效地深入揭批达赖集团政治上的反动性、宗教上的虚伪性和手法上的欺骗性,筑牢意识形态领域反分裂、反渗透的铜墙铁壁,确保国家文化安全和意识形态领域的绝对安全。

第三节 互联网思维与拉萨文化产业

随着新兴媒体的不断兴起和发展,传统媒体和新兴媒体在内容、渠道、平台、经营、管理等方面日益深度融合。从国家发展的战略层面上来看,媒体融合不仅涉及媒介本身大发展的问题,更大程度上是要使媒介业运用时代技术和社会的发展,跟上社会发展、技术发展和时代发展的步伐,媒体融合转型最重要的是要应用"互联网思维"。[1] 作为20世纪人类最伟大的发明之一,互联网正逐步成为知识和网络信息时代人类社会发展的战略性基础设施,推动着生产生活方式的深刻变革[2],不断革新经济社会的发展模式,成为推动我国信息化建设的重要力量。互联网是当今我国经济社会发展进程中的一大亮点和重要的推动力量。在国家推动信息化建设和下一代互联建设的重大战略部署下,互联网发展迎来了重要的发展机遇,可以预见其未来巨大的发展潜力和广阔的增值空间。快速发展的互联网早已将西藏与内地乃至全世界紧密地联系在一起了。最新数据显示,截至2013年12月,西藏互联网用户数达到202.7万户,普及率为67.5%。

---

[1] 喻国明:《融合转型最重要的是要应用"互联网思维"》,《人民日报》2014年8月20日。
[2] 袁丽娜:《移动互联网:助力媒介融合升级》,《传媒》2012年第5期。

一、互联网思维提升文化内涵

党和国家历来高度重视互联网的发展,特别是十八大以来,互联网进入了蓬勃发展的阶段。2012 年 12 月,习近平在参观考察腾讯公司时指出:"现在人类已经进入互联网时代这样一个历史阶段,这是一个世界潮流,而且这个互联网时代对人类的生活、生产、生产力的发展都具有很大的进步推动作用。"2014 年 8 月 18 日,习近平主持召开中央全面深化改革小组会议强调:"推动传统媒体和新兴媒体融合发展,要遵循新闻传播规律和新兴媒体发展规律,强化互联网思维,坚持传统媒体和新兴媒体优势互补、一体发展,坚持先进技术为支撑、内容建设为根本,推动传统媒体和新兴媒体在内容、渠道、平台、经营、管理等方面的深度融合。"李克强在 2015 年政府工作报告中首次提出"'互联网+'行动计划",而且"要让人民群众享有更多文化发展成果"。这意味着从顶层设计层面制定国家的"互联网"发展战略,加快推进互联网与文化产业的融合创新,为互联网市场注入文化基因,形成全文化产业生态链,将对我国社会、经济、文化等方面产生深远影响。

(一) 拉萨文化产业发展进入快车道

互联网信息技术的迅猛发展和新媒体技术的应用推广催生了一批新兴产业,软件服务、工业咨询、外包服务等工业服务业蓬勃兴起。信息技术在发展环保节能的循环绿色产业等方面的经济功能日益凸显,在促进经济结构调整和转变经济发展方式等方面发挥着日益显著的作用,正逐渐成为中国发展低碳经济的新型战略性产业。互联网的迅速普及和高速发展在文化领域正酝酿着一次全新的变革,逐渐成为改变人类生活方式的革命性力量。网络生活成为社会生活的重要内容,互联网正在成为一种新的工作和学习方式。

根据《拉萨城市总体规划(2009—2020 年)》和《拉萨市创建国际旅游城市规划》内容,拉萨明确定位为"具有高原和民族特色的国际旅游城市",建设国际旅游城市成为城市发展的重要战略。为将拉萨打造成为

"游客的度假天堂，百姓的幸福家园"，加快国际旅游城市创建步伐，拉萨市多措并举加快旅游网络信息化建设步伐。

2013年已经建成并投入使用的拉萨市旅游综合服务中心极大地提升了拉萨市的旅游服务功能和旅游形象。该服务中心主要负责拉萨旅游网、拉萨旅游电子政务网、拉萨旅游行政办公局域网和拉萨综合数据库（三网一库）的日常管理及维护。为更好地实施"文化强市"战略，2014年投资70万元着力打造"拉萨市诚信旅游管理系统"，通过互联网平台，为旅游消费者提供信息查询、投诉建议的绿色通道，构建诚信旅游服务平台；为旅游行政管理部门和旅游企业提供业务管理、数据统计、数据分析、服务信息反馈。这标志着拉萨文化旅游在网络信息化工作进程迈出了一大步。此外，西藏宁算信息科技有限公司的"天上拉萨，智慧光谷"项目作为拉萨市2014年－2015年国家信息消费试点市（县、区）建设重点项目经过国家相关部门论证通过后将很快启动，进一步推进拉萨网络信息化建设。

（二）拉萨传统文化产业实现结构转型和跨界融合

以文化艺术、广播影视和新闻出版为代表的传统文化产业在长期的发展过程中，由于传统的文化体制机制导致了政出多门，各产业分属不同部门实行多重管理，加之各自的内容生产、制作条件、产品形式和传播手段的不同而相对独立，彼此没有太多的边界交融，因而形成了相对封闭和独立的经营模式。随着社会经济的发展和文化消费市场的日益活跃，落后的文化生产力与日益增长的精神文化需求之间的矛盾日益突出，传统文化产业各自为政的单一发展模式和低水平的产品生产远不能适应文化消费市场的快速发展。

无论哪个产业，用互联网思维重新加以审视，就会发现当中仍有非常多的机遇和空间。2014年阿里巴巴、腾讯和百度三家国内互联网巨头不约而同地在文化产业发起一系列并购和投资，涉足网络文学、数字音乐、电影电视、手游、视频领域等文化产业的方方面面。新时代条件下，文化产业应借势而动，用互联网思维武装自己，重新思考文化产品的生产流程、服务模式和业态形态。用互联网思维发展文化产业，首先需从生产端发力，根据观众所爱、所求，通过大数据分析来定制产品，并不断地通过用户的反馈，来调整自己的产品，让观众获得极致的体验；在营销端，要充分使用 web 和移动端的热门辅助工具，通过社交分享和互动，让消费者对产品产生情感、产生期待，这也是用户体验的一部分；在发行端，除了传统的终端外，还要充分利用网络出版、网络视频等，拓展收入来源。由此可见，在传统文化产业在产品的设计、制造、管理、销售等的全过程无处不渗透着互联网思维。现在，不管是零售业还是金融业，甚至在汽车等传统制造业也能看到它的影子。如果说过去互联网思维更多地还是在互联网这个圈子里流行的话，那么现在它已经实实在在地开始影响到社会的经济、文化、生活等各个领域。

为更好地推动藏语文出版产品生产和供给，包括国家藏文出版基地建设、西藏藏文古籍出版社编辑信息化、藏文互联网出版监管系统在内的 13 个项目工程已于 2012 年 6 月全面启动。国家藏文出版基地建设包括创意策划、出版翻译、数字出版、音像电子出版，以及数字资源管理、信息管理专用设备、软件及开发藏文电子书、免费赠送藏文电子书阅读器等，以应对藏文出版发行数字信息化趋势。

2015 年 2 月 15 日起，西藏卫视全面改版。全台改版工作以"新融合、新发展、新机遇"为主题对策，思考与定位全媒体背景下的西藏卫视发展，充分挖掘"西藏"概念蕴含的丰富资源潜力，始终把握正确导向，以大主题、大创新、大手笔讲好"真实发展变化的中国西藏故事"，传播正能量，共筑中国梦。此次改版围绕提升西藏卫视节目的引导力、传播力和影响力，以新闻栏目的改扩版为核心，以打造精品社教文艺节目和在国内外具有影响力的活动为重点，以增强频道的民族、文化特色和时尚靓丽感为抓手，改造提升存量节目，重点打造增量节目，通过互联网平台全方位提升卫视频道的节目品质，立足西藏、辐射藏族聚集区、面向全国立体传播西藏声音，讲述西藏故事，彰显西藏特色，努力将西藏卫视打造成中国藏文化电视传播权威平台。

（三）"三网融合"促使拉萨新兴文化业态不断涌现

2009 年《文化产业振兴规划》把文化产业划分九大重点门类，根据实践发展的需要提出了在发展壮大影视制作、印刷出版等传统文化产业的基础上,加快发展以移动多媒体、数字出版、动漫游戏和文化创意为代表的四大新兴文化产业。随着文化体制机制逐步完善、文化市场更加规范有序、文化与科技融合更加深入,文化产业的内涵不断丰富和调整,文化产业门类不断增加,发展迅速的网络新技术与广电、通信深度融合,催生出多种新兴文化业态,逐渐成为文化产业发展的新亮点。

随着国家新闻出版广电总局的新组建成立,推动了"三网融合"不断深入发展,传媒产业链中参与者的数量日益增加,产品制造商、通讯运营商、技术开发商、终端设备生产商等企业纷纷加入传媒产业链,特别是在音乐、动漫、游戏、影视上创造了崭新的文化生活方式和商业模式。互联网促进网络购物市场规模快速增长,成为拉动消费和经济增长的巨大动力,同时也带动了信息通信、商务金融、文化娱乐等新兴文化产业多方面的应用和创新。

随着互联网技术的飞速发展,以网络信息技术为载体和支撑,在内容和形式上都有别于传统文化产业的新型文化产品,如微电影、移动博客、云电视、手机院线、手机网游等,逐渐成为新兴文化产业发展的核心力量,在世界范围内正被世界各国视为战略性新型产业,一直保持着强劲的增长势头。近几年,拉萨在加快信息基础设施升级,特别是实施"宽带中国"工程、加快第四代移动通信(4G)基础设施建设和全面推进三网融合方面都有了长足的发展。

以拉萨市总体规划为指导,拉萨电信完成了拉萨老城区整体光纤网络改造,成为西藏唯一一家在老城区提供"光纤到户"网络服务能力的企业,进一步加快了提升城市地区宽带接入能力,助力家庭宽带升级,形成了"固移融合、天地一体"的网络优势。拉萨电信在优化 3G 网络覆盖的基础上,按照国家关于下一代移动网络的发展规划和部署,积极承接 4G 网络建设任务,做好网络规划建设和演进升级。中国移动拉萨分公司也在不断加大 4G 基站的投入,集中资源进行 4G 建设,目前,已建成 4G 基站 599 个。同时,在终端的推广上,向 4G 终端资源倾斜,加大 4G 终端推广力度。从基站和终端两方面,为 4G 的推广打下了基础。

自治区"三网融合"工作开展以来,拉萨市广电局积极与自治区广电局进行了沟通衔接。自治区广电局于 2013 年 11 月,与国家广电总局广播科学研究院签订了《三网融合业务试点技术方案评估论证委托合同书》，不断推动拉萨市三网融合工作深入开展。在以创新支撑引领经济结构优化升级的政策措施推动下，拉萨不断加强信息化与工业化深度融合、推动企业加快技术改造等政策实施，设立新兴产业创业新平台进展情况，通过网络信息化建设催生并促进新兴文化业态的结构升级。

二、互联网思维成为新的经济增长点

随着互联网产业规模不断扩大，互联网经济也以更加迅猛的姿态渗入社会生活的各个领域，不断带动社会投资和扩大内需特别是消费需求的增长，已经成为国民经济平稳增长的重要推动力量。随着互联网向传统产业加速渗透，产业边界日益交融，新技术、新应用、新升级风起云涌，新型商务模式和服务经济加速兴起，网络信息产业链不断完善，互联网正成为推动中国经济发展的重要引擎，深刻带动了文化产业的快速发展，提升了中国文化产业的核心竞争力随着移动互联网领域内各个新领域的网络文化产业不断被挖掘。它也不断吸引大量创业者和投资人加入，创新了传统盈利模式，进一步促进了整个移动互联网的快速发展，网络文化产业已经成为中国文化产业的重要组成部分。经过十多年的快速发展，拉萨文化产业已经进入到了新时期、新阶段。站在"十三五"远景发展规划的新起点上，在未来的5到10年，拉萨仍将持续处于重要的机遇发展期，有着巨大的发展潜力和增量空间。按照"挖掘文化资源，提升文化内涵，做大文化产业，扩大文化影响"的思路，未来一段时期，拉萨市文化产业发展的主要任务和发展重点为大力发展旅游文化创意产业。

第四节　互联网语境下西藏非物质文化遗产的数字化传播路径

根据联合国教科文组织的定义，非物质文化遗产（intangible cultural

heritage）是指各族人民世代相承、与群众生活密切相关的各种传统文化表现形式（如民俗活动、表演艺术、传统知识和技能，以及与之相关的器具、实物、手工制品等）和文化空间。非物质文化遗产承载着一个民族或群体的文化生命密码，被誉为人类的精神植被和历史文化的"活化石"。其最大的特征是原生态的文化环境成为民族文化个性和民族审美习惯"活"的呈现。它是一个国家和民族全部的文化积淀之所在，也是解释一个国家和民族的文化身份、显示文化个性的依据，是一个民族和国家自尊和自信的精神归宿。随着中国经济社会和网络信息技术的快速发展，大量的文化遗产在新的互联网信息语境中遭遇到前所未有的危机。因此，重视对文化遗产的传统保护和创新传承，对本民族文化资源的开发和利用，就不仅是一般层次意义上的文化资源保护，更重要的是立足国家文化安全的高度对其意义世界解读的话语权。①

未来的社会发展中，自然和社会是一体的，每个国家或民族都必然将生态问题、自然环境保护和社会发展联系起来。党的十八大正式提出生态文明建设，宣示将生态文明建设与经济建设、政治建设、文化建设、社会建设并列为国家总体布局的"五位一体"，足见国家经济和文化发展的每一步都必须考虑到自然资源的节约合理利用。特别是对非物质文化遗产的保护，不仅是在保护人类的精神家园和民族的文化认同，也是在保护人类世代传续的生态智慧，传统的人与自然和谐相处的经验与价值观，推动非物质文化遗产的传承和传播就是在为我国的文化自主创新工作提供资源，提供认识，为国家的经济发展和文化软实力的提升提供重要的智力源泉。②许多生产性的传统技艺是经济生活的智慧和力量，是我们国家文化繁荣的力量源泉，是民族兴旺的象征。非物质文化遗产的传承和发展意义重大，不仅是保护我们国家文化创新资源和文化财产的安全，更是保护我国文化多样性的存续发展。③

---

① 胡惠林：《中国国家文化安全论》，上海人民出版社2011年版，第256页。
② 方李莉：《从遗产到资源：西部人文资源研究报告》，学苑出版社2010年版，第58页。
③ 赵建国：《立法保护非物质文化遗产迫在眉睫》，《中国文化报》2006年6月29日。

第六章 互联网与西藏文化产业

一、非物质文化遗产与文化产业

在我国，非物质文化遗产凝聚着中华民族的智慧和精神，是中华文化的精髓，有效保护和传承非物质文化遗产对于促进我国民族团结、维系国家文化安全、保持社会进步稳定起着重要的精神保障作用。[①] 但是，近年来，随着现代生活方式的融入和现代化进程的加快，一些传统技艺不断受到市场、观念等客观因素的冲击和影响逐渐开始发生变化，甚至出现了随人亡而歌息、艺绝的严重后果。尤其是青年群体逐渐远离传统文化，淡化文化遗产的精神作用，对民族文化的追忆渐成绝响，民族文化的精神内涵渐次弱化，许多非物质文化遗产资源遭到不同程度的流变，导致整个中华文化传承出现断层，甚至危及民族命运和国家发展，对我国的传统文化传承创新带来了不可估量的后果。非物质文化遗产是一个民族文化的历史积淀和文化记录，也是世界历史与本民族发展演进的一种历史对话。漠视这种历史文化记录，缺失对自身发展的历史对话，就会失去文化根基，就会消散文化精魂。而民族文化的"根"与"魂"的培植和铸就，正是要通过大力保护发展非物质文化遗产去更好地推动文化产业的快速发展。[②]

后现代语境下，随着消费主义文化的兴起和发展，非物质文化遗产在很大程度上趋于表征符号化。非物质文化遗产承载的文化内容其实是在表征意义上呈现为各种文化符号的活态聚合，非物质文化遗产所蕴含的文化意涵成为文化产业的核心文化资源。譬如节庆民俗可以组织开发成丰富多彩的文化旅游节，民间音乐舞蹈可以进入文化演艺市场进行产业化运作，民族特色元素可以凝聚、提炼转化为各种手工技艺产品、装饰品和文化旅游纪念品。并非所有的非物质文化遗产都可以开发成商品进行产业化运作并产生经济价值。非物质文化遗产因其在人类历史长河中长期积淀的稀缺性、不可再生性、独一无二性使其具有经济价值的增值性而成为最能体现文化差异性的文化资源，进而上升到文化产业领域，独具文化资本的潜

---

① 张小平：《当代中国文化安全问题研究》，中国社会科学文献出版社2012年版，第133页。
② 刘国强：《非物质文化遗产保护与文化产业发展的思考》，《神州民俗》2011年第4期。

质,最终成为文化产业的核心文化资源。① 布尔迪厄的文化资本理论强调了文化产品是客观化的经济资本和文化资本的统一。作为文化商品的一种资本形式,文化资本必须通过交换才能转换生成文化产品,然后进入市场通过流通和消费实现经济资本的增值:"文化资本的象征性功效的最有力的原则,无疑存在于它的传递逻辑之中。"② 而交换或"传递"的最大前提就是文化资源的独特性和差异性,在此意义上,非物质文化遗产是文化产业发展的核心资源和重要支撑。

二、西藏非物质文化遗产保护现状

作为中国非物质文化遗产大区,西藏非物质文化遗产底蕴深厚、特色浓郁、丰富多样。西藏有包括《格萨尔王》、藏戏、锅庄舞、藏族唐卡等76项藏族非物质文化遗产保护名录,涵盖了民间文学、音乐、舞蹈、戏剧、杂技与竞技、美术、手工技艺、传统医药和民俗共9大类,国家级非物质文化遗产项目代表性传承人67人,自治区级非物质文化遗产项目代表作227项,自治区级非物质文化遗产代表性传承人134名。随着现代化进程的不断加快,保护措施不能有效落实,西藏非物质文化遗产赖以存在文化空间随之发生改变,一些特有的藏民族文化精粹正在急遽蜕变,许多传统技艺正日渐萎缩甚至濒临消亡,大量有历史和文化价值的珍贵实物与资料被毁弃,一些非物质文化遗产项目面临着后继乏人的困境。特别是在互联网的新语境下,传统的文化传承方式也必须顺应时代的发展融入新发元素,在保持活态传承的基础上不断推陈出新,焕发新的生机和活力。最大限度地保护西藏非物质文化遗产,是继承和弘扬中华民族优秀传统文化、推进西藏文化大发展大繁荣、普惠各族人民群众的一项重大文化工程。在互联网语境下利用数字化技术不断丰富和创新西藏非物质文化遗产的保护方式和传播路径是西藏非物质文化遗产保护传承与开发利用的应有

---

① 李昕:《非物质文化遗:文化产业发展重要的文化资本》,《广西民族研究》2008年第3期。

② [法]皮埃尔·布尔迪厄:《文化资本与社会炼金术》,包亚明译,上海人民出版社1997年版,第80页。

之义,更是当下发展西藏文化产业的重大命题,对于提高西藏文化软实力,推进西藏跨越式发展具有重要的现实价值和深远的历史意义。

鉴于非物质文化遗产的精神内涵以及技术性、制度性和口传心授等方面的特点,保护非物质文化遗产不在于固态或静态的复制保存,更多在于通过传承的行为传递和艺术保护进行活态承传,要充分尊重非物质文化遗产的存续环境和文化认同性,按其自身规律和模式进行永续传承。① 特别是非物质文化遗产稍纵即逝的无形特征,如果借助全新的传播手段和载体,利用数字新媒体技术可以实现对非物质文化遗产更有效的保护,使濒临失传的传统文化在保护传承中得到创新发展,重新焕发光彩。因此说,推动西藏非物质文化遗产的数字化传播,成为当下推进西藏非物质文化遗产保护、传承和发展的必然选择,互联网技术的发展尤其是三维数字技术的广泛应用,都为西藏非物质文化遗产的数字化传承和传播提供了强大的技术支撑。

作为西藏文化最神奇独特的核心精髓,西藏非物质文化遗产的传统存在环境和表现形态长期固守在一个特定的文化空间中,在互联网语境下要实现更好的保护和传承,其传播语境和传播方式在民俗方式或宗教仪规的范式下,传统的口传心授式的人际传播逐渐转变为以新媒体技术为核心的大众传播,已经成为创新西藏文化遗产保护的新路径。通过数字化虚拟储存和原生态影像记录等现代传播方式,使西藏非物质文化遗产免遭传承危机而得到抢救性的保护。通过数字化技术的存档和展示,完善西藏非物质文化遗产的传承、再生、创新和发展机制。这些研究成果一方面有助于学术研究不断深化;另一方面也能使西藏非物质文化遗产得到继承和弘扬,促进西藏传统民族文化的永续发展。

三、数字技术与西藏非物质文化遗产的保护与传承

2011年6月颁布的《中华人民共和国非物质文化遗产法》强调指出,要创新保护方式,对非物质文化遗产进行整体性和传承性的保护。2005

---

① 郑巨欣:《文化遗产保护的数字化展示与传播》,学苑出版社2011年版,第22页。

年3月实施了《关于加强我国非物质文化遗产保护工作的意见》，明确指出要运用文字、录音、录像、数字化多媒体等各种现代方式，对非物质文化遗产进行真实、系统和全面的记录，建立文化遗产档案和数据库，广泛开展宣传、展示、展演活动，彰显非物质文化遗产的丰富内涵和独特魅力。具有大众传播优势的非物质文化遗产数字化传承和传播是基于当今数字化时代非物质文化遗产保护所面临的新形势、新思路应运而生的，对于整体性保护、传承、利用和传播非物质文化遗产，推动非物质文化遗产走进普通公众，吸引广大人民群众积极参与，切实增强全社会的非物质文化遗产保护意识，共同守护精神家园等方面有着举足轻重的作用。

20世纪90年代中期以来，人们对于非物质文化遗产这一概念的兴趣和对于保护非物质文化遗产的重视程度一直在不断增强，尤其是在世界格局中对于现代社会中文化软实力与民族文化认同意识之间关系的认识增强，比过去任何一个时期都更加趋于一致，体现着国家民族文化结构的系统性和整体性。目前许多发达国家都非常注重文化遗产的数字化保护与传播，大规模地把文化遗产转换成数字文化形态逐渐成为一种文化保护的世界潮流。[1] 为使广大公众更广泛、自由、平等地分享世界文明成果，1992年联合国教科文组织正式启动"世界的记忆"（Memory of the World）项目，借助互联网数字虚拟技术在其门户网站上提供了大量可供无偿下载的技术出版物和手册等，对发展中国家数字文献和文化遗产保护提供了新路径。斯坦福大学的大型数字化工程"数字米开朗琪罗计划"利用三维快速绘制技术再现了意大利名城佛罗伦萨昔日繁华胜景，使美轮美奂的经典古建筑尽收眼底。"苏格兰十大世界文化遗产项目"采取各种尖端技术包括地理信息技术，为苏格兰境内外十处联合国教科文组织指定的世界文化遗址创建极其精确的数字模型，充分发挥移动激光测量技术快速、大面积测量、获取海量点云数据的优势，可以实现古建筑的数字化管理，进而开发出过去无法实现的详细分析、数据推理、三维反演、网上旅游等多种功能。[2] 中国的"数字故宫""数字敦煌""清东陵数字保护项目"等大型数

---

[1] 彭冬梅：《数字化保护——非物质文化遗产保护的新手段》，《中国书画》2006年第4期。
[2] 史波涛：《文物保护：技术引领数据复活文物古建》，《新闻周刊》2013年3月5日。

字化工程已经启用,在保护、宣传、展示等方面发挥着重要作用。数字媒体技术在对非物质文化遗产进行明晰分类、高效存储和原生态传播的同时,数字媒体技术本身也成了文化遗产不可或缺的重要组成部分。

(一)数字新媒体技术创新了西藏非物质文化遗产保护和传播方式

随着互联网信息技术的飞速发展和传播方式的多样化,特别是数字影像、三维立体成像、全媒体与宽带网络技术研究与应用的发展,在不断推动当代文明的发展进程中也创新了传统文化遗产的保护方式。在媒体融合的新媒体语境下,网络技术为西藏非物质文化遗产的保护、利用、传承和传播开创了一种崭新的发展思路和技术手段,大大拓展了西藏非物质文化遗产保护的存续空间。数字新媒体技术兼具记录、存储、阅览、检索、体验、共享等多媒体功能,将传统的西藏非物质文化遗产保护和发展推向一个更广阔的新天地。在存储上,影像媒体因其高精度逼真技术而在对口传心授的非物质文化遗产记录保护上独具优势,不同于传统媒体的简单复制和线性呈现,可使非物质文化遗产丰富深广的文化信息达到海量存储。在展示上,数字新媒体技术具有较强的直观性和现场感,通过互联网络技术和全媒体传播平台,忠实记录具体场景、声音、内容和主题,在虚拟的空间中再现非物质文化遗产真实的历史地理信息和文化意象空间,以一种相对直观的方式展示给大众①,使各族群众对西藏非物质文化遗产的感知和体验显得更加亲切、直观。

数字新媒体技术的多维性记录包容了非物质文化遗产几乎所有的民间活动和文化空间。基于数字媒介平台而建立起的西藏非物质文化遗产数字博物馆,可使西藏文化遗产在合理保护的前提下得以最大限度的展示和传播,打破特定时间、场所的限制,最大限度地实现文化资源的利用和共享。② 西藏非物质文化遗产通过数字技术可以转化为利于进行长久保存的物质文化形态。在互联网信息环境中,数字技术为西藏非物质文化遗产的制作工艺和表演技艺的创新提供了传承前提,采用数字信息技术保护和传

---

① 常凌翀:《新媒体语境下西藏非物质文化遗产的数字化保护与传承探究》,《西南民族大学学报》2010 年第 11 期。

② 杨海波:《数字技术与山东非物质文化遗产保护》,《山东社会科学》2009 年第 1 期。

承文化遗产，可以最大限度地弥补物质人力和外界自然不可抗拒的衰变或消失带来的缺憾。通过高质量的音视频（三维动画等）及先进的测绘手段对西藏非物质文化遗产进行记录、整理，能够保留大量"基因式"的信息，可使观众非常直观地认知非物质文化遗产技艺生产生成的全过程。

作为世界上最长的英雄史诗，《格萨尔王》以其深厚的民族性、思想性、艺术性在世界文化长河中璀璨夺目、生生不息，先后被列为"国家级非物质文化遗产名录"和联合国"人类非物质文化遗产代表作名录"，历经一大批风格各异被称为"奇人"的优秀民间艺人的反复吟唱，至今在青藏高原的人民群众之中进行着绵延不绝的活态传承。随着现代文明生活方式的渗透和融合，藏族群众生产生活的文化生态也在悄然发生着改变，一些说唱艺人的相继离世，千百年来依靠口头传承《格萨尔王》面临着岌岌可危的保护困境。国家已经意识到抢救和保护西藏非物质文化遗产的迫切性和重要性，从 2008 年开始，通过影视媒体的数字化技术对《格萨尔王》进行了大规模的整体保护与分类整理，从技术上突破了大多不识读藏、汉文字的民间艺人不能通过文字记录进行保护传播的技术瓶颈，为一批著名说唱艺人和传承人录制超过 5000 小时的影像资料，利用高速扫描和文字识别技术，把一些文本资料转化成图像和 Word 文档，翻译成各种语言，建立《格萨尔王》影音数据库，上传至互联网络并制作成各种数字文化产品，供人们在线阅读，最大限度地体现了《格萨尔王》的原始性、原真性、文献性、整体性、资源性，从而真正实现了《格萨尔王》的永久保存、资源共享和再开发利用。

（二）数字新媒体技术提升了西藏非物质文化遗产的传播价值

数字新媒体技术正在以前所未有的表现形式和发展速度，强烈地影响并改变着人类文化的存在形态。2008 年北京奥运会开幕式是一次全面运用多媒体数字技术的大型展演，以现代时尚的表现手法，通过完美的视听语言展示了五千年的中华文化遗产，实现了传统文化与时代精神的对接，高雅文化与大众文化的对接，给全世界的人民奉献了一场视觉盛宴。其最大的突破点在于选择了多媒体数字技术，开辟了互联网时代大型广场活动和舞台展演的数字化技术的先河。2010 年上海世博会中国馆的动画版

第六章　互联网与西藏文化产业

《清明上河图》采用了"基于大幅卷轴的数字化应用"技术，融合投影、电影和三维成像艺术手法，采用散点透视的构图法，将繁杂的房屋、桥梁、城楼和日常生活场景纳入统一而富于变化的图画中，将原本处于绢本上的人物和场景投射于数字平面上，动态再现了北宋时期都城东京（今河南开封）汴河两岸的自然风光和繁荣景象，体现了极高的历史价值和艺术价值，增强了国内外游客对《清明上河图》呈现的宋代城市建筑和社会生活的虚拟体验。① 再如，历经千年风雨侵蚀，繁盛一时的新疆苏巴什佛寺遗址现如今只存留黄土流沙等残垣断壁，然而通过 3D 航摄，利用网络新媒体数字技术进行加工、制作、合成，便可生成全面、生动、逼真的三维模型遗址，再现昔日高僧云集的辉煌胜景，使文化遗产超越时空界限，真正实现了文化资源为全人类共享，从而为编制丝绸之路遗产点的文物保护、展示、环境整治、监测和安全消防等工作提供重要技术支撑。

如果您想穿越时空，亲身体验百年前的大清王朝，在紫禁城陪伴皇帝批阅奏折，在射箭场与武士一起切磋技艺，以王宫贵族身份游逛御花园，在以往可能只是一种奢想，而在今天的互联网时代，这一切都可得到真切体验。故宫博物院联合 IBM 历时 3 年研发的"超越时空的紫禁城"能够让你无论在世界任何角落，只需轻点鼠标足不出户就能免费"游览"虚拟故宫全貌，深入了解故宫珍贵馆藏，在网上体验对弈围棋等昔日的宫廷游戏。"超越时空的紫禁城"是中国第一个在互联网上展现重要历史文化景点的虚拟世界，也是一座名副其实的虚拟体验型博物馆。除了使文化遗产能够得到多重开发和利用，数字新媒体技术还可以完整保存现有的文化遗址的原始信息，甚至能够完成在过去完全不能够实现的修缮和恢复。融合了东西方佛教石窟艺术的莫高窟壁画凝聚着千年人类智慧，是世界非物质文化遗产之一，历经千年风沙和历史岁月的侵蚀，严重破坏了艺术原貌。长期以来一直采用传统临摹技术复制壁画图像，很难持久且没有保真性。20 世纪 90 年代在莫高窟壁画保护和开发中开始采用数字影像技术和多光谱成像技术，一方面完整记录并展现了古老的壁画，另一方面也最大限度地保护了洞窟内的自然环境，大大提高了参观质量。

---

① 肖芃：《创新传播方式促进文化传承》，《中国社会科学报》2013 年 2 月 6 日。

由于历史地理等特殊因素，古老的传统藏族文化长期以来没有得到足够的关注，没有被更多的人发现和赏识。数字新媒体技术可以使遥远神秘的藏族文化变得可知、可触、可感。五集电视人文纪录片《西藏一年》利用三年时间进行跟踪拍摄，用镜头忠实记录了西藏一年四季中影响藏族群众日常生活的重大节日譬如展佛节、萨嘎达瓦节等，原生态呈现了藏戏等极具民族特色的文化遗产，一方面促使西藏文化更多地走向域外，另一方面也唤起了世人近距离体验藏文化的强烈兴趣；既为西藏传统文化的传承与传播注入了新鲜活力，也强有力地带动了当地文化旅游业的发展。

数字新媒体的传播方式，最大的优势在于打破了静态呈现的不可移动、难以还原等诸多局限。通过三维摄像和全景扫描，将民间传统手工艺制作全过程通过数字化编程，建立民族文化遗产数据库，然后进行分类整理，经过媒介融合，生成数字影像博物馆等多种文化产品形式，可以实现全景三维立体的动态展演。这样，活态文化的艺术精髓就可以完整保存，得以永续传承。以西藏"泽帖"为例，已有近千年历史的"泽帖"工艺，正面临着濒临失传的生存危机。"泽帖"意为西藏山南地区泽当镇一种独有的纯手工精羊毛哗叽纺织产品，它的做工比较复杂，而且面料质地要求高、制作技术难度大、制作时间较长，一旦失传将难再还原。今天，利用数字新媒体技术，把艺人在制作过程中的全部文化状态和整个工艺流程通过三维动画技术可以实现"泽帖"工艺完整转化成全媒体的数字文化形态，如果人们想了解和感受"泽帖"的制作工艺，只需进入网络空间，轻轻点击即可全景再现艺人制作"泽帖"的全过程，深切感受到藏族民间手工技艺的独特魅力。

（三）辩证看待数字新媒体技术与西藏非物质文化遗产传播的关系

一切非物质文化遗产都有其自身生存发展的基本规律，它的活态传承性和整体性保护特征都有赖于其原生态的文化生存空间。应该认识到所有的文化遗存作为一种精神财富历经沧桑得以延续和承传，都是民间传统文化的自觉延续，带有强烈的生命体验印痕。数字新媒体技术固然创新了西藏非物质文化遗产的传承和传播方式，促进了西藏非物质文化遗产的开发和利用，某种程度上网络和数字化手段在西藏非物质文化遗产保护和发展过程中得到了广泛运用，对其保护、传承、创新和发展创造了良好的外部条件，但并不意味所有的非物质文化遗产都应数字化。

传承和传播西藏非物质文化遗产一定要辩证看待数字新媒体这把"双刃剑"的两面性。如果忽略蕴含在非物质文化遗产中的精神追求和生存观念，而仅注重外在文化样式的神奇绝美，打破传承人与文化遗产的精神内核之间的文化衔接，脱离原始的文化生态空间，就会成为仅被复制成文化产品而意涵流失的文化碎片。一旦非物质文化遗产成为技术复制时代的表层展示和被动传播，非物质文化就会脱离其原生态语境，成为一个被消费的简单的"陌生化"对象，依附于文化遗产的自然生态空间和多样文化样式也就慢慢泯灭甚至不复存在了。很显然，这样的结果有悖于非物质文化遗产传承的初衷。在西藏，传统的泥塑工艺作为藏族手工艺的重要组成部分已经有2000多年的历史。它深深植根于民间，有着深厚的民族文化内涵和鲜明的藏族特色，当我们看到这尊栩栩如生的佛像人面时，并非仅仅欣赏它的面部神态，更愿意深切体验融注在这尊佛像里所传达的思想内涵。这位藏族匠人在制作泥塑的过程中，无形中负载了这种传统艺术所承传的信仰、宗教、审美、艺术等文化特质，以及这幅作品在被供奉时所处的文化空间和传递的特定的民俗功能。泥塑匠人揉的不只是泥土，更多地融合了历史、文化、情感以及对这幅作品独特的生命体验。因此说，对西藏非物质文化遗产的保护和传承，不能一味地创新保护方式而有意破坏西藏非物质文化遗产文化本身，而是必须把文化遗产所处的历史与地理环境连同它的多种文化样态一起进行整体性保护，进而实现文化的活态传承和创新发展。

第七章 西藏文化产业发展的战略选择与对策研究

笔者于 2012 年 8 月 30 日使用百度检索主题词"文化产业",共检索出 480 万条结果,再检索"西藏文化产业",得到 14 万条结果;以党的十八召开为重要节点,2015 年 6 月底再次检索"文化产业"和"西藏文化产业"分别得到 994 万和 30 万条的结果,分别增长了 48% 和 52%,涵盖了时政新闻、理论研究、工作报告、微博客以及主题论坛等多方面的内容。使用谷歌进行搜索,得到类似结果。而 2007 年之前检索"西藏文化产业"只有不到 3 万条结果,且主要散见于政府工作报告和学术理论研究文章当中,关涉内容和表现形式相对比较单一。由此可见,近年来西藏文化产业在全国文化产业持续升温的发展形势下得到了深切关注,也取得了长足发展。

经过十多年的快速发展,西藏文化产业已经进入了新时期、新阶段,站在"十三五"远景发展规划的新起点上,在未来的 10 到 20 年,仍将持续处于重要的机遇发展期,有着巨大的发展潜力和增量空间。同时也应清醒地看到,随着世界经济文化一体化进程的加剧和国内文化产业发展浪潮风起云涌,西藏文化产业也面临诸多方面的严峻挑战。通过对近年来党和国家以及西藏当地政府颁布的一系列文化产业重大决策的系统解读,笔者认为,破解西藏文化产业发展难题,加快文化产业发展对西藏全面发展的带动作用,亟需认清国内外文化产业发展形势,深化文化体制改革,大力实施一系列发展战略措施,精心铸造文化品牌,促使文化与科技、文化与旅游、文化与创意渗透融合,实施人才兴藏战略和"走出去"战略,使文

第七章 西藏文化产业发展的战略选择与对策研究

化产业逐渐成为西藏国民经济的支柱产业,成为西藏和国家文化形象的重要标志。

第一节 实施深化西藏文化体制改革战略

文化体制改革是我国文化产业发展的直接动力,我国文化体制改革始终伴随着文化产业发展的总过程。没有体制改革和制度创新,文化产业不能走向深入,难以发展壮大,更难步入国际文化产业发展的轨道。新世纪以来,尽管国家密集出台一系列文化体制改革的政策和法规,但现行的文化体制没有完成整体性转换,改制进程发展缓慢,文化市场缺乏活力和动力,文化产业领域迟迟不能得到有效开放。在全国文化体制改革的历史进程中,西藏实施文化体制改革措施的起步较晚,经历近几年的较快发展,虽然也取得了一些成就,对西藏文化产业增强活力、壮大实力发挥了重要作用,但西藏现行的文化体制机制与全国经济社会发展水平和国内外文化产业蓬勃发展态势仍有许多不相适应的地方。[①] 主要表现在西藏文化产业发展与党的十八大提出的全面建成小康社会奋斗目标不相适应,与建设中华民族特色文化保护不相适应,与文化强区战略目标不相适应,与当前国内国际经济文化一体化发展的新环境不适应,与新兴文化业态发展和高新科技迅猛发展不相适应,与西藏各族群众日益增长的精神文化需求和日益扩大的文化消费市场不相适应。由此可见,西藏文化体制改革的任务在今后相当长的一段时期内仍然十分重要而且非常紧迫。

一、推动国有经营性文化单位转企改制

2011 年 10 月,作为"十二五"时期我国深化文化体制改革的纲领性

---

① 张彩凤、苏红燕:《全球化与当代中国文化产业发展》,山东大学出版社 2009 年版,第 167 页。

文件，《中共中央关于深化文化体制改革推动社会主义文化大发展大繁荣若干重大问题的决定》正式颁布，其中强调在新形势条件下，要深刻意识到文化改革的重要性和紧迫性，必须深入持续推动深化改革开放，努力加快构建有利于文化产业发展的体制机制。2012年6月，西藏在贯彻落实推动社会主义文化大发展大繁荣若干重大问题的决定的实施意见中，针对西藏当前文化体制改革的现状和存在的突出问题，提出了切实可行的文化改革方案。在着力推进文化体制机制改革的进程中，要加快政府职能转变，理顺政府与文化企事业单位关系，建立管人管事管资产管导向既相对独立又相互结合的现代文化企业管理体制。积极稳妥推进经营性文化单位转企改制，分步推进自治区其他国营文化单位和事业团体改制工作，组建西藏传媒集团、西藏出版总社、西藏影视制作中心等。

根据西藏文化产业发展实际，新组建成立自治区文化改革发展工作领导小组，负责统筹协调西藏全区的文化体制改革工作，积极充分发挥宣传思想文化部门在文化建设和文化产业发展等方面牵头抓总的作用，协同各主要政府职能部门，共同研究制定相关配套措施，为西藏文化改革发展提供政策支持和制度保障。作为西藏文化体制改革和文化产业发展的首家国有文化试点单位，西藏传媒集团有限公司于2012年5月28日在拉萨正式组建成立，正式拉开了西藏文化体制改革发展的序幕。西藏传媒集团有限公司是西藏日报社顺应现代传媒发展趋势，整合党报优质经营资源组建的一家现代文化传媒企业。按照整合资源、调整布局、优化结构、提高效益的现代企业集团要求，西藏传媒集团集中整合了报社最优质的经营资源和人力资源，重组新建了广告传媒公司、物流发行公司、网络科技公司和文化旅游公司，覆盖了广告经营、信息传播和文化旅游等多个业务领域。作为集团旗下的重要新媒体——《西藏手机报》也于当天上线运行，开辟了西藏文化产业发展的新领域。西藏传媒集团将围绕西藏日报社长期积淀的媒体资源，利用互联网媒体核心技术，努力建构全媒体发展战略平台，从西藏实际出发，依托深厚的历史人文资源和独特的非物质文化遗产资源，积极探索现代传媒产业运作模式，把自身打造成为西藏文化产业开发的资源聚合者和战略投资者，真正成为西藏文化领域的大型平台服务型公司，最大限度实现西藏文化品牌提升、产业渠道拓展和服务平台聚合的发展需求。因此,加快西藏国有经营性文化单位转企改制,对于加强西藏主流媒体建设,提升全区主流媒体影响力,增强国有公益性文化单位活力,完善经营性文化单位法人治理结构,积极构建和发展现代传播体系,提高对内对外传播能力,繁荣全区文化市场都起着至关重要的作用。

二、拓宽文化产业投融资渠道

2012年初,文化部出台《"十二五"时期文化产业倍增计划》,提出"十二五"期间文化产业增加值年平均现价增长速度高于20%,2015年比2010年至少翻一番。十八大报告再次强调要将文化产业发展成为国民经济支柱性产业。产业增加值占GDP5%以上,才能称为支柱性产业。近几年来,西藏文化产业取得了一些成绩,在国民生产总值中所占比重不断攀升,但要实现西藏通过5年发展,使文化产业增加值占全区生产总值的3%以上的战略发展目标,政府必须打破行业垄断,破除文化产品和服务进入市场的各种障碍和壁垒,允许所有合法的经营主体进入文化产业领域,鼓励公平竞争,允许文化企业实行跨地区、跨部门、跨行业经营,不断拓宽文化产业投融资渠道,扩大文化领域对外开放。

融资问题是制约文化产业发展的关键因素。解放和发展文化生产力,激活文化市场促进文化消费,实现文化产业快速发展并带动经济强劲增长,离不开持续不断的资金支持和政策保障。长期以来,传统文化发展观念下西藏文化产业机制和管理体制不健全,政企不分、政出多头的体制积弊严重抑制了西藏文化产业发展的生机和活力。少数一些国有经营文化单位单纯依赖政府拨款和银行贷款,无法满足经济市场的文化需要,难以获得突破性发展。西藏国有文化企业尚且如此,而对于中小文化企业和民营文化单位来说,自由进入文化市场以期获得长足发展更是举步维艰。由此看来,当前西藏文化产业发展依然面临着融资困难、市场不活、发展后劲不足等突出问题,严重影响了西藏文化产业集约化发展和整体水平的提高。

西藏文化企业之所以存在融资难,根本原因在于以下两方面。一方面是文化融资主体自身条件所限。西藏文化企业领域绝大多数都是中小文化企业，有形文化资产和可供抵押的实物较少，融资成本较高，盈利方式不明确，不善于灵活运用多元化的金融工具。另一方，面僵化的文化体制限制了社会资本尤其是外资进入文化企业，文化融资风险较大，文化企业知识产权意识淡薄，未能采取灵活有效的债券融资、二级市场融资、私募股权融资、信托融资和产权融资等方式，从而导致融资渠道狭窄。①

为了加快文化资源优势转化为经济优势，更好地促进西藏文化产业健康发展，切实解决融资难的突出问题，2011年12月，《西藏自治区文化产业发展专项资金管理暂行办法》正式出台，面向全区具有独立法人资格的文化企业，开放受理股权投资和无偿使用两类专项资金使用办法，文化产业发展专项资金规模到2015年达到5000万元以上。随着文化体制改革不断深化，投融资渠道不断拓宽，西藏文化产业在政府财政对投融资市场的"撬动"下已经初步显现"抛砖引玉"的良好效果，各金融机构加快了西藏文化投融资体制的研究和开发，多元化、多渠道的文化金融服务平台逐步建成。西藏文化产权交易中心正式成立，10类文化产业项目在藏投资将得到专项资金支持，部分项目可得到总投资50%以内的资金补助。西藏自治区国家税务局下发《关于贯彻落实推动文化大发展大繁荣有关税收优惠的通知》，有条件地免收免征文化产业所得税。

在2015年第十一届中国（深圳）国际文化产业博览交易会上，西藏文化改革发展整体成就展示与非遗等其他特色文化产业推广、展销相结合，将西藏唐卡、藏香等文化特色旅游资源与移动互联网技术、3D数码、动漫等文化科技融合项目同台展出，以公众深度体验式观展和现场展演为特色，突出公众互动，既展示了西藏在传统文化发展上的优势，又显现了西藏加快推进文化产业创新发展的步伐。西藏代表团参加了在深圳会展中心举行的《2014中国文化产业重点项目手册》发布会暨重点项目招商推介合作签约仪式，西藏影视发展有限公司、西藏文旅集团分别向200多家国内外文化企业代表和20多家媒体作项目推介，并与区外多家文化企业沟通、商谈合作意向，现场与深圳纵深营销策划有限公司、深圳鑫桐文化

---

① 伍小军：《探索文化企业融资的新路子提高国家文化软实力》，《经济日报》2012年11月26日。

第七章　西藏文化产业发展的战略选择与对策研究

传播有限公司分别签订 1000 万元和 600 万元的合作意向。

实践证明，不断深化文化体制改革，畅通文化投融资渠道，在国家现有法规政策指导推动下，大胆吸纳外资和民营资本进入西藏文化产业领域，鼓励、支持和引导非公有制经济发展文化产业，确保对文化投入增加的幅度不低于当年财政收入增长的幅度，尝试组建各类文化产业的基金组织，针对不同类型的文化企业设计相应的融资模式，逐步形成以国有文化企业为主导，多种所有制经济共同参与、投资主体多元化、融资渠道社会化、投资方式多样化，项目建设市场化和文化产业发展新格局，适当放宽文化企业信用评级标准，引进和创新符合西藏文化产业发展特点的信贷产品。避免出现"政府是投资主体、领导是基本观众、评奖是主要目的、仓库是最终归宿"的恶性循环①。西藏要紧紧把握住文化产业发展机遇期，放宽市场准入和简化行政审批，为文化产业发展创造有利的市场环境，提供强劲的动力源泉。

第二节　实施西藏文化产业重大项目带动战略

文化产业健康持续发展，必须有结构合理、门类齐全、竞争力强的现代文化产业体系作为支撑。作为国民经济发展的综合体，文化产业具有较强的集群化特征，实现文化产业深层次资源的合理配置和有机整合需要数量众多的文化企业支撑。因此，发展文化产业，要积极培育壮大骨干文化企业，促进文化资源和要素向优势企业适度集中，提高产业的市场集中度，形成产业集聚效应，编织产业链网络，拓展文化产业的广度和深度，这也是国民经济发展的必然趋势。西藏文化资源丰富，优势明显，随着文化产业的发展和市场经济的带动，许多中小文化企业不断兴起，但是西藏文化市场开放时间较晚，开发较晚，不论中小企业还是国有文化企业普遍呈现弱、小、散的状态，总体发展水平较低，尤其骨干文化企业和重大产

---

① 沈望舒：《五中全会锁定两大文化目标》，《瞭望》2010 年第 43 期。

业项目缺乏的现实问题,长期以来一直制约着西藏文化产业的整体健康发展。由于中国加入国际世贸组织后在部分文化业务领域受到区外和境外文化产品的挤占,国际文化市场的不断放开形成了倒逼机制,从发展角度看,要解决西藏文化产业规模总量偏小的问题,促进产业结构升级和培育新的经济增长点,亟需扩大文化投资,着力培育和发展一批实力雄厚,具有较强竞争力和影响力的大型文化企业集团,打破当前文化产业在地区、行业、部门和所有制方面的限制,已成为西藏文化产业在战略层面上必须直面解决的重要问题。

一、培育壮大骨干文化企业

由于西藏特殊的历史和地理等原因,西藏文化产业在发展过程中不可避免地遇到了文化产业条块分割和地区封锁的发展障碍,丰富的文化资源一直未能进入到资本市场,资源优势转变不了产业优势,重要原因在于缺乏骨干企业的引领和带动,形成不了规模经济和整体合力,这与WTO背景下实现西藏文化产业的跨越式发展极不适应。无论是满足国内需求,还是参与国际竞争,特别是从维护国家文化安全的角度出发,都需要有一批依托西藏丰富的文化资源优势,具备雄厚的资产实力,实行跨行业、跨地区和跨媒体兼并重组,不断发展壮大并拥有自主品牌和独立知识产权的龙头文化企业集团。在此基点上,以资本为纽带,以技术为支撑,以市场为中轴,着力打造属于自己的"文化航母",确保文化意识形态领域和国家文化的绝对安全显得尤为重要。

文化企业是文化产业发展的重要基础,文化企业的规模和实力决定着文化产业发展的总体水平和质量。世纪之交,在中国加入WTO的历史背景下,很多文化企业还只是"小舢板",根本无法与国际知名的文化"航母"抗衡,我国文艺院线全部出口演艺收入比不上加拿大的一个马戏团。经过十多年的发展,中国文化产业依然规模不大、实力不强、活力不足,根本原因在于缺乏骨干文化企业的示范带动,形成不了规模经营。值得注意的是,目前长期占据国际文化市场的都是极具文化实力和世界影响力的

第七章 西藏文化产业发展的战略选择与对策研究

文化"巨无霸"。以"三片"① 为代表的美国文化产业，宛如碾压和粉碎一切的机器怪兽，长驱直入世界的每一个角落，在世界文化贸易市场占有绝对地位。全球文化产业影响力较大的知名文化品牌时代华纳、迪士尼、贝塔斯曼和哥伦比亚广播公司等跨国公司都是通过优化资源配置，以规模效益实现其核心竞争力的提升。

党的十七大以来，西藏特色文化产业得到快速发展。拉萨岗地经贸发展有限公司和拉萨城关区古艺建筑美术公司先后被文化部命名为"国家级文化产业示范基地"；另有拉萨岗地经贸有限公司、拉萨娘热乡民俗风情园、雅鲁藏布大酒店岗日民俗艺术馆、拉萨市城关区古艺建筑美术公司、林芝地区千年核桃民俗文化村、昌都地区邦达工贸公司、山南雅砻天神民族歌舞城、拉萨市新华书店等8家企业被评为自治区首批文化产业示范基地。2012年5月成立的西藏传媒集团在整合现有媒体资源的基础上，努力建成全区特色鲜明、效益良好的现代文化"旗舰"，真正实现西藏文化品牌的形象建构，这些都为壮大发展骨干文化企业奠定了坚实的基础。

在全国各省区都在努力发展壮大骨干文化企业、打造文化产业集群的发展形势下，西藏应该抓住机遇，争取国家优惠政策，从西藏的特殊区情出发，挖掘自身资源优势，实施差异化发展战略，有重点有选择地通过培育一两个骨干文化企业，增强对周边地区的辐射力和扩散效能，充分发挥国家和西藏的政策优势，通过大资本运作、大集群构建和大项目带动等方式，有计划、分步骤地建设一批独具藏文化特色的少数民族文化产业园区和基地，不断壮大西藏文化产业整体规模，完善文化产业链条，这是西藏文化产业实现跨越式发展的现实选择。

二、培育文化市场主体

文化产业要成为国民经济支柱性产业，推动国有文化企业做大做强，提升核心竞争力都离不开成熟的文化市场和合理的发展格局。发展壮大骨

---

① "三片"，即代表美国信息文明的硅谷"芯片"、代表美国电影文化的好莱坞"大片"以及代表美国饮食文化的麦当劳"薯片"。

干文化企业的同时，也要积极孵化、培育、扶持一大批具有创新性、发展潜力和活力的中小文化企业群，努力形成以大带小、以小促大、大中小协调发展的良好企业生态。一方面，要健全和培育成熟的文化市场体系，简化创办手续，降低准入门槛，鼓励各类中小文化企业向"专、精、特、新"方向发展，发展文化消费新业态，拓展大众性的文化消费市场，以满足群众文化消费需求，从而带动产出更多的社会效益和经济效益。① 另一方面，要积极发挥政府主导功能，引导各种文化资源与资本市场进行全产业链对接，构建以公有制为主体、多种所有制共同发展的文化产业格局。把发展产业和培育市场紧密结合起来，实现政府和市场的良性互动，这样就能充分发挥政府的支撑和保障作用，发挥市场对文化资源的科学配置作用，真正推动文化产业科学有序地发展。因此说，西藏文化产业发展不仅要注重打造产业"航母"，还要关注培育小微企业，加快对小微企业的扶持力度，这也是战略性的问题。

作为西藏文化产业的核心品牌和重大项目，大型史诗音乐剧《文成公主》剧场版2012年10月在北京国家大剧院成功全球首演，获得一致赞誉。作为其衍生产品，总投资4亿元的大型山水实景剧《文成公主》已于2013年正式对外公演，中外反响热烈。该剧以西藏历史文化为核心，以拉萨自然和人文资源为背景，用现代舞台艺术形式力争打造一台气势恢宏、荡气回肠的实景经典剧目，充分展示西藏文化的独特魅力与人文内涵，再现一曲千年流传的民族团结赞歌。由《文成公主》的成功演出，可以辐射带动更多的文化艺术团体积极参与到文化市场当中，促进文化市场主体不断发展成熟。在扶持发展骨干文化企业的进程中，值得注意的是，解放和发展文化生产力、提高文化凝聚力和资本整合力不仅需要国有文化企业"规模效应"，也不应忽视民营文化企业的"资本"力量，更要重视"范围效应"。全面提升文化市场的集中度，提供更多样化的文化产品才能更好地满足广大群众的多层次文化消费需求。

在重点培育和壮大西藏骨干文化企业集团的同时，还应注重建设西藏自治区文化产业项目库，以西藏县、乡（镇）为对象，深度挖掘西藏的民

---

① 章建刚：《理论为文化产业发展解题》，《光明日报》2013年1月24日。

族文化资源，根据西藏特殊的人文地貌，有针对性地进行"一县一业""一乡一品"的小规模、大群体开发，因地制宜设计特色文化产业项目，遴选一批特色鲜明、前景良好、设施健全的重点项目给予政策和资金支持。经过广泛申报和认真筛选，最终选定了124个具有较大开发潜力的文化项目进入产业项目库，涉及特色文化开发、民族手工艺品开发、文化艺术服务、出版发行和版权服务、广播影视制作、动漫和网络服务等领域。

实施重大项目带动战略，整合西藏历史、自然、生态、民俗、非遗等各类特色文化资源，调动社会各方面力量，加快建设一批基础支撑和示范带动效应强、成长空间大、经济社会效益好的精品文化工程，不断推动文化产业与物流、建筑、旅游、体育等新兴产业的融合发展，重点培育极地探险、文化旅游、歌舞娱乐、手工艺品创造与开发等经济实体进入文化市场，增加相关产业的文化含量，延伸文化产业链，提高文化附加值。

第三节　实施西藏文化产业"走出去"发展战略

胡锦涛同志在党的十八大报告中提出，扎实推进社会主义文化强国建设，提高国家文化软实力，提升中华文化国际影响力。以文化品牌为核心，融合文化产业和其他关联产业的发展是当今文化产业发展的新趋势和重要特征，将文化品牌融入整个国民经济发展中，加强文化产业各种业态之间的相互影响和相互渗透，让文化、资金、技术、市场、人才和政策等关键要素充分发挥在推动文化产业发展中的重要作用。

随着经济全球化程度日益提高，国际文化贸易市场越来越成为世界各国进行文化较量的重要舞台。近年来，文化产品和服务的贸易逆差初步扭转，文化产品出口总体呈现快速增长态势，2014年上半年，中国核心文化产品进出口总额达到98亿美元，比2013年同期下降了7.3%。其中出口是91亿美元，同比下降了8.4%；进口是8亿美元，同比增长了6%。2014年上半年中国对欧盟28国出口，核心文化产品是18.6亿美元，仅次于美国。但总体来看，核心文化产品出口总额在我国GDP和进出口总额中所占份额依然较低，与我国的综合实力和中华文化的影响力极不相称。我国文化"走出去"整体表现呈稳步上升趋势，文化交流和文化贸易日益成为中国文化走出去的"两翼"。但同时应该看到，我国文化产业仍处于初级发展阶段，文化贸易总量还很低，出口的文化产品种类和结构较为单一、层次参差不齐，文化产品和服务的市场竞争力较弱，缺乏独立自主的标志性文化品牌。利用文化产品出口打造和树立民族文化品牌，提升中华文化国际影响力，真正使中国成为文化贸易强国和文化大国，还有很长的一段路要走。

在信息传播环境下，文化产业已成为一个企业和一个地区，甚至一个国家最重要的无形资产。是否有独树一帜、具有影响力的文化产业，成为检验文化软实力发展质量、发展规模和发展前景的一个重要指标。文化产业已经成为体现各国核心竞争力的重要内容，而是否有独树一帜、有世界影响力的知名文化品牌也成为检验各国文化产业发展质量、发展规模和发展前景的一个重要指标。从《2013－2014年度国家文化出口重点企业和重点项目目录》可以看到，中华传统文化、民族特色文化、非物质文化遗产文化等文化资源已经成为吸引外国民众认知和消费中国文化产品的关键因素。而在现代文化产业和新兴文化产业中，缺少知名文化品牌、难以形成规模的授权产业依然是我国文化产品对外贸易面临的最大难题。即使处在顺差的文化服务贸易中，出口多为初级文化产品，创新能力和技术含量较低，文化资源大国地位与文化产业发展不平衡极不适应。由此可见，我国依然是对外文化贸易的"制造大国"，距离"创造大国"尚有距离，而文化产业的品牌化发展战略正是丰富文化资源和提升文化软实力的重要途径。近年来西藏文化产品对外贸易也有较快发展，但其中多为初级产品，产品复制能力突出，但原创能力严重不足，缺乏具有影响力的文化品牌。加之还不够熟悉国际文化贸易规则，"走出去"的时间较短，可资借鉴的成功范例较少。西藏和全国的文化产业"走出去"的能力普遍较弱，同国外一些发达国家相比有很大差距，根本原因在于未能有效提高文化资源的利用率，缺乏文化内涵提炼和挖掘创新能力。从"文化制造"到"文化创造"的发展迫切需要树立品牌意识，加强文化产品原创力度，实施文化精品工程，加快文化品牌建设，提高文化软实力和中华文化的国际影响力。

第七章　西藏文化产业发展的战略选择与对策研究

不容忽视的事实是，当经济领域的中石油、中移动挺进世界五百强时，文化领域却没有一个走向世界的著名品牌代表。全国 500 多家出版社的收入总和，不及德国贝塔斯曼集团一家的年收入。当"花木兰"和"功夫熊猫"被好莱坞拍成电影进军中国市场而大获成功时，中国的文化产业只有产量没有产值，当早已被国人熟稔的中国标签远渡重洋改换包装再返销中国时，中国人还要为此消费埋单。还有一个悬殊的对比：全世界每 100 本图书中有 85 本自发达国家流向不发达国家；全世界每 100 小时音像制品，74 个小时由发达国家流向不发达国家；美国生产的影视作品占全球总量的 10%，却占用了全世界 50% 的观影时间，重要原因在于其长期培植的以内容取胜的文化品牌在全球范围内产生的全文化产业链条效应，由此形成了文化产业发展不平衡的尴尬现实。这些问题都值得深思。

近年来，西藏文化产业在设立发展专项资金、培育特色文化企业、实施"走出去"战略等政策的推动下，取得了较快发展。但从整体上看还处于产业发展的初级阶段：具备一定的产品生产能力，却未能有效提炼文化内涵和挖掘创新能力，缺乏具有影响力的文化品牌。从"文化制造"到"文化创造"的发展，迫切需要树立品牌意识，只有深度挖掘西藏文化元素，实施文化精品工程，铸就西藏特色文化品牌，才能使我区文化产业走得更长远。

首先，要从观念上树立发展文化品牌的重要性，创立、维护、创新和发展文化品牌，可以对文化产业的发展产生资本集聚、规模放大、品质提升、消费导向、产业示范和利润增值等多重品牌效应。例如，正在建设中的"吞米岭·藏艺文博园"既是一个发展文化产业的过程，又是创立和塑造文化品牌本身，它可以催生出许多新兴文化业态，从而带动一个地区文化产业的整体发展。

其次，文化企业要注重塑造与推广大型文化品牌项目，重视和关注优秀内容的品牌项目的开发，特别是结合我区已在区内外有知名度的文化产品和国内外观众熟悉的一些藏文化元素、概念等作为内容选择的载体。例如，已经运营多年的大型实景舞台剧《文成公主》，便是将传统藏戏通过内容创新塑造出品牌的典型案例，并结合每年"西藏游"，形成了较为完整的产业链。

再次,西藏文化资源丰富,不缺少独具民族特色的文化元素,但如果不从整体上加以规划,提高文化资源的利用率,也面临着被同质化和粗放式的发展模式侵蚀的风险。各地区、各行业要立足于自身的文化资源优势,打造差异化的文化品牌。例如,林芝地区推出的原生态歌舞剧、日喀则市打造的江洛康萨民俗文化街等,就是在依托地区历史和民族特色所积淀形成的文化资源基础上,推动文化产业可持续化发展的有益尝试。

一、挖掘西藏文化元素

文化品牌是一个地区、一个企业、一个国家最重要的无形资产,是市场竞争能力和文化软实力的综合体现。通过创立、维护、创新和发展文化品牌,可以对文化产业的发展产生资本集聚、规模放大、品质提升、消费导向、产业示范和利润增值等多重品牌效应。创立和塑造文化品牌本身,也是一个发展文化产业的过程,而且可催生出许多新兴文化业态。品牌战略是文化企业运用市场推行的发展方略。推进品牌战略,开发和推广创新型文化品牌,以品牌扩大影响、吸附资源、开拓市场,从而带动一个地区或一个国家文化产业的整体发展。从传播学的角度看,《西藏"十二五"规划纲要》强调指出,要加强文化产业发展战略研究,打造西藏文化品牌,促进文化资源优势向文化产业优势转变,加大对外文化交流,创新文化"走出去"模式。西藏文化企业要注重塑造与推广大型文化品牌项目,要重视和关注优秀内容的品牌项目的开发,特别是结合西藏已在区外和境外有知名度的文化产品和国内外观众熟悉的一些藏文化元素、概念、城市名称等作为内容选择的载体。例如藏戏、锅庄舞、格萨尔王英雄故事、雪顿节以及极地、高山、峡谷文化探险旅游等各种励志类、环保类题材作为品牌名称,通过内容创新体现艺术追求,不仅塑造出品牌,更要打造出完整的产业链,不断扩大西藏文化品牌的知名度和影响力,最大限度地满足品牌定位人群全方位的"多元化生活方式"的需求。①

西藏是我国民族文化资源最富集的地区之一,属于文化资源大区,然

---

① 向勇:《文化产业应用理论》,金城出版社2011年版,第134页。

第七章 西藏文化产业发展的战略选择与对策研究

而在2013—2014年度国家文化出口的366家重点企业和123个重点项目目录中,西藏没有入选企业和项目,这与西藏提出的"文化强区"和"十二五"实现文化产业成为支柱产业的发展目标相距甚远。同属民族地区的云南省,分别有9家重点企业和6个重点项目入选,在全国文化产业发展指数报告中,云南同北京、上海和广东成为文化产业发展第一梯队的支柱型地区,而西藏同青海和贵州三省区则成为最后一个梯队的待培育地区。西藏由于缺少国内外知名文化品牌,重点文化企业和文化项目对外出口几乎一片空白,除了文艺表演、文化旅游在国内市场有一定影响,巨额逆差的国际文化贸易使得西藏文化产业的社会影响力十分微弱。此外,西藏的悠久历史和民族特色所积淀形成的重要文化资源正在被同质化和粗放式的发展模式不断侵蚀,影响了西藏文化产业的可持续生态化发展。

短短十多年,云南文化产业经历了"云南印象"到"云南现象",最后形成了独步世界的"云南模式"。而独具藏族特色的西藏元素却未能形成闻名中外的"西藏现象",西藏文艺演出和文化旅游等具有先天优势的文化资源没能转化为相应的产业优势。西藏文化产业能否结合自身文化资源特点探索出适合自身发展的"西藏模式",这些现实问题都成为西藏实施文化品牌战略过程中亟需深思的重大命题。

文化是民族的灵魂和血脉,文化资源是文化产业发展的重要基础。一个民族的文化,往往凝聚着这个民族对世界和生命的历史认知和现实感受,代表着这个民族最深层的精神追求和行为准则。西藏文化产业发展应探索将民族文化资源转化为与当代社会和西藏各族群众文化消费需要相适应的文化产品的创新之路,挖掘本民族文化资源中最能代表藏民族文化性格的差异化特征,提炼西藏文化元素建立起西藏文化资源的符号表达体系,确立西藏本民族的文化品牌,这样既关涉到能否聚集整合西藏的民族文化资本,又直接影响到西藏文化软实力的提升和西藏形象的建构。① 西藏文化资源丰富,从来都不缺少独具民族特色的西藏文化元素。以寺庙、喇嘛、经幡、朝圣、佛经等为代表内容的宗教元素,给人一种神秘、神圣的气息;以锅庄、堆谐、扎念弹唱为代表内容的音乐舞蹈元素,带给观者

---

① 黄永林:《从资源到产业的文化创意》,华中师范大学出版社2012年版,第22页。

空旷辽远、震撼心灵的视听感受;还有高山峡谷、雪域极地的高原自然风貌以及服饰、建筑、饮食、节庆、书法、藏医、绘画和图腾标志等藏文化元素,都被广泛融注在西藏各类文化产品中,深受世界各地人们的青睐。21世纪以来,随着西藏经济社会的全面发展,西藏文化备受世人关注,西藏旅游走进普通民众的日常生活视野,催生了许多新兴业态,当前各种藏族文化艺术形式蓬勃发展,已成为社会各界关注的热点。

最近几年,国家和政府高度重视西藏文化保护,政策和资金扶持力度不断加大。作为西藏的国家级非物质文化遗产的杰出代表,唐卡艺术风生水起,得到了很好的传承与发展。唐卡是藏民族的艺术瑰宝,在藏族文化中具有举足轻重的地位。唐卡绘画以其精湛的绘画艺术技法、丰富的民族文化内涵、独特的文化艺术价值深受国内外游客喜爱,在国内外的影响力不断扩大。唐卡也称唐喀,是藏文音译,指用彩缎装裱后用于悬挂供奉的宗教卷轴画。唐卡是藏族文化中一种独具特色的绘画艺术形式,其题材涉及藏族的历史、宗教、政治、医药、文化和社会生活等诸多领域,堪称藏民族的百科全书。唐卡的绘制过程、颜色用料、手工技艺都很独特,有着很高的文化和技术含量,在绘画艺术长廊中独一无二。2010年首届西藏唐卡艺术博览会在拉萨成功举办,此后每年举办一届。既是西藏唐卡艺术的一次集中展示,也是西藏优秀传统文化不断传承和发展的新举措,进一步挖掘蕴藏在唐卡中的艺术底蕴和产业价值,让藏族民间绘画艺术得到创新发展,让世界认识唐卡,让唐卡走向世界,唐卡文化的知名度和美誉度得到显著提升。伴随着高新科技的进步发展,西藏唐卡艺术初步探索出了一条传统文化内涵与现代科技深度融合的产业化发展道路,为探索西藏非物质文化遗产及传统民族工艺的保护和传承搭建了产业化发展平台,为将唐卡文化塑造成为西藏文化产业的重要品牌打下了坚实的基础。

2012年3月,由西藏多派唐卡创始人年叙·多吉顿珠与著名唐卡画师丁嘎历时两年时间共同创作完成的涨幅新唐卡"五度母像",以168万元价格,藏族收藏家收藏,创下中国大陆新唐卡价格新高,充分印证了西藏唐卡的品牌价值得到了市场认可,实现了西藏传统文化产业步入品牌化发展道路的成功转型。对于西藏传统文化资源的现代转型,这仅仅是开始,还有很多鲜为人知的民族艺术瑰宝依然养在深闺无人知。在今天市场经济条件下，西藏文化产业要适应时代的发展，就要坚持走差异化发展道路，不断创新保护和传承方式，充分开挖和借助西藏文化元素，赋予传统文化以新的时代内涵，把文化产品推向市场，树立自己的文化品牌，增加文化的附加值，大胆借鉴发达地区文化产业发展的商业模式，走出一条符合西藏特点的文化产业发展之路，将唐卡文化产业打造成西藏的文化名片。

二、打造文化精品工程

当今世界，国与国之间的较量除了体现在经济、军事、政治等方面，更多地体现在文化市场上，围绕着文化产品、文化服务和文化资本的激烈竞争，不同文化的交流、交融和交锋越来越多。面对国际文化相互交流、融合的发展形势，各国在发展文化产业上都把"走出去"作为重要战略来实施，增强本国文化在国际上的影响力和话语权。早在2000年我国文化部制定的《文化产业发展第十个五年计划纲要》中就提出要充分利用国内优秀传统文化资源，积极参与国际文化市场竞争，鼓励发展外向型文化产业，出口优秀的具有民族特色的文化艺术产品。2003年，文化部在《关于支持和促进文化产业发展的若干意见》中首次明确提出实施"走出去"的发展战略。随后几年国务院和文化部不断出台贯彻文化产业"走出去"战略的政策性指导文件。2012年《国家"十二五"时期文化改革发展规划纲要》提出，鼓励文化企业走出去；同年，《文化部"十二五"时期文化改革发展规划》再次提出，实施品牌战略，推动文化产品和服务走出去，建立文化产品和服务"走出去"资源库；2012年党的十八大倡导不断增强中华文化的国际影响，使文化产业成为国民经济支柱性产业，中华文化"走出去"迈出了更大步伐，社会主义文化强国建设基础更加坚实。由此可见，受到国家政府部门高度重视的文化产业"走出去"战略，已经成为实现文化产业发展战略和振兴规划的重要内容。

文化产品与服务所具有的经济属性与意识形态属性，使得一个国家的对外文化贸易不仅具有经济价值，而且具有传播国家意识形态和价值观、树立国际良好形象的文化价值。① 美国文化贸易霸主地位就是美国"霸权文化"的最好印证。许多国家都非常重视对外文化贸易、文化交流和文化外交。对外文化交流具有经济交流和政治交流无法替代的作用，能够更好地吸收各国优秀文明成果，我国充分利用好国内外各种文化资源，有助于增强中华文化的影响力。日本制定了一系列的文化外交政策，通过有针对性的文化传播和文化交流，很好地宣传了本国文化和形象。韩国的文化产品在海外宣传是通过"免费体验"模式实现的，从而加深各国对韩国文化产业的认识，利于扩大宣传。美国通过文化教育交流项目推广本国文化，不断扩大本国文化对外传播的影响力和渗透力。近些年来，美国通过文化输出一直控制着世界60%～80%的广播影视内容，占据世界电影市场的半壁江山。相比之下中国的文化产品和服务出口总体上还比较弱。中国文化产业刚刚起步，缺乏走出去的经验，文化产品及服务的海外市场规模不大。我国当前经济总量占世界份额超过9%，而文化产业占世界份额只有4%②，目前输出到西方发达国家的主要是文化制造类商品，而那些承载深刻思想内涵和传统文化价值观的文化内容产品进入到国际文化市场的不多，尤其缺少走出去且能够影响世界的文化品牌。

根据中央推动社会主义文化大发展大繁荣若干重大问题的决定，西藏加快文化走出去的步伐，积极扩大对内对外文化交流。为了鼓励和调动广大专业创作人员的积极性、主动性和创造性，形成以西藏专业歌舞、音乐、藏戏、曲艺、话剧、戏剧小品为主体的剧（节）目创作新格局，西藏出台了《关于专业舞台艺术创作项目的扶持奖励办法》，旨在打造一批文化精品工程，铸就西藏民族文化品牌，推动西藏文化走出区外、走出国门、走向国际文化市场，切实提升社会主义新西藏文化在全国乃至世界的影响力。

大型民族歌舞史诗《文成公主》《扎西岗》等剧目荣获"国家舞台艺术精品奖"和"文华特别奖"等重要荣誉；大型歌舞《魅力西藏》、现代

---

① 胡惠林：《我国文化产业发展战略理论文献研究综述》，上海人民出版社2010年版，第22页。

② 国丹：《中国文化"走出去"：从文化交流到文化贸易字号》，2012年10月，和讯网http://news.hexun.com。

藏戏《金色家园》分别荣获第四届全国少数民族文艺会演"金奖"和多个单项奖。在 2013 年 1 月闭幕的由文化部主持的全国文化厅（局）长会议上，西藏精心打造的大型民族歌舞诗《魅力西藏》获得 2011～2012 年度国家舞台艺术精品工程剧目资助奖，大型革命历史题材民族话剧《解放，解放!》成功晋级 2011～2012 年度国家舞台艺术精品工程 15 强，并首获国家舞台艺术精品工程精品奖，填补了西藏独立创作的专业舞台艺术荣获国家级奖项的历史空白。但是，我们也应看到，与西藏在全国文化资源宝库中的地位和作用相比，与神奇、神秘、神美的西藏文化所散发的巨大魅力相比，西藏文化交流和文化贸易仍然处于起步阶段。品牌意识的树立，精品文化的塑造以及文化贸易规模、文化交流程度、文化产品和服务质量等很多方面都有待进一步提高，具有国际影响力的文化企业和文化品牌仍在培育当中，进一步推动西藏文化走出去的发展战略任重道远。

三、由《云南映象》看《文成公主》的品牌塑造

作为西部经济欠发达地区，云南通过十多年的实践和发展，在文化产业发展方面走出了一条独具特色的创新道路，探索出了成功的"云南模式"，创造了蜚声海内外的"云南现象"，云南文化产业走出去效果显著，尤其是原生态歌舞《云南映象》的成功经验值得西藏借鉴。一种有质量的文化或产品的输出，不能简单地理解为是一件普通商品的贸易和交流，它所蕴含的文化信息往往是多意的、深厚的。文化产品若能够成功实现"走出去"并树立起民族文化精品，除了具有很高的艺术价值以及很强的观赏性和可读性，同时也应该具有正确的价值观念和健康的思想导向，要能够传递出这个民族的传统文化、民族特色、宗教信仰、生活习俗和意识形态等多元化的信息意涵，而这些信息又属于这个民族或国家所独有，一旦实现成功对外输出，即可实现文化品牌带动本国或本民族文化产业的整体发展。

作为中国舞蹈史上第一个独立营销、包装和推广的原生态民族歌舞集，《云南映象》融合传统文化和现代艺术，由著名舞蹈家杨丽萍领衔主演，70％的本土农民演员身着各民族服饰，将原创乡土歌舞精髓和民族舞

经典进行全新整合重构,融入原生态民族文化元素,展现了云南浓郁的民族风情。《云南映象》从高原村寨走向世界舞台,为中国的舞台艺术走向更广阔的文化市场探索出了一套崭新的运作模式。自 2003 年在昆明会堂首次公演以来,《云南映象》已经在国内正式演出近千场。《云南映象》本身也已经成为一个中国舞蹈界的共有文化品牌、一张誉满世界的"中国名片",其品牌价值不断提升,成为云南民族文化的标志性艺术精品,成为云南对外宣传的重要窗口。杨丽萍和《云南映象》火暴国内演出市场并具有强烈的生命力,深层原因在于其既有对民族魂、民族根的继承和张扬,也赋予了鲜明的新时代特征。

近几年来,随着中央和西藏政府对西藏传统文化保护和发展重视程度的不断提高,优惠政策和资金扶持力度持续加大,一大批精品剧目不断涌现。大型歌舞音画史诗《喜马拉雅》、大型藏族歌舞诗《神奇的家园》、大型民俗歌舞《天上西藏》、大型原生态歌舞乐《藏谜》、大型原生态歌舞诗《幸福在路上》等西藏原生态的歌舞类剧目接踵进入人们的视野,给西藏各族人民献上了精美绝伦的视听文化盛宴,但影响力和持续发展势头依然弱小。2012 年 10 月,由汉藏两地优秀演员共同演绎的大型史诗音乐剧《文成公主》在北京国家大剧院歌剧院首演大获成功。作品围绕文成公主远嫁吐蕃这个家喻户晓的故事再现了 1300 年前汉藏和亲之路的动人故事。全剧将藏族原生态艺术元素很好地与音乐、戏剧、舞蹈等多种艺术形式交汇融合,使观众在享受华丽的视觉盛宴之余,还能深切感受到卓舞和藏戏等非物质文化遗产带来的艺术感染力。别离、忧思、热爱、虔诚、信仰、宽容、坚定等主题元素交汇成一曲荡气回肠的民族团结赞歌,深情表达了中国人民热爱和平的民族传统与维护祖国统一的共同心愿。

当一个经济欠发达地区面临人才匮乏、资金短缺的发展瓶颈时,应注重开掘现有文化资源,不断提炼满足国际文化市场精神需求的消费主题,加强创意设计,讲好故事,塑造国际文化市场的消费对象,培植自己的文化品牌,完善文化产品的制作、生产、传播和消费的产业链,不断推向国际文化市场,此为当代文化产业发展的一种新经济模式。[①] 所谓"品牌"

[①] 向勇:《"云南现象"的启示》,《光明日报》2012 年 10 月 23 日。

第七章 西藏文化产业发展的战略选择与对策研究

意指文化企业或品牌主体一切无形资产总和的全部浓缩，而这一浓缩又可以特定的形象及个性化的符号来识别，品牌是资产，是乘数，其附着的文化、情感内涵为文化产业增加了许多附加值。作为西藏文化产业的典范之作，西藏应该把《文成公主》打造成西藏文化的名片。以《文成公主》的成功演出为重要契机，积极发挥政府主导作用，将《文成公主》进行再度创意和包装，融入西藏文化元素，丰富西藏文化资源生命力，凝练文化产品的内容品质，打造西藏文化的世界品牌，提升西藏的世界的形象，扩大中华文化的国际影响力。

第四节 实施西藏文化产业三大融合发展战略

党的十七大以后，国务院和文化部连续下发一系列政策文件，多次明确提出，要推动文化产业与旅游、信息、物流、建筑、房地产等相关产业融合发展，促进不同文化行业之间的融合和渗透，增加相关产业文化含量，整合各种资源，延伸文化产业链，提高产业附加值，促进文化产业呈梯次型发展，形成以文化内容为纽带、关联度日益密切的庞大产业链和产业集群。在高新技术与经济发展相融合的大背景下，产业融合已经越来越成为产业发展的现实选择，成为提高产业生产率和竞争力的一种新型发展模式。① 不同产业或同一产业不同行业在技术与制度创新的基础上相互渗透、相互交叉，最终融合为一体，逐步形成新型产业形态。产业融合是个行业关联度极高，具有较高的开放兼容性、极强的集聚辐射力和渗透性的新兴产业形态，能够在全球范围内集聚资源和辐射能量，文化产业与相关产业进行深度融合，具有深厚的发展基础和巨大和潜力空间。推动文化产业与相关产业融合发展，既是加快转变经济发展方式，促进文化产业发展的必然要求，也是推动文化产业结构升级，上升为国民经济支柱性产业的迫切需要。

---

① 张兆安：《产业融合也是创新》，《解放日报》2011年7月26日。

西藏文化产业发展起步晚，基础薄弱，动力不足，整体水平不高。如果不实行产业融合进行结构升级和产业增值，西藏文化产业仍将长期处于小规模分散化状态，形成不了整体合力和集聚优势，不能适应市场经济发展的需要，也难以实现跨越式发展的战略目标。因此，在"十二五"重要发展机遇期，西藏文化产业要增强产业融合意识，结合西藏的产业基础和资源优势，充分利用中央对西藏文化产业发展实施的特殊政策和优惠措施，借助现代高新科学技术，融入独具特色的西藏文化创意元素，实施文化与旅游、文化与科技、文化与创意三大产业的融合发展战略，催生新业态、新产品、新服务、新模式，从而带动其他相关产业的联动发展。通过产业融合来推进西藏文化产业实现创新驱动和转型升级，对于西藏文化产业跨越式发展和西藏经济社会全面协调发展具有十分重要的现实意义。

一、文化与科技融合战略

文化产业是一种具有非物质生产特征的精神生产，科学技术是解放文化生产力的重要手段，文化与科技融合是对现阶段我国文化产业发展模式的升级和超越。纵观国内外文化产业快速发展态势，科技与文化融合的趋势日益加强，科技与文化的相互渗透对经济社会发展的作用力超过以往任何时代，科技融注渗透到文化产品创作、生产、传播、消费的各个领域，文化与科技融合已经逐渐成为实现文化产业整体升级转型的重要突破口。

为贯彻党的十七届六中全会精神和《国家"十二五"时期文化改革发展规划纲要》的战略部署，深入实施《文化部"十二五"时期文化改革发展规划》，科技部于2012年8月会同文化部等其他六部委联合印发了《国家文化科技创新工程纲要》，为国家发展文化科技创新勾勒出清晰的发展目标和前进道路，也为党的十八大提出的促进文化和科技融合、发展新型文化业态、深入推进社会主义文化强国建设提供了有力抓手。同年9月，《文化部"十二五"文化科技发展规划》颁布实施，强调要把增强自主创新能力作为文化科技发展的战略基点，并对文化与科技融合发展的目标和重点都提出了新要求。由此可见，文化与科技融合创新在推动文化产业转型升级中的作用日益凸显，文化与科技深度融合将成为我国文化产业发展

第七章 西藏文化产业发展的战略选择与对策研究

的重要支撑和引擎。

强力推进文化与科技深度融合，西藏拥具得天独厚的基础资源优势，为科技融合传统文化，创新文化传播方式，推动西藏文化产业发展创造了良好的发展环境。作为非物质文化遗产大区，西藏许多非物质遗产多靠传承人的口传心授和民间的自发传承，随着时间的流逝和岁月变迁，一些文化艺术形式遭到现代文明的冲击和现代生活方式的侵蚀而发生流转迁移，甚至濒临灭亡。特别是当传承人年事已高难以继续承传传统艺术，渐渐出现人亡歌息的境地，严重影响和破坏了西藏传统民族文化的保护和传承。在大众传播的新媒体技术环境下，积极运用现代大众媒体的影像记录和数字化技术，可以对原生态的民族文化进行整体性的完整复制存储，利用现代科学技术使濒危文化遗产得到抢救性的保护，有效推动西藏文化遗产信息资源、数字资源的开发利用，实现西藏民族文化的保护、传承和可持续发展。

近些年，现代科技融入西藏的文物保护也得到长足发展。跨越1300余年的藏文历史档案是自吐蕃时期的藏文碑铭文书起至今藏民族社会生活发展历程极为珍贵的历史记录。由于年代久远，部分以纸质、木质、叶质、骨质、金石为载体的典籍档案出现了不能移动触碰、字迹模糊消退等问题，西藏档案馆采取了传统工艺和现代科技相结合的保存方法，利用档案微缩与复制的数字化技术，还安装了计算机辅助档案管理系统、库房温湿度调节系统、档案装具系统等一系列高新科技设备，对西藏档案文物实行了有效保护和传承。

由于藏语文信息化是一项复杂的系统工程，受制于技术瓶颈，藏语文在排版、出版以及网页制作等方面长期止步不前，迟迟未能建立汉、藏文兼容的门户网站，一度成为互联网信息化时代的"孤岛"。经过多年研究攻关，北大方正电子有限公司等机构终于在2007年成功研发出新一代藏文电子出版、藏文计算机输入等尖端技术，使拥有1300余年历史的古老文字与现代高新科技接轨，研发出了输入法、操作系统、办公软件、网页浏览器等一批基础性藏语文信息处理软件。藏语文跨步迈入了"电子时代"，并通过"电子化高速路"驶向全世界，中国藏语地区的互联网技术一跃赶上世界潮流，有力地促进了西藏经济、文化、社会全面发展。近年来，在国家和西藏政府的大力扶持下，西藏完成了《藏语术语标准化工作的一般原则与方法》《新词术语翻译和借词使用规则》的制定和《制定藏语标准语方案》的起草工作，建立了《藏语标准语语音数据参数库》，有效实现了汉、藏、西文混排，大大提高了藏语文的科技含量与信息化水平。

利用高新科技不断创新西藏文化传播方式和手段，加快以西藏数字图书馆为龙头的大容量数字化文化资源库建设，完成西藏全区市县公共图书馆联网，实现资源共享。大力推进西藏舞台技术进步，不断发展新的艺术表现形式，加快西藏村村通广播电视网络化和电影放映数字化进程，依托文化产业园区和创建国家级文化和科技融合示范基地，健全产学研相结合的文化技术创新体系，以文化融合科技引导和培育新兴文化产业，以增量增长带动西藏文化产业逐渐成为支柱产业，不断提高西藏文化产业在国民经济中的比重。

二、文化与旅游融合战略

随着社会经济的发展和物质文化生活水平的提高，人们的精神文化需求也在不断增长，文化旅游成为人们娱乐休闲和满足精神文化需求的主要方式。文化旅游是近几年才出现并流行的一个名词，它的出现与游客需求的转变密切相关，旅游内涵不断丰富发展，不再仅限于历史遗迹、特色建筑、民俗艺术、宗教文化等人文资源内容的游览观光，当今人们更注重通过欣赏异国异地传统文化、追寻文化名人遗踪或参加当地举办的各种文化活动进行深度旅游体验，深切感知和体察人类文化的丰富内涵和艺术魅力，寻求文化享受和精神愉悦已成为当今旅游者的一种风尚和趋势。人在旅途，重在自由地体验与欣赏，旅游的真谛在于自由生命个体的自由体验。

文化与旅游天然联姻，密切相关。一方面，文化是旅游不朽的灵魂，文化的内涵决定着旅游的品质和精神价值，是旅游业增强感染力和吸引力的根本所在，是旅游业持续发展的不竭源泉。另一方面，旅游是文化的重要载体和表现形式，旅游过程除了感受直观的历史、建筑、民俗等外在文

第七章 西藏文化产业发展的战略选择与对策研究

化资源,旅游过程的实质是感受、品知、体验和享受文化的精神之旅。离开了文化之"魂",旅游之体就缺乏精神支柱而失去了生命力,从而影响旅游对游客的吸引力;离开旅游之"体",文化之"魂"就失去了最佳表现形式和传播渠道,文化的精神内涵就会大打折扣,就难以发挥文化的教育和导向作用。[①] 文化与旅游融合逐渐催生出了文化产业的新兴业态,并且衍生出内容丰富的多样化文化产品,大大促进了文化产业的发展。同时以文化带动旅游,成为旅游业繁荣和发展的宝贵资源和强大动力。文化与旅游的结合,既是现实的迫切需要,也是文化遗产保护化作民众自觉自愿行为的必要途径,创造了 1+1>2 的效应。实践证明,文化遗产与旅游深度融合,发挥文化的辐射与渗透效应,通过开发旅游纪念品及其他衍生产品,可为当地旅游地注入新的活力并带动旅游产业化发展,提升旅游的精神文化内涵,发挥旅游对文化消费的促进作用,进而有效实现对文化遗产的保护、利用、传承和发展,同时也实现了文化自身的发展。

西藏是世界著名的旅游胜地,坐拥独步世界的文化旅游资源,具有深厚独特的文化底蕴,不但有斑斓多姿的藏民族文化,还有深邃幽秘的藏传佛教文化,以及团结包容共生共融的各民族多元文化。西藏有雄伟壮观的布达拉宫,举世闻名的珠穆朗玛峰,令人神往的神山圣湖,郁郁葱葱的原始森林,珍贵奇异的高原动植物,世界第一大峡谷雅鲁藏布大峡谷等众多的世界级非物质文化遗产资源,8 个国家 4A 级旅游景区和 6 个国家级自然保护区,还有中国优秀旅游城市——日光之城拉萨和历史文化名城日喀则、江孜等旅游资源。[②] 此外,西藏还有藏历新年、雪顿节、雅砻文化节、仓央嘉措情歌旅游文化节、羌塘赛马节、珠峰旅游文化节和林芝桃花节等一大批节庆文化旅游品牌。

西藏以丰富的自然资源、独特的人文资源、优先的地理资源和良好的政策资源时刻吸引着世界各地的人们慕名而来,亲身领略西藏文化的独特魅力,完成人们荡涤肺腑的心灵之旅。中央政府历来重视西藏文化的保护与发展,制定了一系列优惠措施。2011 年 1 月,西藏自治区人民政府提

[①] 永春:《文化与旅游大有可为》,《人民日报》2012 年 10 月 31 日。
[②] 肖鲁伟:《西藏旅游文化产业发展的思考》,《西藏日报》2012 年 6 月 7 日。

出西藏旅游文化产业在生产总值中的比例力争达到3%以上。同年10月，西藏同国家旅游局签订了关于加快推进西藏重要世界旅游目的地建设的全面战略合作协议，强调要把西藏传统文化保护与旅游资源开发相互融合，使旅游文化产业到2020年逐步成为西藏国民经济支柱产业。2015年一季度，西藏旅游业保持着持续发展的好势头，累计接待国内外游客46.4万人次，同比增长26.1%；其中接待入境游客1934人次，同比增长15.4%；实现旅游总收入5.19亿元人民币，同比增长38.4%。

总投资逾300亿元的中国西藏文化旅游创意园区已于2014年全面拉开建设序幕，旨在形成集观赏性、娱乐性、艺术性于一体的现代化园区，集民俗文化、演艺娱乐、文化创意、文博展示、酒店休闲、商贸观光、田园风光、生活服务于一体的文化旅游产业聚集区。作为文化与旅游融合嫁接的成功典范，该园区依托拉萨作为自治区首府和藏民族文化中心腹地的地缘优势，充分挖掘西藏丰富独特的文化资源，突出藏文化主题和休闲功能，力图在3到5年内树立西藏文化产业特色品牌，打造藏文化的鲜活博物馆，真正实现西藏"重要的世界旅游目的地"和"中华民族特色文化保护地"的建设目标。该园区建成后将在扩大就业、增加群众收入、带动产业的集群发展、整体提升第三产业、推动全区经济可持续发展等方面都具有重要的政治意义和现实价值。在国家和自治区相继提出推进文化与旅游有机融合的时代背景下，应运而生的中国西藏文化旅游创意园区，是传承弘扬藏民族特色文化、建设国际旅游城市的最佳平台和生动实践，能够将西藏的资源优势有效转化为产业优势。作为该园区的核心文化项目大型实景演出《文成公主》无疑将成为西藏文化旅游的知名品牌，以品牌驱动产业增值，带动文化产业发展，将文化西藏的形象介绍给世界。

联合国教科文组织曾在《旅游、文化和可持续发展》中指出文化旅游不仅仅是简单的文化参观和感知了解，更多的是提供一个让所有公民都共享的成长性发展机会。不同国家和民族的人群通过文化交流和亲身体验，旅游者在感受文化精髓的同时也充实提高了自己，一方面深度开掘了文化资源内涵，同时也带来了良好的经济效益。由此可见，文化旅游可以成为全球多样化经济模式的重要来源之一，具有推动人类发展的深刻意义。体验式旅游最大程度地满足了不同层次、不同国度和民族的消费者的文化体

第七章 西藏文化产业发展的战略选择与对策研究

验需求，正成为一种新的价值源泉。譬如，有幸进入太空旅游的美国富翁丹尼斯·蒂托和南非商人马克·沙特尔沃斯，他们各自为自己的太空体验支付了2000万美元的天价，足见这种体验式旅游所带来的巨大经济效应。

美国经济学家吉尔摩在《哈佛商业评论》上撰文《欢迎进入体验经济》，阐述人类已经进入体验经济时代。吉尔摩把"体验经济"解释为一种以服务为舞台，以商品为道具，以消费者为中心，创造能够使消费者参与、值得消费者回忆的活动的经济形态。① 作为人们求新、求异、求奇、求美、求知的重要途径，文化旅游是一种天然的体验经济。任何一次探险和旅游，都是一种感觉，一种情绪上、体力上、智力上甚至精神上的审美体验的过程，都会给体验者打上深刻的烙印。当体验过程结束时，记忆将长久保存对过程的"体验"，因为它美好、难得、非我莫属，不可复制、不可转让、转瞬即逝，消费者愿意为它买单。在几天、几年甚至终生的历史长河中，体验者对体验的回忆和享受已经远远超越体验本身。从旅游的体验看，旅游者从追求单一感官体验转移到全身心的综合情感体验。②

"世界屋脊，神奇西藏"正在被越来越多的游客所向往。人们来到西藏，触摸布达拉宫，游历古格王朝遗址，参与极地探险穿越，登临珠穆朗玛峰，体验藏历新年，参与唐卡绘制和传统手工艺制作，感知西藏"高山、雪域、阳光、藏文化"的旅游文化内涵，领略西藏壮美的自然风光和浓郁的文化神韵，这种感悟和体验是独一无二的，是不可代替的。透过参与式体验的活动过程，增强游客自我存在感，提高独特性认知，体会个人的强大力量，展现个人价值和魅力。人们在网上浏览西藏风光或是在剧院观看《文成公主》演出，同亲往青藏高原身临其境感受雪域阳光或是现场观看《文成公主》实景演出，绝对是两种完全不同的感觉。

据西藏旅游局最新统计显示，2012年西藏共接待游客首次突破千万人次，实现旅游总收入126亿元，分别增长21.7%和30.3%。据市场抽样调查显示，98.2%的游客对西藏旅游环境和服务质量表示满意，73%的游客有意重游西藏。在2013年初召开的西藏经济工作会议上首次提出

---

① [美]吉尔摩：《体验经济》，夏业良译，机械工业出版社2008年版，第3页。
② 向勇：《文化产业应用理论》，金城出版社2011年版，第25页。

"旅游文化产业"发展指标,强调了文化旅游产业的发展战略。"十三五"期间,西藏将着力开掘深厚的旅游文化资源,不断优化旅游空间布局,加快形成拉萨历史文化旅游中心和林芝生态旅游中心,完善唐蕃古道、茶马古道、中尼和新藏旅游走廊功能,打造精品旅游线路和旅游景区,形成"吃、住、行、游、娱"五大方面的旅游产业链条。文化带动旅游、旅游促进文化,文化与旅游深度融合,为西藏旅游文化产业的发展奠定了坚实的基础。旅游因文化而知名,文化依赖旅游而传播,实现西藏文化与旅游"双赢",最终带动西藏文化产业实现更加快速的发展。

三、文化与创意融合战略

如果说创意是人类思想活动的结晶,而文化创意就是将创意思维融注在文化产品中再进入文化市场进行交换和流通,体现其经济价值。美国著名未来学家托夫勒指出,谁占领了创意的制高点,谁就能控制全球。在可预见的未来,创意设计不是一种奢侈品,越来越成为一种必需品。主宰21世纪文化产业和商业经济命脉的将是创意。可见,作为一个巨大的新经济增长点,文化创意拥有较高的利润空间,其带来的社会效益和经济效益是难以估量的。文化是隐藏在经济发展和财富增长背后的一种源动力,是一种极具渗透性的隐性力量,往往会在瞬间爆发出巨大潜力。衡量一个国家文化力量强弱的不是影视、出版等文化产品的大规模复制,而是内在于这些文化形态之中的文化创意的含量的高低,文化创新成为国家文化力量构成的核心要素。以创意为源头、以内容为核心的文化产业在发展过程中物质资源消耗比较低、环境污染小,资金和市场要求相对不高。物质资源是有限的,而创意却无限。源源不断的创意通过与其他关联产业的融合与渗透,就会有源源不断的文化产品和服务等创新内容。微软公司创始人比尔·盖茨曾形象地表述:"创意犹如原子裂变,每一盎司的创意都能带来无以数计的商业奇迹和商业效益。"据测算,文化产品在外观上每投入1美元进行创意加工,就可带来1500美元的收益,充分显现创意所产生的巨大能量。在世界各国创意水平排名中,瑞典排名第一,日本第二,芬兰第三,美国第四,中国名列第三十六位。

作为以内容和创新为核心的文化产业，原创性和文化品质是其具有高文化知识特征的关键要素。无论是高新科技的运用，还是传统文化资源的开发和利用，围绕文化产品的创意和升级都需要创作个体运用智慧和想象进行创意创新，需要打破传统观念，冲破固有束缚，不断推陈出新，以创新思维占领文化产业的制高点。有了创意点睛，文化产品才会有无限循环的创新价值。① 从"蓝猫"到"喜羊羊"，从《云南映象》到深圳世界之窗，从《泰坦尼克号》到《阿凡达》，从《疯狂的石头》到《泰囧》，不断刷新票房记录的文化品牌无一不证明，这些都是由文化创意带来可观经济收益的成功典型。

（一）米老鼠的创意启示

世界第二大传媒娱乐企业美国迪士尼集团，以动画片《米老鼠与唐老鸭》为创作源泉，从一只小老鼠做起，精雕细刻，创意无限，最终成了著名的跨国公司。迪士尼将卡通形象做成玩具、服装、文具、食品、生活用品和体育器材等许多衍生产品，形成了饱满的产品线和完整的产业链。在世界各地建成了风格多样的迪士尼主题公园，创造了无数的财富神话。迪士尼的许可产品一年在全球的零售额逾千亿美元，其中三分之一来自于虚构的动漫人物形象，包括玩具、服装、影视动漫等多个文化领域。迪士尼公司 2000 年的市值达到 900 亿美元，2012 年市值接近 5000 亿人民币。公司创始人沃尔特·迪士尼创造的米老鼠形象通过影视、广告等媒介载体几乎影响了世界上的每一个国家的孩子的心灵。随着上海迪士尼乐园的建成，这只全球最著名的米奇老鼠又将携其女友米妮老鼠会同其他如唐老鸭、狮子王、兔子罗杰、白雪公主、小鹿班比等人物形象会相继出现在黄浦江畔，直接或间接撬动交通、饮食、服饰、影视、出版等 100 多个相关产业，拉动上海及周边地区数百亿元的消费。作为迪士尼的"亿万富翁"，这只虚拟的卡通人物米老鼠每年为"主人"带来数百亿元的销售业绩，足显创意的价值力量。据业内人士介绍，动漫产业 80% 以上的收入源自其后续衍生产品，围绕动漫内容资源可以形成一条涵盖图书、电影、动画

---

① 王玉川：《文化产业重在创新创意》，《学习时报》2011 年 11 月 23 日。

片、游戏、玩具、主题公园的全文化产业链。

　　米老鼠的成功秘诀除了文化创意，还在于擅长运用世界语言讲述美国故事，每一个故事情节和迪士尼生产的文化产品的每一个链条都充满了奇思妙想。拥有优秀的创意和故事，运用创新包装和现代传播手段，最大限度契合现代人求新、求奇、求异的多元文化需求，就一定能收到意想不到的效果。"愤怒的小鸟"的成功开发堪称动漫界的奇迹。明朗的场景、逗趣的角色、个性的音效，令无数"鸟丝们"热衷于"小鸟砸猪头"的简单有趣的快乐体验，短短两年，"愤怒的小鸟"即成为全球最火暴的手机游戏之一。现如今，它已经携带着玩具、衣服、手机外壳和糖果等各种衍生产品从虚拟空间真正飞进现实世界，上海首个非商业性的"愤怒的小鸟"主题公园和实体商店将陆续开门迎客。

　　作为中国民族文化元素，好莱坞以"木兰辞"为蓝本改编的《花木兰》动画片在全球热播，是我国的民族传统文化越来越受到世界的肯定和认可的明证，但并非中国故事的叙事风格。再如2008年美国推出三维影视动画《功夫熊猫》《2012》以及日本开发"三国演义"动漫游戏等诸多影视作品都凸显了中国民族文化元素。2011年中日合拍《藏獒多吉》已初显成效。由此可见，坚持文化与创意融合的思维方式，实现现代科学技术与传统文化的对接，对民族传统文化进行挖掘和传承，形成以创意为核心特征的动漫游戏产业，必将进一步丰富我国现在的影视动漫产业形态，让具有民族传统文化元素的造型语言在动漫产业的发展中孵化出新的生命，衍生出更好的文化副产品。

　　由米老鼠和"小鸟"的文化创意经验可以为西藏文化产业发展提供很多启示，西藏要善于运用"动漫"这种特殊语言突破不同文化尤其是东西方文化之间差异与误解，向世界诠释西藏传统民族文化的深刻内涵。动漫是一种特殊的艺术形态，须拥有自身独有的民族元素和文化符号，才能绽放出独特的艺术魅力，才能提供源源不断的创造力。西藏民俗文化中可供萃取的民族文化元素有很多——神话传说、民间故事、巫术、咒语、谚语等都是启发西藏动漫创作灵感的题材元素。作为西藏文化的精粹，世界级非物质文化遗产《格萨尔》可以充分利用现代科技和新媒体技术，融合西藏民族文化元素进行大胆创意，以青少年受众最喜爱的动漫形式进行全文化产业链的开发，走出一条具有中国特色、西藏特点的文化创意之路。

（二）构建《格萨尔》的全文化产业链

《格萨尔》是藏族人民集体创作的一部伟大的英雄史诗，历史悠久、卷帙浩繁、内容丰富、气势磅礴、流传广泛。从世界屋脊到北亚草原，格萨尔的故事口耳相传。格萨尔王降魔驱害造福藏族人民的英雄传奇在世代吟唱中逐渐发展形成具有200多部、170多万行的宏大规模，成为当今世界上最长的史诗。《格萨尔》浓缩了古代藏族文化的精神内核，记录了藏族人的文明史诗与辉煌记忆，成为藏族原始社会历史发展的"活化石"，集文学价值、美学价值和艺术价值为一体，是研究古代藏族社会的百科全书，被誉为"东方的荷马史诗"。格萨尔王是古代藏族人民的英雄，相传是莲花生大师的化身，一生戎马，除暴安良，弘扬佛法，传播文化，成为藏族人民引以为豪的旷世英雄。当前动漫产业已经成为文化产业中最富有创造力的新兴业态，多年以来，格萨尔王的英雄故事相继被演绎成文学作品、影视剧、漫画等文化形式，却始终没有将《格萨尔》成功开发成具有一定影响力的动漫和游戏产品，其他衍生文化产品更是一片空白。

作为民族史诗的丰碑，《格萨尔》享有"东方伊利亚特"的美誉，贯以吟诵传唱的叙事方式讲述西藏民间故事，以其独特的文化魅力吸引着无数影视动漫创作者的目光。近年来，《格萨尔》陆续被开发成多种形式的文化产品，但成效不显。2007年四川阿兰文化传播有限公司筹划将这部英雄史诗《格萨尔》开发成网络游戏，后因得知"格萨尔王"商标早被国内外多家企业抢注，最终放弃开发计划。再如，以《格萨尔》为蓝本创作的网游《王者大陆》，于2012年8月签约台湾大宇游戏，最先在台湾上线，但业绩平平。不容忽视的事实是，《格萨尔》的保护和发展形势不容乐观，许多非西藏本土的创作团队都借力西藏元素进行商业开发，"格萨尔王"作为商标被抢注的范围不仅在影视、网络、出版、漫画、游戏等文化领域，还渗透到轮胎、罐头、毛巾、纪念品等多个行业领域。这些不平衡的发展状况一方面影响了西藏非物质文化遗产的保护和传承，另一方面也在某种程度上削弱和影响了西藏对《格萨尔》的创意开发，甚至影响了国家文化安全。特别是在当前文化产业快速发展的形势下，实施《格萨尔》的文化创意再生发战略既是挑战，更是难得的发展机遇。

积极深刻的主题、引人入胜的情节、多姿多彩的语言和宏大精彩的场面，都为网络游戏《格萨尔》创意编剧提供了内容基础；传统的藏族文化艺术从面具、壁画、雕塑、藏戏到唐卡都为其演绎生发成为藏民族认同、其他民族认同的动漫形象提供了丰富立体的艺术造型。《格萨尔》的动漫开发，一定要充分借助科技的力量，利用文化创意这块"点金石"，唤醒沉睡在千年史诗传奇中的格萨尔英雄，使其跃然"屏"上，始终围绕"英雄"主线，既要满足藏族同胞的审美喜好，同时也要兼顾汉族和其他民族玩家的兴趣点。在融入藏式配乐和藏式风情的网络游戏中，玩家身着各式藏族装备，穿越雪山圣湖，奔驰辽阔草原。融西藏传统文化与现代时尚元素为一体，赋予网络新媒体表现形式的格萨尔王被开发成网络游戏后，可让玩家在虚拟世界中重走英雄路，在美轮美奂的视听体验中，感受西藏的民俗民情以及说唱艺术，让玩家在身临其境的藏地旅行中同时达到休闲娱乐和接受传统文化熏陶的目的。

随着《格萨尔》的进一步开发和利用，《格萨尔》的英雄形象将会逐步深入人心，如同那只神奇的小老鼠一样走进千家万户，成为世界民族文化宝库中的经典虚拟人物。西藏依托独有的文化遗产资源，整合《格萨尔》的历史文化资源，通过创意设计和策划包装实施西藏文化产业知名品牌战略，并以此为契机，带动新兴传媒、数字内容、创意设计、演艺娱乐等各个文化产业领域，构建《格萨尔》全文化产业链平台，形成文化旅游、出版传媒、网游动漫、文化商贸等多个产业门类的全文化产业价值链，推动西藏文化产业快速发展，提高西藏的形象和文化影响力。

第五节　实施西藏文化创意人才培养战略

文化产业是内容产业、智慧产业和创意产业，是一种思维创新活动。创造内容、产生智慧和点燃创意都离不开人的创造性生产和劳动。因此说，人才是影响文化产业总体实力和实现可持续发展的第一核心要素。文

第七章 西藏文化产业发展的战略选择与对策研究

化产业发展程度的高低取决于文化产品及服务质量的高低,归根结底取决于文化人才队伍的水平与质量。国际经验表明,发展文化产业需要一大批高素质的文化创作、生产与经营管理人才。这些文化人才不仅需要对文化和经济、管理、传播、宣传等方面相当熟悉,而且对文化产业这一特殊产业类型的特点、发展脉络都要有自己的理解;同时对文化产业的关联产业领域也要有深刻的认识和把握,深谙文化市场规律,掌握国际文化贸易动态,在与消费者的互动中,不断产生创新思维和创意亮点,真正把文化产业变成一种"以创意为中心"的新的经济增长点。国家"十二五"发展规划提出人才强国战略,《文化部"十二五"时期文化改革发展规划》强调要实施"人才兴文"战略,加强文化人才队伍建设。在落实《中央推动社会主义文化大发展大繁荣若干重大问题的决定》的实施意见中,西藏结合自身发展实际,明确指出要壮大文化人才队伍,实施"五个一批"人才培养工程,大力引进文化急需人才和高层次人才,加强民间文化人才队伍建设,建立"民间文化人才库"。

有关资料表明,全世界创意产业每天创造的产值达220亿美元,并以5%左右的速度递增。英国人以郑和下西洋为素材写就的《1421:中国发现世界》,被喻为是"一部可能改写世界历史的惊世之作",上市不久便狂赚1.3亿英镑;《三国演义》被日、韩等改编成动漫游戏,在中国市场更是赚得盆满钵盈。中华传统文化经典频被国外创意改编,并屡获成功,值得国人深思。据有关统计资料显示,在纽约,文化创意产业人才占就业总人数的比重为12%,伦敦为14%,东京为15%。而作为中国文化创意最发达的北京、上海和广州等地则不到1‰。① 其中我国数字娱乐产业也面临着同样的窘境,高端创意人才仅占5%,创新创意人才数量差距悬殊。在台湾著名漫画家蔡志忠眼中,优秀的文化创意人才,除了要有文化基础和创意才能,更要具备把前两者产业化的能力。电影产业最缺编剧人才,演出产业最缺整合营销人才,出版业最缺乏市场策划人才。文化产品从生产到销售,涵盖渠道、设计、制作、包装、营销等多个环节,无处不闪现着独特的创意思维。

---

① 郑洁:《文化创意产业缺什么人才?》,《北京商报》2010年9月13日。

以动漫产业为例，我国动漫产业发展势头迅猛，2011年全国电视动画生产达27万分钟，动漫产值从2005年不足100亿元，增加到2011年的622亿元，年均增长率超过40%，已成为世界动漫生产大国，但同日本、韩国和美国等国相比，我国依然是动漫弱国。根本原因在于缺乏高级创意设计人才和市场策划贸易人才。人才质量直接影响产品质量，人才缺失必然导致优秀原创精品匮乏。因此，中国既没有迪士尼，也没有宫崎骏。强调创意、创造、创新的动漫制作离不开大师级的人才，高端创意人才的缺失导致中国动漫业长期以来沦为海外动漫厂商的"加工厂"和推销地。

西藏独特丰厚的文化资源是西藏文化产业发展的重要基础，特殊的地理环境因素以及市场、资金、人才等方面的严重不足，决定了西藏文化产业发展的艰巨性和特殊性。虽然文化部已经连续举办八期西部文化产业经营管理人才培训班，通过参加培训班、实施各类人才培养计划，一批文化产业经营管理、投融资业务和专业技术人才迅速成长起来，明显提高了西藏文化产业人才队伍的综合素质和西藏特色文化产业发展水平，但西藏文化人才依然严重短缺。当前西藏基层公共文化队伍的状况堪忧，西藏文化创意人才总量、结构、素质远不能满足文化产业快速发展的要求。西藏要树立享誉世界的文化品牌，创意人才至关重要，加强文化创意人才的投资和培训显得尤为重要。譬如美国迪士尼乐园在获得国家资助基金后，必须拿出25%用于制订一套完整的培训方案，对每个节点和链条的人才都进行有针对性的培训和教育，从而保证每一种文化产品都是精良上乘之作，力求每一场演出都是无可挑剔的。如何改变当前的发展困境，充分发挥人才资源在文化产业中的创造性作用，已经成为西藏在全球文化经济一体化发展浪潮中抓紧机遇快速发展文化产业的第一要义。

一是要加大基础文化人才的培训力度。充分发挥教育培训在西藏文化人才培养中的基础性作用。完善文化领域从业人员和在职文化管理人员的继续教育体系，不断拓展培训空间，形成重点突出、层次分明、渠道多样的培训体系。构建产学研一体化战略联盟，将高等院校教育与在职培训和实践锻炼紧密结合起来，充分发挥高校在培养理论与实践相结合的实用型人才方面的重要作用。

二是建立健全人才评价和激励保障机制。充分发挥市场机制在人才引进、人才评价和人才组织管理等方面的资源配置作用，以宽松和谐的发展空间、灵活开放的人才流动机制、科学合理的评价奖惩机制以及丰厚的利益回报，引进和培养一批投身西藏文化建设和文化产业发展的高端创意人才，真正实现人才带动发展的战略目标。

三是加强西藏重点文化人才建设，实施文化名家工程、非物质文化遗产保护管理和专业人才培养计划以及西部地区文化人才支持计划。党的十八大报告明确倡导要营造有利于高素质文化人才大量涌现、健康成长的良好环境，造就一批名家大师和民族文化代表人物。西藏拥有全国最丰富的民族文化资源，现有国家级非物质文化遗产代表性传承人 67 名，自治区级非物质文化遗产代表性传承人 227 名。依托西藏丰厚独特的文化资源优势和国家优惠政策的扶持，重点培养、扶持一批非物质文化遗产项目代表性传承人，通过传承人和民间文艺团体以技艺展示和歌舞展演等主要形式，推动西藏文化走向学校、走向社会，走向世界各地。一方面使西藏非物质文化遗产得到及时的抢救和保护；另一方面通过积极展示西藏非物质文化遗产成果及时进行普及文化遗产教育，更好地促进西藏文化产业快速发展。

第八章 结 语

文化是一个民族的血脉和灵魂,是民族振兴、国家发展的强大力量。人类文明发展进步的历史表明,没有先进文化的积极引领,没有人类教育文化水平的显著提高,没有人类精神世界的极大丰富,没有全民族创造精神的充分发挥,一个民族或一个国家就不可能获得存续发展并屹立于世界民族之林。以信息技术为代表的现代高新科技,正引发一场世界文化发展的深刻革命,文化产业作为当今人类社会新的财富创造形态及其所产生的巨大的乘数效应,正日益引起国际社会的激烈竞争。[①] 党的十八大强调指出,全面建成小康社会,实现中华民族伟大复兴,必须推动社会主义文化大发展大繁荣,提高国家文化软实力,加快文化产业发展,扎实推进社会主义文化强国建设。

2011年党的十七届六中全会首次提出"文化强国"战略,并将其提升到国家战略层面上来。2013年以来,我国文化产业在GDP中所占的比重进一步提升,对社会经济发展的拉动作用逐渐增强。国务院和文化部密集出台了一系列文化产业政策,不断加大对文化产业的扶持力度,这都为中国"十三五"时期加快文化产业发展和推动经济社会全面协调发展提供了良好的政策环境和重要的制度保障。在世界文化产业蓬勃发展的形势下,全国各省区都把文化产业作为本地经济社会发展的重要内容,相继提出文化强省(区)战略。2012年西藏也不失时机地提出"文化强区"发

---

① 孙志军:《更加自觉、更加主动地推动文化产业又好又快发展》,《红旗文稿》2012年第17期。

第八章 结语

展战略，扎实推进文化西藏和文明西藏的建设。

文化产业发展的重要基础和核心要素是文化资源。作为文化资源极其丰富的西藏，实现文化产业跨越式发展具有得天独厚的条件和优势。然而，不容忽视的事实是，同全国其他省区相比，西藏经济效益较为低下、商业模式不成熟、赢利模式单一，存在着一定程度的资源浪费和低水平重复、盲目建设等问题。《31个省市区文化产业竞争力实证研究（2008—2010）》报告显示，位于第三梯队（待培育地区）的西藏的文化产业综合竞争力排在第31位。除了文化环境及实力发展指数排名靠前，其他市场需求及创新、关联产业延展、政府支持和文化供给等发展指数呈现负值，远低于全国平均水平。这与西藏丰富独特的文化资源现状极不相称，与"文化强区"的战略目标还有很大差距。

全面梳理西藏文化产业的发展现状，可以清晰窥见它的历史脉络。经过30多年的发展，西藏文化产业大致历经了初创期观念转变→形成期政策调整→发展期产业升级三个发展阶段，目前存在的突出问题主要表现在发展模式不够清晰；产业基础薄弱，产业结构和布局不合理；市场化程度偏低，文化消费需求不景气；主导地位缺失，产业集聚度不高；文化人才匮乏，产品创新能力不足等。从观念、体制、环境等方面深刻剖析了制约西藏文化产业的发展障碍，指出西藏文化产业面临难得的战略机遇，亟需解放思想、转变观念、突破制度障碍、培育成熟的政策和市场环境、树立"大文化"观、提高文化自信心和文化自觉意识、创新文化体制机制、遵循"文化事业以政府为主、文化产业以市场为主"的思路，深入推进西藏文化产业体制改革，把做大做强文化产业作为提升西藏文化软实力的重要举措和核心内容。

信息技术进步为文化产业注入了强劲的活力，互联网快速发展带动了文化产业创造出更多的经济价值。互联网技术一方面催生并促进新兴文化业态结构升级；另一方面加速了传统文化产业的转型和跨界融合，逐渐成为未来文化产业新的经济增长点。在文化帝国主义形成的文化霸权的不利形势下，充分利用互联网技术大力发展西藏文化产业具有多重战略意义。发展文化产业是增强西藏文化软实力、维护西藏发展稳定的重要保证，是加快西藏经济增长方式转变、促进西藏经济发展的助推器，更是确保国家文化安全和意识形态领域安全的根本保障。非物质文化遗产是发展文化产业的重要资源，面对当前非物质文化遗产管理过程中出现的"申遗热、开发热、保护冷、投入冷"的普遍现象，西藏要积极借鉴国外文化遗产保护的成功经验，进一步完善西藏非物质文化遗产保护制度，使西藏非物质文化遗产数字化传播成为西藏文化产业发展不可或缺的一项资源涵养系统，促进西藏文化产业的持续发展。

综观以上，在世界经济文化一体化进程不断加快和国内文化产业发展浪潮的裹挟下，西藏文化产业面临着诸多挑战。通过对近年来党和国家以及西藏当地政府颁布的一系列文化产业重大决策的系统解读，笔者认为，破除西藏文化产业发展障碍，全面推动西藏文化产业的快速发展，着力提升西藏文化产业在西藏全面发展中的重要地位和作用，亟需认清国内外文化产业发展形势，从西藏实际出发，大力实施深化西藏文化体制改革战略、重大项目带动战略、西藏文化"走出去"发展战略、文化与科技融合战略、文化与旅游融合战略、文化与创意融合战略、差异化竞争战略、藏文化品牌战略和文化创意人才战略等一系列战略措施。探索一条具有中国特色、西藏特点的发展路子，力争在未来5到10年间，促进文化与经济全面协调发展。充分挖掘文化资源潜力，着力发展特色文化产业，初步形成以特色文化资源为基础，以特色文化产业为支柱，以相关特色文化经济部门为支撑，产业空间在藏合理布局、产业资源全国多元集聚、品牌价值全球有效传播的新型的文化经济综合体。实现以"文化西藏""幸福西藏""文明西藏"为主题的世界级文化经济示范区，使文化产业真正成为西藏文化软实力的重要组成部分，成为西藏和国家形象的重要标志。

文化产业是一个宏大的时代命题，西藏文化产业发展尚处于政策哺育期和成长发展初期阶段，国内对西藏文化产业的研究在理论和实践方面刚刚起步，许多领域尚待开垦。受研究条件和本人学识所限，本书尝试对制约西藏文化产业发展的障碍以及提出破解障碍的发展策略等进行系统研究，但广度和深度还显不够。此外，对西藏文化产业发展的特殊性、基本理论问题、区域发展模式和发展道路、教科研战略联盟以及文化产业保护政策与知识版权保护等方面的研究都不够深入甚或未能一一展开。本人今后要着力加强研究西藏当前文化产业发展的突出矛盾，深刻分析产生这些

第八章 结语

矛盾的根本原因,让文化真正渗入生活,使发展民族文化产业理念深入人心,从现实需要出发,注重以民众需求为根本出发点,合理开发多样化的文化产品,不断丰富群众文化生活,增强西藏各族人民群众的文化自觉意识,增强民族文化自信心和自豪感,不断提升西藏文化的影响力和感染力。

由于本书是以西藏为研究个案,也适当考虑了全国的情况,但是由于精力、经费、个人水平等各种条件所限,无法获取最新权威数据,以致本书对西藏文化产业的实证分析、案例对比和发展模型的建构都缺乏比较深入的研究,量化分析比较欠缺,对西藏文化产业的整体情况把握不够全面。这一方面本人今后要继续加强,多参加实地调研考察,积极沟通相关部门,以期获取更多原始资料。尽管本书所提的一些观点有一定的创新之处,但这对于加快西藏文化产业发展和提升西藏文化软实力还只是一些简单总结和粗浅建议,甚或只是一种战略构想,今后有待加强。本人学浅识陋,希望不无谬误的"抛砖引玉"之举,引来更多方家宏论,将西藏文化产业研究不断推向深入。

参考文献

中文文献：

1. ［德］阿多诺，霍克海默：《启蒙辩证法》，单世联译，重庆出版社1990年版。

2. ［法］尚-皮耶·瓦尼耶：《文化全球化》，吴德锡译，麦田出版社2003年版。

3. ［英］大卫·赫斯蒙德夫：《文化产业》，廖佩君译，韦伯文化国际出版有限公司2002年版。

4. ［德］阿多诺：《文化产业的再思考》，陶东风译，《文化研究》，社会科学出版社2000年版。

5. ［德］本雅明：《机械复制时代的艺术作品》，王才勇译，江苏人民出版社2006年版。

6. ［德］霍克海默、阿多诺：《启蒙辩证法》，曹卫东等译，上海人民出版社2006年版。

7. ［德］马尔库塞：《现代文明与人的困境》，李晓兵译，上海三联书店1989年版。

8. ［法］皮埃尔·布尔迪厄：《文化资本与社会炼金术》，包亚明译，上海人民出版社1997年版。

9. ［美］大卫·赫斯蒙德夫：《文化产业》，张菲娜译，中国人民大学出版社2009年版。

10. ［美］塞缪尔·亨廷顿：《文明的冲突与世界秩序的重建》，周琪等译，新华出版社 2002 年版。

11. ［英］雷蒙·威廉斯：《文化与社会（1780—1950）》，高晓玲译，吉林出版集团 2011 年版。

12. ［英］迈克·费舍斯通：《消费文化与后现代主义》，译林出版社 2000 年版。

13. ［英］斯科特·拉什、卢瑞：《全球文化工业》，要新乐译，社会科学文献出版社 2010 年版。

14. 高钢：《中国数字媒体内容国家监管体系研究》，高等教育出版社 2009 年版。

15. 彭兰、高钢：《中国互联网新闻传播结构功能效果研究》，高等教育出版社 2011 年版。

16. 顾江：《文化产业品牌塑造与提升战略》，南京大学出版社 2012 年版。

17. 熊澄宇：《世界文化产业研究》，清华大学出版社 2012 年版。

18. 叶朗：《中国文化产业年度发展报告（2012）》，北京大学出版社 2012 年版。

19. 张彩凤：《全球化与当代中国文化产业发展》，山东大学出版社 2009 年版。

20. 张小平：《当代中国文化安全问题研究》，中国社会科学文献出版社 2012 年版。

21. 张晓明：《2010 年中国文化产业发展报告》，社会科学文献出版社 2011 年版。

22. 张晓明：《2011 年中国文化产业发展报告》，社会科学文献出版社 2012 年版。

23. 郑巨欣：《文化遗产保护的数字化展示与传播》，学苑出版社 2011 年版。

24. 中华人民共和国文化部：《中国文化年鉴（2010 年）》，新华出版社 2011 年版。

25. 朱建纲：《文化产业发展战略研究》，湖南教育出版社 2006 年版。

26. 丹增：《文化产业发展论》，人民出版社 2005 年版。

27. 冯子标：《文化产业结构传统产业》，社会科学文献出版社 2006 年版。

28. 顾江：《文化产业研究》，南京大学出版社 2006 年版。

29. 蒋晓丽等：《全球化背景下中国文化产业论》，四川大学出版社 2006 年版。

30. 陈少峰、朱嘉：《中国文化产业十年》，金城出版社 2010 年版。

31. 陈少峰、张立波：《文化产业商业模式》，北京大学出版社 2011 年版。

32. 王岳川、胡淼森：《文化战略》，复旦大学出版社 2010 年版。

33. 张廷兴：岳晓华等：《中国文化产业概论》，中国广播电视出版社 2008 年版。

34. 王亚南：《中国文化消费需求景气评价报告（2012）》，社会科学文献出版社 2012 年版。

35. 顾江：《文化产业经济学》，南京大学出版社 2007 年版。

36. 张艳辉：《价值链视角下创意产业功能演化研究》，华东理工大学出版社 2011 年版。

37. 《国家"十二五"时期文化改革发展规划纲要》，人民出版社 2011 年版。

38. 《新时期党的建设伟大工程十八大报告辅导读本》，国家行政学院出版社 2012 年版。

39. 蔡尚伟：《文化产业导论》，复旦大学出版社 2006 年版。

40. 蔡尚伟：《文化产业比较案例论》，复旦大学出版社 2009 年版。

41. 陈少峰：《文化产业读本》，金城出版社 2009 年版。

42. 方李莉：《从遗产到资源：西部人文资源研究报告》，学苑出版社 2010 年版。

43. 格勒：《西藏一年·序》，书云，《西藏一年》，北京十月文艺出版社 2009 年版。

44. 何群：《文化生产及产品分析》，高等教育出版社 2006 年版。

45. 胡惠林：《郑州文化产业发展战略研究》，河南人民出版社 2007 年版。

46. 胡惠林：《我国文化产业发展战略理论文献研究综述》，上海人民出版社2010年版。

47. 胡惠林：《中国国家文化安全论》，上海人民出版社2011年版。

48. 花建等：《文化产业的集聚发展》，上海人民出版社2012年版。

49. 范周、齐骥：《中国城市文化消费报告》，社会科学文献出版社2010年版。

50. 向勇、李凤亮：《百年文创力：文化创意产业案例集（第1辑）》，北京联合出版公司2012年版。

51. 陈少峰、张立波：《文化产业商业模式》，北京大学出版社2011年版。

52. 胡惠林、王婧：《中国文化产业发展指数报告（CCIDI）》，上海人民出版社2012年版。

53. 黄永林：《从资源到产业的文化创意》，华中师范大学出版社2012年版。

54. 林拓：《世界文化产业发展前沿》，社会科学文献出版社2006年版。

55. 刘吉发、陈怀平：《文化产业学导论》，首都经济贸易大学出版社2010年版。

56. 欧阳友权：《文化产业通论》，湖南人民出版社2006年版。

57. 《文化产业振兴规划》，人民出版社2011年版。

58. 《中华人民共和国国民经济和社会发展第十二个五年规划纲要》，人民出版社2011年版。

59. 《中共中央关于深化文化体制改革推动社会主义文化大发展大繁荣若干重大问题的决定》，人民出版社2011年版。

60. 《国家"十二五"时期文化改革发展规划纲要》，人民出版社2012年版。

61. 孟航：《中国文化产业的西部模式》，云南大学出版社2011年版。

62. 祁述裕：《中国文化产业发展战略研究》，社会科学文献出版社2008年版。

63. 孙连才：《文化产业教程》，中国传媒大学出版社2012年版。

64. 向勇、刘静:《文化产业应用理论》,金城出版社 2011 年版。

65. 陈立明、曹晓燕:《西藏民俗文化》,中国藏学出版社 2010 年版。

66. 中华人民共和国国务院新闻办,《西藏文化的保护与发展白皮书》,外文出版社 2008 年版。

67. 中华人民共和国国务院新闻办,《2012 年中国政府白皮书汇编》,人民出版社 2013 年版。

68. 苏发祥:《中国藏族》,宁夏人民出版社 2012 年版。

69. 聂晓阳:《微观西藏(汉英版)》,商务印书馆 2012 年版。

70. 高钢:《多网整合趋势下信息集散模式的改变》,《国际新闻界》2011 年第 10 期。

71. 高钢:《互联网改变着社会生活的各个领域》,《新闻与写作》2012 年第 1 期。

72. 高钢:《媒介融合趋势下信息传播影响力的建构》,《新闻爱好者》2011 年第 22 期。

73. 高钢:《维基技术的本质及影响》,《对外传播》2010 年第 1 期。

74. 陈秋萍:《西部地区可持续发展民族文化产业对策研究》,《改革与战略》2006 年第 3 期。

75. 王庚年:《中国文化产业发展的障碍及对策》,《中国广播电视学刊》2006 年第 2 期。

76. 王一川:《艺术与文化的物化年代》,《中国图书评论》2010 年第 8 期。

77. 刘国强:《非物质文化遗产保护与文化产业发展的思考》,《神州民俗》2011 年第 4 期。

78. 孙志军:《更加自觉、更加主动地推动文化产业又好又快发展》,《红旗文稿》2012 年第 17 期。

79. 单世联:《论全球化时代的文化多样性》,《天津社会科学》2005 年第 2 期。

80. 王安琪:《文化产业理论综述与展望》,《商业时代》2011 年第 8 期。

81. 苑捷:《当代西方文化产业理论研究概述》,《马克思主义与现实》

2004 年第 2 期。

82．齐骥：《理论与实践：中国文化产业十年总揽》（上），《学术探索》2012 年第 2 期。

83．贾丽学：《文化产业的数字化趋势探索》，《北京邮电大学学报》2009 年第 2 期。

84．高邦仁：《互联网带动文化产业》，《互联网周刊》2012 年第 4 期。

85．赵志立：《网络媒体与文化产业发展》，《当代传播》2005 年第 6 期。

86．杜永彬：《西方对西藏的误读及原因》，《当代世界》2009 年第 4 期。

87．王军君：《以电影的方式塑造和传播真实的西藏形象》，《西藏民族学院学报》2011 年第 5 期。

88．李冬：《文化产业的基本特征及发展动力》，《东北大学学报》2008 年第 3 期。

89．李春华：《西藏文化产业发展探索》，《西藏研究》2010 年第 3 期。

90．舒敏勤：《加快文化产业化进程，推进西藏跨越式发展》，《西藏研究》2006 年第 4 期。

91．谢会时：《西藏文化产业的发展战略和对策思考》，《西藏艺术研究》2011 年第 2 期。

92．王学海：《试论西藏文化产业发展的战略转型——兼论西藏高校参与文化产业打造的意义》，《西藏研究》2011 年第 4 期。

93．尕藏才旦：《略论西藏文化产业的发展方向》，《西藏大学学报》2008 年第 1 期。

94．陈君里：《西藏文化产业的现状、问题与发展思路》，《开发研究》2005 年第 3 期。

95．王雅男、毛阳海：《发展西藏文化产业的问题、有利条件及对策探讨》，《西藏发展论坛》2010 年第 5 期。

96．安贵民：《从西藏实际出发，大力发展文化产业》，《西藏艺术研究》2005年第3期。

97. 马如龙：《大力发展西藏文化产业的几点思考》，《西藏大学学报》2004年第2期。

98. 阿旺旦增：《发挥优势乘势而上——浅谈西藏文化产业的发展》，《西藏艺术研究》2003年第3期。

99. 常凌翀：《全球化视域下西藏文化产业的现实境遇与发展路径》，《西藏大学学报》2009年第4期。

100. 孟晓林：《西藏文化产业振兴中报业发展战略构想》，《中国记者》2010年第1期。

101. 邓明文：《西藏传统文化动漫化的产业孕育刍议》，《西藏研究》2010年第4期。

102. 努木：《打造布达拉文化品牌 发展西藏文化产业》，《西藏艺术研究》2006年第1期。

103. 田华：《文化产业与西藏群众文化的几点思考》，《西藏发展论坛》2006年第5期。

104. 李子：《西藏文化产业发展态势分析及战略研究》，《西藏大学学报》2007年第3期。

105. 耿香玲、刘士岭：《西藏地区发展文化产业的比较优势探析》，《西藏大学学报》2004年第2期。

106. 廖冶寅、陈爱东：《促进西藏文化产业大发展的财税政策研究》，《西藏民族学院学报》2012年第1期。

107. 刘筠梅：《新世纪以来我国的文化产业研究综述》，《内蒙古大学学报》2011年第6期。

108. 蔡尚伟：《开启中国文化产业国际化时代》，《西南民族大学学报》2010年第5期。

109. 杨绪忠：《文化产业的基本特征》，《市场研究》2005年第3期。

110. 陈亚民、吕天品：《文化产业的商业属性及商业模式》，《商业研究》2010年第6期。

111. 李昕：《文化全球化语境下的文化产业发展与非物质文化遗产保护》，《西南民族大学学报》2009年第7期。

112. 李昕：《非物质文化遗：文化产业发展重要的文化资本》，《广西民族研究》2008 年第 3 期。

113. 杨海波：《数字技术与山东非物质文化遗产保护》，《山东社会科学》2009 年第 1 期。

114. 周凯：《核心价值观的缺失与构建传播－中国文化产业发展反思与对西方文化产业的借鉴》，《东岳论丛》2012 年第 9 期。

115. 孙小婷：《中国文化产业研究》，硕士学位论文，吉林大学，2012 年。

116. 赵卫东：《中国文化产业市场化发展研究》，博士学位论文，中国人民大学，2010 年。

117. 聂子楠：《民主版本的极权——阿多诺的文化工业理论研究》，博士学位论文，中国人民大学，2012 年。

118. 文飞红：《我国文化产业发展进程中政府的职能转型与责任》，博士学位论文，中国人民大学，2012 年。

119. 杜刚：《全球化视域下文化创造力研究》，博士学位论文，中国人民大学，2011 年。

120. 李金齐：《全球化时代的文化安全研究》，博士学位论文，中国人民大学，2006 年。

121. 杨利英：《中国文化"走出去"战略研究》，博士学位论文，中国人民大学，2010 年。

122. 曲慧敏：《中华文化走出去战略研究》，博士学位论文，山东师范大学，2012 年。

123. 张仁汉：《区域文化产业发展战略研究——以浙江为研究个案》，博士学位论文，浙江大学，2012 年。

124. 梁振：《西部地区民族文化产业研究》，硕士学位论文，中央民族大学，2005 年。

125. 李晓亮：《西藏文化产业发展战略研究》，硕士学位论文，复旦大学，2009 年。

126. 国家统计局：《中国统计年鉴》，中国统计出版社 2012 年版。

127. 西藏自治区统计局：《西藏统计年鉴》，中国统计出版社 2012

年版。

128. 西藏自治区统计局：《西藏经济普查年鉴》，中国统计出版社2010年版。

129. 高钢：《互联网推进的信息共享及社会意义》，《光明日报》2011年4月16日。

130. 高书生：《文化体制改革的10年 谱写文化发展新篇章》，《人民日报》2012年10月17日。

131. 胡惠林：《文化产业的战略价值》，《人民日报》2009年6月18日。

132. 李春华：《经济结构调整的助推器——论全球视野下的西藏文化产业》，《西藏日报》2010年2月6日。

133. 祁述裕：《打开广阔的文化消费市场》，《经济日报》2013年2月7日。

134. 王玉川：《文化产业重在创新创意 趋势是内容创意产业》，《学习时报》2011年11月23日。

135. 《西藏自治区"十二五时期"国民经济和社会发展规划纲要》，《西藏日报》2010年2月11日。

136. 向勇：《"云南现象"的启示 文创产业并非发达地区"专利"力》，《光明日报》2012年10月23日。

137. 永春：《文化与旅游大有可为》，《人民日报》2012年10月31日。

138. 张晓明：《文化产业发展急需理论支持》，《学习时报》2007年3月19日。

139. 张玉玲：《品评中国文化品牌的价值》，《光明日报》2011年5月13日。

140. 章建刚：《理论为文化产业发展解题》，《光明日报》2013年1月24日。

141. 赵建国：《立法保护非物质文化遗产迫在眉睫》，《中国文化报》2006年6月29日。

142. 赵乃育：《2012年中国互联网发展十大亮点》，《经济日报》

2013年1月5日。

143. 文化及相关产业分类（2012），2012年7月31日，中华人民共和国国家统计局（http：//www.stats.gov.cn）。

144. 文化及相关产业分类（2004），2004年5月18日，中华人民共和国国家统计局（http：//www.stats.gov.cn）。

外文文献

1. PaulM. Hirseh，Cultural Industries Revisited［J］.*Organization Seienee*，2000，11（3）.

2. Dominie Power，The Nordic Cultural Industries：A Cross－national Assessment of The Plaee of The Cultural Industriesin Denmark，Finland，Norwayand Sweden［J］. *Geografiska Annaler*，2003（12）.

3. William. A. N，Reflections of a Political Economist：Selected Articles on World，*Posing Major Problems*［J］. Christian Science Monitor，2004（1）.

4. Smith. A，*An Inquiry into the Nature and Causes of the Wealth of Nations*［M］. Kansas：Digireads. com Publishing，2009.

5. T. W. Adorno，Culture Industry Reconsidered，in Larry Ray，*Critical Sociology England*［M］. Edward Elgar Publishing Limited，1990.

后 记

初心源于热爱,执着方知不易。原本呈现在大家面前的这本小书,是一次探问,毋庸赘言。但躬耕完毕,尘埃落定,欣悦之余不免心生感慨,不妨多置一喙。

长达十余年的游走,新媒体与文化传播之间的思索从未停止,一方面安心执教,一方面孜孜求学,探索与实践也渐趋深入。我和西藏的缘分,是因为工作于陕西咸阳的西藏民族学院(现更名西藏民族大学)。传统文化感召着我,民族文化吸引着我,文化产业作为显学方兴未艾,"互联网+"的视阈之下,学术旨趣和文化使命令我对西藏文化产业发展研究心生偏爱,尽管自身多少有些驽钝,但是心向往之,无畏和不羁便油然而生。

中国人民大学新闻学院高钢教授,是我在博士研究生期间的导师,我的恩师。先生之风,山高水长。坦诚、务实、严谨令我受益终生。治学上,大到观点论述与框架结构的逻辑不够周延,小到具体语法甚或标点符号的错误,一经发现,先生都会严厉地提出批评,同时也会耐心细致地指出错误、不辞劳苦地修改批注。生活上,先生和蔼可亲,对学生关怀备至。生性懒散拖沓的我,在高老师的鞭策鼓励之下,受益颇多。师恩若此,拙徒何幸!只言片语难尽谢意。

负笈北上,在京三年,"学,然后知'不知'"的真谛令我感触多多。熬尽数月,费尽心思完成这部粗浅的书稿时,感到还有太多未尽之意,因而不敢有丝毫懈怠,多的是不安和惶恐。

由于工作调动,我从渭河之滨的西藏民族学院,移步太湖南岸的湖

后 记

州师范学院,我要感谢两所学校的领导、同事,为我次第启开人生中最重要的两扇大门,贯穿了我的学术志向——对西藏文化产业的关注和探索未曾止步。近年来西藏文化产业的快速发展,使我有了一些新的思考,有幸在书稿出版之际得以重新修改完善,内容上更为翔实,视野上更为宏阔,时代特色更为彰显。自知才疏学浅,尚存缺憾,敬请方家指正。

感谢北京大学程曼丽教授、清华大学李彬教授、崔保国教授,还有中国人民大学的郑保卫教授、陈力丹教授、蔡雯教授和彭兰教授等,感谢诸位前辈和师长对论文答辩及书稿写作提出的学术指导和宝贵建议。

感谢西藏民族学院周德仓教授、王军君教授给予我梳理西藏文化发展的脉络与概况极有价值的启发。

感谢潘萌和刘彬老师为本书顺利出版的倾心付出。

感谢家人温暖的鼓励和坚定的支持。写作过程异常艰辛,工作学习非常繁忙,爱人阿香无私承担了全部家务,为我创造了良好的学习环境,特别感念她放任我的怠惰,包容我的过错,对我学业和工作全力支持。儿子的聪慧和狡黠平添了许多生活乐趣,纯真无邪的儿语时常传递给我最朴素的做人道理,使我对未来总是满怀期待。

感谢父母的养育和照顾,回望点滴过去都会唤醒我青葱年少的美好记忆,时刻提醒我常回家看看。家人的理解和支持是我顺利完成学业的基础。

我还要感谢给予我指导和帮助的老师、同学和朋友们。特别是亦师亦友的文祥、庆园、彪文、晨宇兄弟,还有同门赵在九先生。作为最年长的韩国留学生,在九兄对我的帮助和教益无疑是最大的。敞开心扉的交流和天马行空的讨论使我受益匪浅,谈笑间常被思想火花所激发和感染。幸会知遇这些挚友,让我不曾缺少斑驳的思绪和温暖的回想,不至于繁华褪去终成落寞。似水流年青春时,此情可待成追忆,经年以后再回首,蹉跎往事依然在耳边轰然作响。

感恩,感怀!由远及近,由近及远,这并非客套话,而是基于心底最诚挚的谢忱。当然,需要感谢的人太多太多,此处不能尽述。滴水之恩当涌泉相报,我都不曾忘怀,在此一并致谢。

时刻铭记高钢先生温暖而有力的勉励:"永远不放弃理想,不放弃为人处事的高尚原则,不放弃脚踏实地的劳作。""天空没有留下鸟的痕迹,但我已经划过。"简约地收拾行装,为着遥远而缤纷的理想,继续踏歌前行……

2016年春于太湖之滨